멀티학습용 미니북

영어회화 특급패턴 202

★ PART 1. 스피킹 집중훈련: 한글 해석 몰아보기
★ PART 2. 리스닝 집중훈련: 영어 패턴 몰아보기

DARAKWON

PART 1

스피킹 집중훈련
한글 해석 몰아보기

스피킹 집중훈련: 한글 해석 몰아보기

001　I'm glad you... 네가 ~해서 기뻐

네가 와 줘서 기분 좋은데.
전화해 줘서 고마워.
내 선물이 마음에 든다니 다행이네.
네가 아직 여기 있어서 다행이야.
네가 괜찮다니 다행이야.

002　I'm on... 나는 ~하는 중이야

나는 휴가 중이야.
바로 출발할게.
회사에 가는 중이야.
지금 커피 마시면서 쉬고 있어.
지금 버스 타고 가는 중이야.

003　I'm from... 난 ~에서 왔어

난 미국에서 왔어.
난 이탈리아에서 왔어.
전 서울 출신이에요.
전 다른 지역에서 왔어요.
전 이 근처 사람이 아니에요.

004　I'm not interested in... 난 ~에 관심 없어

난 관심 없어.
난 오늘 밖에 나갈 생각 없어.
두 개 이상 살 생각 없어요.
난 남자 친구 찾는 것엔 관심 없어.
난 이런 종류의 영화에는 관심 없어.

005　I'm afraid (that)... 미안한데 ~할 것 같아

그녀는 방금 막 나갔는데 어쩌죠.
미안한데 나 오늘 거기 못 갈 것 같아.
죄송한데 제가 오늘 병가를 내야 할 것 같아요.
미안하지만 내가 10분 정도 늦을 것 같아.
미안하지만 다음에 해야 할 것 같아.

006　I'm worried about... ~가 걱정이야

난 네가 걱정돼.
난 내 장래가 걱정돼.
기말고사가 걱정이야.
해고될까 걱정이야.
다음 주에 면접 있는데 걱정돼.

007　I'm here to/for... ~하러 왔어

너 만나러 왔어.
너한테 몇 가지 물어볼 게 있어서 왔어.
너랑 얘기 좀 하러 왔어.
부탁 하나 하려고 왔어.
면접 때문에 왔는데요.

008　I'm good at/with... 난 ~를 잘해

난 요리를 잘해.
난 애들을 잘 돌봐.
난 거짓말을 못해.
난 암산이 안 돼.
난 사람들하고 잘 어울리지 못해.

영어로 크게 소리 내어 말해 보세요.

009 I'm stuck... 난 ~에서 꼼짝 못해

나 문 사이에 꼈어.
난 집에서 꼼짝 못해.
난 (게임) 7단계에서 막혀 있어.
오늘 난 종일 여기에서 못 나가.
나 지금 회사에 좀 붙들려 있어.

010 I'm sure (that)... 분명히 ~야

넌 분명히 잘할 거야.
걔는 분명히 알고 있어.
분명히 내일이면 네 컨디션이 훨씬 더 좋아질 거야.
그녀는 분명히 마음에 들어 할 거야.
걔는 이 소식을 분명히 좋아할 거야.

011 I'm used to... 난 ~에 익숙해

난 추운 날씨에 익숙해졌어.
난 까칠한 우리 상사에게 익숙해졌어.
난 일찍 일어나는 게 익숙해.
난 혼자 점심 먹는 것에 익숙해.
난 아직도 이 차가 익숙하지가 않아.

012 I'm late for... ~에 늦었어

데이트에 늦었어.
나 병원 예약 시간에 늦었어.
회의에 늦었어.
나 수업 늦었어.
회사에 늦었어.

013 I'm kind of... 나 좀 ~해

나 좀 짜증이 나고 답답해.
나 지금 좀 배고파.
나 좀 피곤해.
지금 술이 좀 안 깨네.
난 지금 돈이 거의 다 바닥났어.

014 I'm almost... 난 거의 ~야

거의 다 왔어.
난 이제 곧 마흔이야.
거의 다 했어.
집에 거의 다 왔어요.
거의 준비됐어.

015 I'm out of... ~가 다 떨어졌어

나 돈 없어.
나 시간이 없어.
배터리 떨어졌어.
인내심이 한계치야.
몸매가 엉망이야.

016 I'm going to/gonna... 난 ~할 거야

오늘 오후에 옷 사러 갈 거야.
나 핸드폰 새로 사려고 해.
너한테 전화하려고 했는데.
나도 같은 말을 하려던 참이었어.
내년에 보스턴으로 이사하려고 했어.

5

스피킹 집중훈련: 한글 해석 몰아보기

017 I'm in... ~ 안에 있어

나 근처에 있어.
내가 뭘 좀 하고 있거든.
난 40대 후반이야.
내 방에서 인터넷 검색하고 있어.
나 차에서 스칼렛 기다리고 있어.

018 I'm trying to... 난 ~하려는 중이야

나 머리 기르는 중이야.
그의 마음을 바꾸려고 노력 중이야.
피터랑 연락 좀 하려는 중이야.
걔가 나한테 왜 화가 났는지 생각해 내려고 노력 중이야.
너한테 잘해 주려고 노력했었어.

019 I'm getting... 점점 ~해져

슬슬 배가 고파지네.
점점 심심해져.
슬슬 졸리기 시작하네.
몸이 점점 으슬으슬해.
걱정되기 시작하네.

020 I'm thinking about... ~를 생각 중이야

나도 갈까 생각 중이야.
쇼핑몰에 갈까 생각 중이야.
내 차를 팔까 생각 중이야.
줄리한테 데이트 신청할까 고민 중이야.
머리를 염색할까 생각 중이야.

021 I've been thinking about... ~를 계속 생각해 왔어

회사를 그만둘까 한동안 생각 좀 해 봤어.
전공을 바꿀까 계속 생각 중이야.
새로운 취미를 하나 만들까 계속 생각 중이야.
미국으로 아예 돌아갈까 계속 생각 중이야.
아르바이트를 할까 계속 생각 중이야.

022 I was wondering if... ~인지 궁금해

혹시 너 이따 오후에 시간 비나 해서.
네가 오늘 저녁에 영화 보러 갈 마음이 있는지 궁금해.
내일 저녁 7시쯤 네가 집에 있으려나.
걔네 기분이 상했을지 궁금해.
네가 이걸 알고 있었던 건가 해서.

023 I'm looking forward to... ~가 기대된다

내일 볼 영화가 기대돼.
또 뵈면 좋겠네요.
오늘 저녁 식사 기대하고 있어.
여기 다시 오는 게 기대돼.
우리 뉴욕으로 여행가는 거 기대돼.

024 I'm just -ing 난 그냥 ~하고 있어

그냥 물어보는 거야.
난 그냥 도와주려는 거야.
그냥 둘러보고 있어요.
그냥 말이 그렇다는 거지.
그냥 친구 기다리고 있어.

영어로 크게 소리 내어 말해 보세요.

025 I'm feeling... ~한 기분이 들어

몸이 좀 피곤하네.
요즘 부담감이 많이 느껴져.
오늘은 몸이 더 괜찮아졌어.
나도 이제 늙었나봐.
나 컨디션이 안 좋아.

026 Are you going to/gonna...? 너 ~할 거야?

너 여자 친구 데리고 올 거야?
너 이 TV 살 거야?
너 이거 주문할 거야?
오늘 저녁에 남자 친구 데리고 올 거야?
우리랑 저녁 같이 먹을 거야?

027 Are you done...? ~ 다 끝났어?

다 했어?
네 방 청소 끝냈어?
오늘 할 일 다 끝난 거야?
일 다 끝냈어?
음식 다 드신 거예요?

028 Are you interested in...? ~에 관심 있어?

관심 있어?
너 이거 할 마음 있어?
여기서 풀타임으로 일할 생각 있어?
너 유학 갈 생각 있어?
너 시계 새로 살 마음 있어?

029 Are you sure (that)...? ~가 확실해?

확실한 거야?
그거 확실한 거야?
너 정말 괜찮은 거야?
너 이거 혼자 할 수 있는 거 확실해?
제임스 오는 거 확실해?

030 Are you -ing? 너 ~할 거야?

너 오늘 일해?
너 오늘 어디 가?
너 이번 주말에 뭐 재미있는 거 해?
너 지금 일하러 갈 거야?
너 오늘 저녁에 우리 집에 밥 먹으러 올 거야?

031 Are you + 형용사? 너 ~해?

너 추워?
너 긴장했어?
너 실망한 거야?
너 졸려?
너 미쳤어?

032 Aren't you + 형용사? 너 ~하지 않아?

심심하지 않아?
열 받지 않아?
넌 걱정 안 돼?
피곤하지 않아?
영어 공부하는 거 지겹지 않아?

스피킹 집중훈련: 한글 해석 몰아보기

033　Are you trying to...? ~하려는 거야?

너 지금 나한테 거짓말 하려는 거야?
너 지금 나하고 싸우자는 거야?
저한테 지금 바가지 씌우려는 거예요?
너 나보고 결혼하지 말라고 말하려는 거야?
나한테 무슨 말인가 하려는 거야?

034　I can't stand... ~를 못 참겠어

너 더 이상 못 봐주겠다.
날씨가 너무 추워서 못 견디겠어.
듣자 하니 정말 못 참겠네.
너 그런 식으로 불평하는 거 지겹다.
이런 대접 받는 것도 지긋지긋해.

035　I can't believe... ~라니 믿을 수 없어

네 말을 믿을 수가 없다.
이거 믿기 힘든데.
네가 진짜로 직장을 그만두다니.
내 눈이 의심스럽네.
어떻게 그런 바보 같은 실수를 할 수 있어?

036　I can't stop -ing ~를 멈출 수 없어

생각을 멈출 수가 없어.
계속 먹게 되네.
기말시험 걱정이 끊이질 않아.
왜 그런지 계속 궁금하네.
이 프로그램을 계속 보게 되네.

037　I can't tell... ~를 모르겠어

이유는 말할 수 없어.
어느 게 어느 건지 모르겠네.
차이를 모르겠어.
그 애가 날 좋아하는지 아닌지 모르겠어.
그녀가 몇 살인지 잘 모르겠어.

038　I can't understand why... 왜 ~인지 이해가 안 돼

왜 그런지 이해가 안 돼.
왜 난 못 가는데 넌 갈 수 있는지 이유를 모르겠어.
그게 왜 그렇게 비싼 건지 이해가 안 돼.
왜 네가 걔를 차 버린 건지 이해가 안 가.
그녀가 왜 그렇게 나한테 화를 내고 가 버렸는지 이해가 안 가.

039　I can't help but... ~할 수밖에 없어

기다리는 수밖에 없어.
그냥 웃는 수밖에 없네.
왜 그런지 궁금하네.
종일 이렇게 걱정하고 있어.
난 여기서 시간을 낭비하고 있다고 생각할 수밖에 없어.

040　Can I get you...? ~를 갖다 줄까?

뭐 마실 것 좀 갖다 줄까?
커피 한 잔 줄까?
리필해 드릴까요?
뭐 다른 것 좀 갖다 드릴까요?
담요 좀 갖다 드릴까요?

041 Can I ask you...? ~ 좀 물어봐도 돼?

뭐 좀 물어봐도 돼?
부탁 하나 해도 돼?
무슨 일 있었는지 물어봐도 돼?
길 좀 물어도 될까요?
개인적인 질문 하나 해도 될까?

042 Can I borrow...? ~ 좀 빌려 줄래?

네 차 좀 빌릴 수 있을까?
펜 좀 빌릴 수 있을까?
강의 노트 좀 빌릴 수 있을까?
돈 좀 빌릴 수 있을까?
너 잠깐 시간 있어?

043 Can you tell me...? ~ 좀 알려 줄래?

화장실이 어디인지 좀 알려 주실래요?
이거 어떻게 하는지 좀 알려 줄래?
어떻게 하면 학교 성적을 잘 받을 수 있는지 알려 줄 수 있니?
이런 거 어디서 구할 수 있는지 좀 알려 줄래?
제이디의 큰 비밀이라는 게 뭔지 말해 줄 수 있어?

044 Can you give me...? ~를 주시겠어요?

잠깐만 기다려 줄래?
시간을 좀 더 줄래?
생각할 시간을 좀 줄래?
이것 담을 것 좀 주실래요?
이거 가격 좀 할인해 줄 수 있나요?

045 Do you think I'm...? 내가 ~라고 생각해?

나 살찐 거 같아?
내가 따분하고 썰렁하다고 생각해?
내가 잘못한 것 같아?
내가 짠돌이라고 생각해?
내가 귀가 얇은가?

046 Do you have...? 너 ~ 있어?

취미 있어?
얘기할 시간 좀 있어?
너 현금 좀 가지고 있어?
빈 방이 있나요?
내가 써도 되는 여분의 펜 있어?

047 Do you have any...? 너 혹시 ~ 있어?

혹시 질문 있습니까?
혹시 형제자매는 있어?
너 주말에 무슨 계획 있어?
할 일 더 남은 거 뭐 있어?
혹시 왜 그런지 알아?

048 Do you have some time (to)...? 너 ~할 시간 있어?

너 오늘 시간 좀 있어?
너 여기 잠깐 들를 시간 돼?
너 오늘 나랑 브런치 먹을 시간 있어?
너 오늘 영화 보러 갈 시간 있어?
너 나랑 마트에 갈 시간 돼?

스피킹 집중훈련: 한글 해석 몰아보기

049 Do we have...? 우리 ~ 있어?

우리 오늘 수업 있어?
우리 내일까지 내야 하는 과제 있어?
우리 저녁 먹을 시간 돼?
우리 영화 보러 갈 시간 돼?
우리가 가지고 있는 돈으로 여기서 밥 먹을 수 있어?

050 Don't be so... 그렇게 ~하지 좀 마

나한테 그렇게 까칠하게 굴지 좀 마.
그렇게 순진하게 굴지 마.
그 애한테 너무 못되이 굴지 마.
그렇게 이기적으로 굴지 좀 마.
너무 구두쇠처럼 그러지 좀 마.

051 Don't tell me... 설마 ~한 거야?

나한테 이래라저래라 하지 마.
지갑을 까먹고 안 가져왔다는 말은 하지 마.
설마 너 또 늦잠 잔 거야?
설마 너 또 술 마신 거야?
너 설마 여자 친구 생일을 몰랐던 거야?

052 Don't even think about... ~생각은 하지도 마

도망갈 생각은 하지도 마.
내 여동생이랑 사귈 생각은 하지도 마라, 알았지?
내 피자 먹을 생각은 아예 하지도 마.
거짓말 할 생각은 하지도 마.
이 일 끝낼 때까지 집에 갈 생각은 아예 하지도 마.

053 Don't forget to... ~하는 거 잊지 마

문 잠그는 거 잊지 마.
불 끄는 거 잊지 마.
이따 저녁에 나한테 전화하는 거 잊지 마.
나한테 알려 주는 거 잊지 마.
나중에 꼭 좀 다시 말해 줘.

054 Don't you think (that)...? ~라고 생각 안 해?

너 지금 과민 반응 보인다고 생각 안 해?
너 지금 좀 무례한 거 아니야?
그 사람은 너한테 너무 나이가 많은 거 아니야?
이게 더 나아 보이지 않아?
너무 매운 것 같지 않나?

055 I don't think... ~인 것 같지 않아

안 돼.
비 안 올 텐데.
난 그렇게 나쁜 거 같지 않은데.
나 거기에 제시간에 도착 못할 거 같아.
너 그 여자랑 그만 만나라.

056 I don't want to/wanna... ~하고 싶지 않아

난 이 영화는 보고 싶지 않아.
난 가고 싶지 않아.
이번엔 늦고 싶지 않단 말이야.
그 얘기는 하고 싶지 않아.
난 이제 널 보고 싶지 않아.

영어로 크게 소리 내어 말해 보세요.

057 I don't care... ~는 신경 안 써

네가 뭘 원하든 난 신경 안 써.
네 생각은 상관없어.
네가 아프든 말든 상관없어.
비싸도 상관 안 해.
오늘이 걔 생일이든 아니든 난 관심 없어.

058 I don't know if... ~인지 아닌지 모르겠어

그녀가 좋다고 할지 모르겠어.
내가 이걸 할 수 있을지 모르겠어.
내가 가야 하는 건지 모르겠네.
내가 이걸 제대로 하고 있는 건지 모르겠네.
걔가 나랑 계속 친구하고 싶은지 모르겠어.

059 I don't understand... ~를 이해할 수가 없어

난 이젠 널 이해할 수가 없어.
네가 어떻게 까먹을 수가 있는지 이해가 안 된다.
내가 왜 이걸 다시 해야 하는지 모르겠어.
네가 무슨 말을 하려는 건지 모르겠어.
네가 왜 내 얘기를 안 들으려고 하는지 이해가 안 가.

060 It's just that... 그냥 ~일 뿐이야

그냥 걷기에는 너무 멀어서 그래.
그냥 너무 비싸네.
그냥 나 오늘 몸이 많이 안 좋아서 그래.
그냥 내가 지금 빈털터리라서.
난 그냥 좀 걱정이 돼서.

061 It's time to... ~할 때야

잘 시간이야.
제대로 공부 좀 할 때가 됐어.
이제 다시 일하러 가볼까.
저녁 먹을 시간 됐어.
그녀에게 솔직히 말할 때가 됐어.

062 It's not like I... 내가 ~한 건 아니야

내가 가기 싫은 건 아니야.
지금 내 자금 사정상 그걸 감당할 수가 없어.
난 지금 그게 필요한 건 아니야.
난 지금 엄청 배고픈 것도 아니니까.
내가 그 일을 아주 많이 원했던 것도 아닌데, 뭐.

063 Is it okay if I ...? 내가 ~해도 될까?

나중에 내가 다시 전화해도 될까?
네 핸드폰 잠깐만 써도 될까?
내가 따라가도 돼?
채널 돌려도 돼?
100달러짜리 지폐로 지불해도 되나요?

064 Is it true (that)...? ~라는 게 정말이야?

사실이야?
너희 둘 헤어진 게 사실이야?
너 회사 잘렸다는 게 정말이야?
너 진짜로 프러포즈한 거야?
너 진짜로 톰 크루즈랑 친구 사이야?

스피킹 집중훈련: 한글 해석 몰아보기

065 Is it possible to...? ~하는 게 가능할까?

이 얘긴 나중에 해도 될까?
이거 반품하고 다른 걸로 가져가도 될까요?
주문을 변경할 수 있을까요?
시간을 하루 이틀 더 줄 수 있어?
나중에 다시 와 줄 수 있을까?

066 Is it + 날씨 형용사 + outside? 밖에 날씨가 ~해?

밖에 추워?
밖에 쌀쌀해?
밖에 아직도 바람 불고 많이 추워?
밖에 아직 더워?
밖에 아직 비 와?

067 It doesn't matter... ~하든 상관없어

우리가 뭘 먹든 상관없어.
가격은 상관없어.
네가 어떻게 생각하든 상관없어.
몇 시든 상관없어.
어디서 먹든 상관없어.

068 It's way too... 너무 ~해

이거 너무 어렵다.
나한텐 너무 비싸.
내 입에는 너무 매워.
사과하기엔 너무 늦었어.
오늘 날씨가 외출하기엔 너무 덥다.

069 It's good to... ~해서 좋다

만나서 반가워.
다시 보니 반갑다.
집에 돌아오니 좋다.
네 소식 들으니 반갑다.
목소리 들으니까 반갑다.

070 It's almost... 그건 거의 ~해

거의 12시 다 됐어.
이제 거의 11월이다.
거의 잘 시간이 됐어.
한 개에 거의 10달러야.
거의 끝나가.

071 There's no need to... ~할 필요 없어

걱정할 필요 없어.
서두를 필요 없어.
그렇게 흥분할 필요 없어.
이걸 지금 당장 살 필요는 없어.
여기 있는 거 전부 기억할 필요는 없어.

072 There's nothing... ~한 것은 없어

내가 할 수 있는 건 없어.
내가 널 도와줄 수 있는 건 없어.
하고 싶은 말이 있는 건 아냐.
이것보다 더 좋은 건 없어.
지금 이것보다 더 중요한 건 없어.

영어로 크게 소리 내어 말해 보세요.

073 There's no way... ~하는 건 불가능해

나 이거 도저히 못해.
이걸 다 먹는 건 불가능해.
20분 안에 거기 가는 건 불가능해.
네가 이걸 몰랐을 리가 없어.
요즘에는 20달러는 줘야 이거 살 수 있어.

074 There're so many... ~가 무척 많아

밖에 사람들이 무척 많아.
상영 중인 영화 중에 괜찮은 게 아주 많아.
선택할 게 정말 많아.
오늘 할 일이 정말 많거든.
오늘 들러야 할 곳이 너무 많아.

075 Is there any way...? 혹시 ~한 방법이 있어?

혹시 방법이 있어?
혹시 다른 방법 있어?
이번에 좀 봐줄 수 있어?
단 2주 만에 10파운드를 뺄 방법이 있을까?
나를 개량 좀 연결해 줄 수 있어?

076 Is there a + 장소? ~가 있어요?

근처에 우체국 있어요?
근처에 주유소 있어요?
이 근처에 화장실 있어요?
이 근처 어디에 버스정류장이 있나요?
이 동네에 빨래방 있어요?

077 Is there anything you want...? ~하고 싶은 거 있어?

뭐 원하는 거 있어?
뭐 사고 싶은 거 있어?
뭐 먹고 싶은 거 있어?
내가 해 줬으면 하는 거 있어?
가게에서 뭐 사다 줬으면 하는 거 있어?

078 I'm sorry for/about... ~해서 미안해

너무 이른 시간에 전화해서 미안해.
기다리게 해서 미안해.
여기까지 오게 해서 미안해.
번거롭게 해서 미안해.
어제 일은 미안해.

079 I'm sorry to... ~해서 미안해

깨워서 미안해.
이렇게 귀찮게 해서 미안해.
이 시간에 전화해서 미안해.
이렇게 불쑥 찾아와서 미안해.
그것참 안됐네.

080 I'm sorry (that)... ~해서 미안해

늦어서 미안해.
오늘 아침에 내가 그렇게 말해서 미안해.
너한테 못되게 굴어서 미안해.
네 핸드폰 망가뜨려서 미안해.
못 가서 미안해.

스피킹 집중훈련: 한글 해석 몰아보기

081 I'm sorry, but... 죄송하지만 ~

죄송하지만 전화 잘못 거셨어요.
죄송하지만 저를 다른 사람이랑 착각하셨네요.
미안하지만 내가 지금 좀 바쁘거든.
미안하지만 내가 뭐 좀 하고 있는 중이거든.
미안하지만 선약이 있어.

082 Thanks for... ~해 줘서 고마워

점심 사 줘서 고마워.
도와줘서 고마워.
태워 줘서 고마워.
알려 줘서 고마워.
날 위해 내 옆에 있어 줘서 고마워.

083 What did you...? 무엇을 ~했어?

뭐라고 말했어?
뭐 주문했어?
점심 뭐 먹었어?
슈퍼에서 뭐 샀어?
너 네 여동생한테 무슨 짓을 한 거야?

084 What do you think of/about...? ~에 대해 어떻게 생각해?

네 생각은 어때?
걔 어떻게 생각해?
새로 산 내 안경 어때?
이 스웨터 어떤 거 같아?
이 차 어떤 거 같아?

085 What do you want to/wanna...? 넌 뭘 ~하고 싶어?

내일 뭐 하고 싶어?
뭐 보고 싶어?
네 생일에 뭐 하고 싶어?
너 점심에 뭐 먹고 싶어?
넌 뭐 마시고 싶어?

086 What about...? ~어때?

내일은 어때?
나는 어쩌고?
넌 어때?
회의는 어떻게 하고?
이 소파는 어떻게 할까?

087 What do you mean...? ~라니 무슨 말이야?

무슨 말이야?
그게 무슨 말이야?
넌 안 간다니 무슨 말이야?
남자 친구를 찼다니 무슨 말이야?
너무 늦었다는 게 무슨 소리야?

088 What if...? 만약에 ~하면 어쩌지?

내일 비가 오면 어쩌지?
그녀가 싫다고 하면 어쩌지?
늦으면 어쩌지?
내일도 계속 아프면 어쩌지?
무슨 일이 생기면 어떻게 해?

영어로 크게 소리 내어 말해 보세요.

089 What kind of...? 어떤 종류의 ~야?

넌 어떤 영화 좋아해?
넌 어떤 음악 들어?
넌 어떤 음식 좋아해?
넌 어떤 커피가 제일 좋아?
너 무슨 친구라는 게 그래?

090 What's the best way to...? ~하기에 가장 좋은 방법이 뭐야?

살을 빼는 가장 좋은 방법이 뭐야?
거기 가는 가장 좋은 방법이 뭐야?
걔 마음을 돌릴 수 있는 가장 좋은 방법이 뭘까?
영어 공부하는 가장 좋은 방법이 뭐야?
돈 모으는 가장 좋은 방법이 뭘까?

091 What makes you...? 넌 왜 ~해?

왜 그런 소릴 하는 거야?
그게 내 잘못이었다고 말하는 이유가 뭐야?
왜 그렇게 생각해?
왜 내가 너보다 나이 많을 거라 생각해?
왜 이곳에서 일하고 싶은 건가요?

092 What're you -ing? 너 무슨 ~를 하고 있어?

너 지금 뭐 해?
너 뭐 하고 있어?
너 무슨 생각해?
너 무슨 말을 하는 거야?
너 무슨 소리 하고 있는 거야?

093 What're you going to/gonna~? 무엇을 ~할 거야?

뭐 먹을 거야?
넌 뭘 고를래?
이번 주말에 뭐 할 거야?
한국에 가서 뭐 할 거야?
너 퇴근하고 뭐 할 거야?

094 What time do you...? 몇 시에 ~해?

몇 시에 문 닫아요?
수업 몇 시에 있어?
몇 시에 데리러 갈까?
너 오늘 몇 시에 퇴근해?
병원 몇 시에 예약했어?

095 What took you so long (to)...? ~하는 데 왜 이렇게 오래 걸렸어?

뭐 때문에 이렇게 오래 걸렸어?
여기 오는 데 왜 이렇게 오래 걸렸어?
준비하는 데 뭐가 이렇게 오래 걸렸어?
문자 답변 하는 데 뭐 이리 오래 걸렸어?
다시 나한테 전화하는 게 왜 이렇게 오래 걸렸어?

096 What happened to...? ~에 무슨 일 있어?

무슨 일이야?
너 무슨 일 있어?
네 차에 무슨 문제 생겼어?
너 얼굴이 왜 그래?
너 성적이 왜 이래?

스피킹 집중훈련: 한글 해석 물아보기

097　What's wrong with...? ~가 왜 그래?

가격이 왜 이래?
날씨 왜 이러냐?
네 목소리 왜 그래?
너 왜 그래?
네 햄버거 뭐 이상해?

098　What should I...? 내가 무엇을 ~해야 될까?

내가 뭐라고 말해야 하지?
오늘 저녁 뭐 만들지?
그녀의 졸업 선물로 뭘 사야 하지?
내가 뭘 먼저 해야 돼?
이 상황에서 난 뭘 해야 하지?

099　What should we...? 우리 뭘 ~해야 할까?

우리 점심으로 뭐 먹을까?
우리 내일 뭐 할까?
뭘 사야 할까?
뭘 마실까?
걔 생일에 뭘 선물해야 할까?

100　What's your...? 네 ~는 뭐야?

네 취미가 뭐야?
이메일 주소가 뭐야?
요점이 뭔데?
핸드폰 번호가 어떻게 되나요?
네 성이 뭐라고 했지?

101　That's not what... ~한 건 그게 아니야

내가 말한 건 그게 아닌데.
그런 게 아니야.
그건 내가 원했던 게 아니야.
난 그러려고 여기 온 거 아니야.
내가 너한테 부탁했던 건 그게 아닌데.

102　Where did you...? 너 어디서 ~했어?

너 그 얘기 어디서 들었어?
너 그거 어디서 났어?
내 USB 메모리 어디서 찾았어?
너 어디서 다친 거야?
넌 제임스를 어디서 마주친 거야?

103　Where can I...? 어디서 ~할 수 있어?

화장실이 어디에 있죠?
그거 어디서 살 수 있어?
줄리 어디 있어?
이 쿠폰은 어디에서 얻을 수 있어?
그 게임은 어디에서 다운로드 받을 수 있어?

104　Where's the best place to...? 어디가 ~하기 제일 좋아?

이 근처에서 어디가 밥 먹기 제일 좋아?
어디가 쇼핑하기 제일 좋아?
어디가 놀기 제일 좋아?
데이트하기 제일 좋은 데가 어디야?
어디가 야경 보기에 제일 좋아?

105 Where's the nearest...?
가장 가까운 ~는 어디에 있어요?

이 근처에서 가장 가까운 주유소는 어디에 있어요?
이 근처에서 가장 가까운 한국 식당은 어디에 있어요?
이 근처에서 가장 가까운 버스정류장은 어디인가요?
이 근처에 가장 가까운 마트는 어디에 있나요?
여기서 가장 가까운 공항은 어디인가요?

106 Where do you...? 너 어디서 ~해?

너 어디 살아?
너 어디서 일해?
너 학교 어디 다녀?
쇼핑은 주로 어디서 해?
외식은 주로 어디서 해?

107 Where do you want to/wanna go...?
어디에 가고 싶어?

어디 가고 싶어?
밥 어디 가서 먹고 싶어?
쇼핑 어디로 갈까?
너 내일 어디 가고 싶어?
학교 끝나고 어디 가고 싶어?

108 When did you...? 네가 언제 ~했어?

너 여긴 언제 왔어?
너 언제 일어났어?
너 이 차 언제 샀어?
네가 그런 말을 언제 했어?
너희 둘 처음 만난 게 언제야?

109 Since when do/are you...?
네가 언제부터 ~했는데?

네가 언제부터 나를 신경 썼다고 그래?
네가 언제부터 운동을 했다고 그래?
언제부터 네가 몸무게에 신경 썼다고 그래?
언제부터 네가 공부를 했다고?
언제부터 네가 내 친구였지?

110 When was the last time you...?
너 마지막으로 ~한 게 언제야?

너 마지막으로 제이디랑 얘기한 게 언제야?
너 마지막으로 크리스틴을 본 게 언제야?
너 마지막으로 여기 온 게 언제야?
너 마지막으로 피자 먹은 게 언제야?
너 마지막으로 맥주 마신 게 언제야?

111 Why did you...? 왜 ~했어?

일을 왜 그만둔 거야?
술을 왜 그렇게 많이 마셨어?
왜 이렇게 일찍 왔어?
오늘 아침에 왜 전화했어?
왜 이렇게 늦게 퇴근했어?

112 Why don't you...? ~하지그래?

여기서 있다가 저녁 먹지그래?
나랑 같이 가는 게 어때?
한번 해 보지그래?
이 번호로 전화 걸어 볼래?
먼저 가서 먹지그래?

스피킹 집중훈련: 한글 해석 몰아보기

113 Why don't I...? 내가 ~해 줄게

내가 나중에 다시 연락할게.
그거 내가 들어 줄게.
내가 여기서 기다릴게.
내가 금방 다시 전화할게.
내가 회사로 (차로) 데리러 갈게.

114 Why are you so...? 넌 왜 그렇게 ~해?

넌 왜 그렇게 고집이 세?
나한테 왜 그렇게 화가 난 거야?
너 왜 그렇게 부루퉁해?
오늘 왜 그렇게 예민해?
갑자기 나한테 왜 이리 친절해?

115 That's why... 그래서 ~한 거야

그게 이유야.
그래서 내가 전화했던 거야.
그래서 오늘 일찍 왔어.
그래서 내가 못 간 거야.
그러니까 우리는 이걸 두 번씩 봐야 돼.

116 How about...? ~ 어때?

오늘 저녁 식사 어때?
내일 7시 어때?
오른쪽에 있는 거 어때?
퇴근하고 맥주 한 잔 어때?
커피 한 잔 어때?

117 How do you...? 어떻게 ~하는 거야?

걔를 어떻게 알아?
이거 어떻게 사용하는 거야?
'Tag' 철자가 어떻게 돼?
여기서 거기까지 어떻게 가는 거야?
"너 밥맛이다."를 영어로 어떻게 말해?

118 How did you...? 어떻게 ~했어?

그거 어떻게 했어?
어떻게 알아냈어?
그 아이디어 어떻게 생각해냈어?
너희 둘은 처음에 어떻게 만났어?
너희 둘은 서로 어떻게 알게 됐어?

119 How do you like...? ~ 맘에 들어?

여기 날씨 맘에 들어?
새로 한 헤어스타일 맘에 들어?
새로운 직장은 맘에 들어?
지금까지는 그거 맘에 들어?
여기서 지낼 만해?

120 How could you...? 어떻게 ~할 수 있어?

어떻게 알았어?
어떻게 그런 말을 할 수가 있어?
어떻게 나한테 이럴 수 있어?
어떻게 이 문제를 틀릴 수가 있어?
어떻게 내 생일을 까먹을 수 있어?

영어로 크게 소리 내어 말해 보세요.

121 How come...? 왜 ~야?

이 문제 왜 이렇게 어려운 거야?
왜 이제 나한테 전화 안 하는 거야?
이거 왜 이렇게 비싼 거야?
너 왜 그렇게 피곤해 보여?
왜 마음을 바꾼 거야?

122 How do you know...? 넌 ~를 어떻게 알아?

네가 어떻게 알아?
넌 걔를 어떻게 알아?
내 비밀을 네가 어떻게 알아?
걔가 안 온다는 거 어떻게 알아?
그게 내 거가 아니고 앤지 거라는 걸 네가 어떻게 알아?

123 How was your...? 네 ~는 어땠어?

오늘 하루 어땠어?
여행은 어땠어?
데이트 어땠어?
시험 어땠어?
주말은 어땠어?

124 How many...? 얼마나 ~해?

형제자매가 몇이야?
몇 조각 먹은 거야?
몇 개나 샀어?
샌프란시스코에 며칠 있었어?
하루에 몇 시간 자?

125 How much...? 얼마나 ~해?

얼마예요?
어젯밤에 얼마나 마신 거야?
내가 너한테 얼마 주면 되지?
너 몸무게가 얼마나 나가?
얼마나 먹은 거야?

126 How long is...? ~는 얼마나 길어?

비행시간이 얼마나 돼?
출퇴근하는 데 얼마나 걸려?
여름 방학 기간이 얼마나 돼?
이 영화 얼마나 길어?
여기서 거기까지 운전해서 가면 얼마나 걸려?

127 How long does it take to...? ~하려면 얼마나 걸려?

이 리포트 다 쓰려면 얼마나 걸려?
거기 가려면 얼마나 걸려?
기타 배우는 데 보통 얼마나 걸려?
이 책 다 읽는 데 얼마나 걸려?
여기서 공항까지 가는 데 얼마나 걸리나요?

128 How often do you...? 얼마나 자주 ~해?

걔 얼마나 자주 만나?
제임스랑 얼마나 자주 얘기해?
여기서 얼마나 자주 먹어?
술 마시러 얼마나 자주 나가?
헬스클럽엔 얼마나 자주 가?

스피킹 집중훈련: 한글 해석 몰아보기

129 I don't know how to...
나 어떻게 ~하는지 몰라

나 운전할 줄 몰라.
나 요리할 줄 몰라.
나 거기 어떻게 가는지 몰라.
나 이 전자레인지 어떻게 사용하는지 모르겠어.
나 변기 어떻게 고치는지 몰라.

130 Who cares...?
~를 누가 신경 써?

누가 신경이나 쓰겠어?
남들이 뭐라 생각하든 무슨 상관이야?
거리가 얼마나 되든 무슨 상관이야?
네가 뭘 먹고 싶은지 누가 신경이나 쓴대?
가격이 얼마든 무슨 상관이야?

131 Who wants to...?
~할 사람?

이 외장 하드 가질 사람?
나랑 영화 보러 갈 사람?
누가 먼저 할래?
이거 해 볼 사람?
마지막 조각 먹을 사람?

132 Which way is...?
~는 어느 쪽인가요?

어느 쪽인가요?
북쪽이 어느 쪽인가요?
출구가 어느 쪽인가요?
현관은 어느 쪽인가요?
지하철역은 어느 쪽인가요?

133 Which one do you...?
넌 어느 쪽을 ~해?

넌 어느 쪽을 원해?
넌 어느 쪽이 더 마음에 들어?
어느 쪽이 나한테 더 잘 어울리는 것 같아?
넌 어떤 걸 사고 싶어?
넌 어떤 걸 먼저 먹고 싶어?

134 Let's...
~하자

여기서 나가자.
영화 보러 가자.
뭐 좀 먹으러 가자.
오늘 밤은 그만 정리하자.
그때 봐서 정하자.

135 Let's not...
~하지 말자

지금 헬스클럽에 가지 말자.
그 얘기는 하지 말자.
너무 많이 마시지 말자.
너무 깊이 생각하지 말자.
이 노트북은 지금 사지 말자.

136 Let me...
내가 ~할게

나도 한번 보자.
5분 후에 내가 다시 전화할게.
내가 도와줄게.
커피 한잔 갖다 줄게.
확인하기 위해 제가 다시 읽어 볼게요.

영어로 크게 소리 내어 말해 보세요.

137 Let me know when... ~가 언제인지 알려 줘

언제인지 알려 줘.
네 생일이 언제인지 알려 줘.
나갈 준비되면 알려 줘.
점심 먹고 싶을 때 알려 줘.
시간 날 때 알려 줘.

138 I'll let you know... ~를 알려 줄게

나중에 알려 줄게.
제임스가 내일 시간이 언제 되는지 알려 줄게.
내일 아침에 바로 알려 줄게.
집에 도착하면 시간 알려 줄게.
뭐 생각나는 거 있으면 알려 줄게.

139 I want to/wanna... 난 ~하고 싶어

낮잠 자고 싶어.
좀 더 생각해 보고 싶어.
커피 좀 마시고 싶어.
난 다른 거 먹어보고 싶어.
난 그냥 집에 있으면서 쉬고 싶어.

140 I want you to... 네가 ~해 주면 좋겠어

네가 부탁 하나 들어줬으면 해.
그거 비밀로 해줬으면 해.
집에 9시까지 와 줘.
내 돈 갚았으면 좋겠어.
전화 걸고 싶으면 아무 때나 편하게 걸어.

141 I just wanted to... 난 단지 ~하고 싶었을 뿐이야

난 그냥 집에 가서 쉬고 싶었어.
그냥 확인하려고 했던 거야.
난 그냥 이유를 알고 싶었을 뿐이야.
도와줘서 고맙다고 말하고 싶었어.
인사나 하려고 들렀어.

142 Do you want to/wanna...? ~할래?

더 먹을래?
내 아이스크림 먹어 볼래?
이 색깔로 할래?
포켓볼 치러 갈래?
나랑 한잔하러 갈래?

143 Do you want me to...? 내가 ~해 줄까?

내가 거기 같이 가 줄까?
내가 그거 너 대신 해 줄까?
내가 이 반지 사 줄까?
내가 집에 태워다 줄까?
내가 방 청소하는 거 도와줄까?

144 I know... ~를 알아

너 지금 거짓말하는 거 다 알아.
이 책 분명히 네 마음에 들 거야.
피곤한 건 알겠는데 우리 오늘 이거 끝내야 해.
네가 열심히 하는 건 아는데 더 열심히 해야 돼.
나 여기서 거기 어떻게 가는지 알아.

스피킹 집중훈련: 한글 해석 몰아보기

145　I knew... ~를 알고 있었어

그럴 줄 알았어.
그렇게 될 줄 알았어.
네가 해낼 줄 알고 있었다니까.
널 믿어도 된다는 거 알고 있었다니까.
난 네가 후회할 줄 알았어.

146　Do you know what...? 너 ~가 뭔지 알아?

너 이게 뭔지 알아?
지금 몇 시인지 알아?
넌 뭐 주문할 거야?
쟤 왜 저러는지 알아?
우리 시험공부 뭐 해야 하는지 알아?

147　Do you know how...? 너 어떻게 ~하는지 알아?

이거 얼마인지 알아?
그분이 해외에 얼마나 나가 있을지 아세요?
너 요리할 줄 알아?
너 이 게임 어떻게 하는지 알아?
시청에 어떻게 가는지 알아?

148　Do you know where...? 너 어디서 ~하는지 알아?

너 제이디 어디 사는지 알아?
너 제이디 어디 갔는지 알아?
어디가 파스타 맛있게 하는지 알아?
시티 은행이 어디에 있는지 아세요?
화장실이 어디에 있는지 알아?

149　I've been... 난 쭉 ~했어

내가 요즘 계속 많이 바빴어.
몸이 계속 안 좋았어.
요즘 스트레스를 좀 받았어.
내가 너한테 좋은 남자 친구가 아니었던 거 같아.
요즘 내가 제정신이(내 자신이) 아닌 것 같아.

150　I've been -ing 난 ~해오고 있어

나 요즘 운동하고 있어.
난 5년 정도 영어를 공부했어.
책을 많이 읽고 있어.
난 스무 살 때부터 골프를 쳤어.
요즘 일만 정말 엄청나게 많이 했어.

151　Have you p.p.? ~해 본 적 있어?

전에 이 음식 먹어 본 적 있어?
최근에 개 본 적 있어?
전에 이 영화 본 적 있어?
전에 여기 와 본 적 있어?
전에 테니스 쳐 본 적 있어?

152　I should've p.p. ~했어야 했는데

더 조심했어야 했는데.
그거 샀어야 했는데.
그런 일이 일어날 걸 알았어야 했는데.
네 말을 들었어야 했는데.
너랑 같이 시카고에 갔어야 했는데.

153 I shouldn't have p.p. ~하지 말았어야 했는데

이 중고차 사지 말았어야 했는데.
그런 말을 하지 말았어야 했는데.
충동구매 하지 말았어야 했는데.
이 햄버거 시키는 게 아니었는데.
그 사람 말을 듣지 말았어야 했는데.

154 I would've p.p. ~했을 텐데

네가 오는 줄 알았으면 음식 좀 남겨뒀을 텐데.
이렇게 더울 줄 알았으면 반팔 입고 나왔을 텐데.
미리 알려 줬으면 너랑 같이 거기 갔을 텐데.
오늘이 네 생일인 걸 알았다면 선물 사 줬을 텐데.
오늘 비 올 줄 알았으면 그냥 집에 있었을 텐데.

155 How long have you p.p.? ~한 지 얼마나 됐어?

여기 산 지 얼마나 됐어?
너희 둘은 서로 알고 지낸 지 얼마나 됐어?
영어 공부한 지 얼마나 됐어?
너희 결혼한 지 얼마나 됐어?
얼마나 기다렸어?

156 I need to... 나 ~해야 돼

핸드폰 수리 맡기러 가야 돼.
잠깐 실례 좀 할게요.
난 먹는 걸 조심해야 돼.
나 어디 좀 가 봐야 돼.
나 이제 가야 돼.

157 I need you to... ~해 줘

좀 조용히 해 줘.
여기에 좀 들러 줬으면 해.
내 차 세차 좀 도와줘.
공항에 좀 데리러 와 줘.
내 부탁 하나 들어줘.

158 You don't need to... 넌 ~할 필요 없어

넌 사과할 필요 없어.
넌 내일 안 와도 돼.
넌 그거 돈 낼 필요 없어.
그거 지금 안 해도 돼.
그거 살 필요 없어.

159 I mean, ... 그러니까 내 말은 ~

내 말은 네가 맞다는 뜻이야.
내가 오늘 일을 얼마나 할 수 있는지에 달려 있다는 말이지.
그러니까 제 말은 스무 살같이 보여요.
아니. 그러니까 내 말은 맞다고.
그거 입으니까 뚱뚱해 보여. 아니 내 말은 괜찮아 보인다고.

160 I didn't mean to... ~하려는 의도는 아니었어

그런 의도는 아니었어.
널 화나게 하려고 했던 건 아니었어.
너한테 상처 주려고 했던 건 아니었어.
네 몸무게 가지고 놀리려고 했던 건 아니었어.
거짓말하려는 의도는 아니었어.

스피킹 집중훈련: 한글 해석 몰아보기

161 You mean...? ~라는 말이야?

그러니까 마음이 바뀌었다는 거야?
너 오늘 못 온다는 말이야?
나를 우리 회사에 내려줄 수 있다는 말이지?
네가 나보다 나이가 많다고?
네가 앤지를 좋아한다는 거야?

162 I've been meaning to... 계속 ~하려고 했었어

전부터 너한테 뭐 좀 물어보려고 했었어.
전부터 사과하려고 했었어.
전부터 너한테 말하려고 한 게 있었는데.
전부터 네가 해 준 일에 대해 고맙다는 말을 하려고 했었어.
그녀에게 전화하려고 계속 생각은 했는데 내가 바빴어.

163 I like... 난 ~를 좋아해

나 책 읽는 거 좋아해.
나 야식 먹는 거 좋아해.
난 주말엔 집에 있는 게 좋아.
난 친구들이랑 노는 게 좋아.
난 운동하는 거 좋아해.

164 I don't like... 난 ~를 안 좋아해

난 걷는 거 안 좋아해.
난 밤에 나가는 거 안 좋아해.
난 요리하는 걸 정말 싫어해.
난 더빙 영화 보는 걸 안 좋아해.
난 비 올 때 운전하는 거 안 좋아해.

165 I like your... 네 ~가 마음에 들어

네 헤어스타일 괜찮은데.
네 차 좋다.
나 네 여동생 좋아해.
나 너희 개 좋더라.
난 너의 그런 태도가 마음에 들어.

166 I'd like to... ~하고 싶어요

더 먹고 싶네요.
좀 물어보고 싶은 게 있는데요.
이거 환불받고 싶은데요.
이거 다른 걸로 교환하고 싶은데요.
계좌를 새로 하나 만들고 싶은데요.

167 Do you like -ing? ~하는 거 좋아해?

외식하는 거 좋아해?
인터넷 검색하는 거 좋아해?
영화 보는 거 좋아해?
여행 가는 거 좋아해?
친구들이랑 수다 떠는 거 좋아해?

168 It looks like... ~처럼 보여

금방 비가 올 것 같아.
영화가 지루해 보이는데.
네 거 같은데.
앤지는 늦을 것 같아.
밖에 눈 오는 거 같아.

169 You look so... 너 정말 ~해 보여

너 너무 지루해 보인다.
너 많이 피곤해 보여.
너 무지 졸려 보인다.
너 스트레스 엄청 받은 거 같아.
너 기분이 엄청 안 좋아 보여.

170 You look like you... 너 ~처럼 보여

너 금방이라도 잠들 거 같아.
너 할 말이 있는 것처럼 보인다.
너 오늘 바쁜 것 같네.
너 아파 보여.
너 열이 있는 것처럼 보여.

171 It sounds like... ~처럼 들려

재미있겠다.
그거 좋은 생각 같은데.
너 화가 났구나.
넌 가고 싶지 않은 것 같구나.
너 실망했구나.

172 You sound... ~한 목소리네

너 목소리가 아픈 것 같아.
너 술 취한 것 같은 목소리인데.
기분 좋은 것 같은 목소리네.
너 졸린 목소리네.
근심에 찬 목소리네.

173 I feel like -ing ~가 하고 싶어

취하고 싶은 기분이야.
커피 마시고 싶다.
낮잠 자고 싶다.
영화 보러 가고 싶다.
지금은 아무것도 하고 싶지가 않아.

174 I don't feel like -ing ~할 기분이 아니야

아무 데도 가고 싶지 않아.
오늘은 아무것도 하고 싶지 않아.
기름진 것은 먹고 싶지 않아.
너랑 지금 말하고 싶은 기분이 아니야.
오늘 밤엔 나가 놀고 싶지 않아.

175 Do you feel like -ing? ~하고 싶어?

너 영화 보러 갈 생각 있어?
지금 어딘가 가고 싶어?
지금 뭔가 하고 싶은 기분이야?
지금 뭐 먹고 싶은 생각 있어?
지금 뭐 보고 싶은 생각 있어?

176 If I were you, ... 내가 너라면 ~

내가 너라면 거절하겠어.
내가 너라면 그거 안 산다.
내가 너라면 그 사람 말 안 듣겠어.
내가 너라면 당장 가서 그녀에게 사실대로 말할 거야.
내가 너라면 사과하겠어.

스피킹 집중훈련: 한글 해석 몰아보기

177 Let me know if... ~인지 알려 줘

줄리도 가고 싶어 하는지 (물어보고) 알려 줘.
뭐든 필요한 거 있으면 말씀하세요.
마음이 바뀌면 알려 줘.
궁금한 게 생기면 알려 줘.
그 스웨터 세일하면 알려 줘.

178 Do you mind -ing? ~하면 안 될까?

네가 운전하면 안 될까?
좀 서둘러 주지 않을래?
여기서 잠깐 기다려 주지 않을래?
저녁에 우리 애들 좀 봐 주면 안 될까?
이 가방 좀 잠시 들어 주면 안 될까?

179 Do you mind if I...? 제가 ~하면 안 될까요?

창문을 좀 열면 안 될까요?
잠깐 들어가면 안 될까요?
잠깐 시간 좀 내 주시면 안 될까요?
제가 이 의자 가져가면 안 될까요?
저 오늘 일찍 좀 가면 안 될까요?

180 I don't mind -ing 난 ~하는 거 상관없어

난 상관없어.
난 기다려도 상관없어.
내가 운전해도 상관없어.
저녁으로 피자 먹어도 괜찮아.
네가 밤늦게 전화해도 난 괜찮아.

181 I swear (that)... ~라고 맹세할게

다시는 늦지 않겠다고 맹세할게.
다시는 널 실망시키지 않겠다고 맹세할게.
시드가 어떤 여자랑 손잡고 있는 걸 내가 분명히 봤어.
제임스가 그랬어. 맹세코 난 아냐.
내 핸드폰을 분명히 여기에 놨단 말이야.

182 I wish... ~라면 좋겠어

오늘은 쉬었으면 좋겠는데.
오늘은 한가했으면 좋겠는데.
20대였으면 좋겠어.
너도 여기 있었으면 좋겠어.
오늘이 금요일이면 좋겠다.

183 I told you not to... ~하지 말라고 했잖아

나 좀 귀찮게 하지 말랬잖아.
회사로 전화하지 말랬잖아.
아무한테도 말하지 말라고 했잖아.
담배 피우지 말라고 했잖아.
7시에 깨워달라고 했잖아.

184 I'll be... 난 ~할게

금방 올게.
금방 거기로 갈게.
기꺼이 도와줄게.
다음에는 더 조심할게.
난 내 방에 있을게.

26

영어로 크게 소리 내어 말해 보세요.

185 I wouldn't... 난 ~ 안 할 거야

난 그거 안 살래.
난 걔 얘기는 안 들어.
그 영화는 아무한테도 추천 안 할 거야.
다시는 이 샐러드 안 시킬 것 같아.
나야 모르지.

186 I was going to/gonna... ~하려고 했어

전화하려고 했는데 완전히 잊어버렸어.
뭔가 말하려고 했는데 까먹었어.
나도 같은 말 하려고 했는데.
나도 너한테 같은 질문 하려고 했는데.
들르려고 했는데 일이 좀 생겼어.

187 I was about to... ~하려던 참이었어

너한테 전화하려던 참이었어.
막 자려던 참이었어.
나도 같은 질문을 하려던 참이었어.
그렇지 않아도 막 일어나려던 참이었어.
나 이제 나가려는 참이야.

188 I used to... 나 예전에 ~했었어

나 예전에 여기 살았었어.
내가 예전엔 똑똑했었는데.
나 옛날에 너 좋아했었어.
나 예전엔 영어 잘했었는데.
나 예전엔 술 엄청 마셨었지.

189 I'd better... 나 ~하는 게 좋겠어

나 이제 가야겠어.
나 뭐 좀 먹어야겠어.
노트북 고치러 가야겠어.
난 좀 자는 게 좋겠어.
다시 일하러 가 봐야겠어.

190 You don't even... 넌 ~도 아니잖아

넌 요즘 공부도 안 하잖아.
너 자전거 탈 줄도 모르잖아.
너 돈도 별로 없잖아.
넌 네 남자 친구를 제대로 잘 알지도 못하잖아.
가끔 나한테 연락할 시간도 없는 거야?

191 You're -ing all the time. 넌 늘 ~만 해

넌 맨날 불평만 하냐.
넌 매번 말도 안 되는 변명만 늘어놓는구나.
넌 맨날 뭘 그렇게 먹고 있냐.
넌 맨날 게임만 하냐.
넌 항상 그 얘기를 꺼내더라.

192 No wonder... ~하는 건 당연해

네가 왜 그렇게 피곤해 보이는지 알겠네.
그녀가 까칠할 만하네.
이걸 왜 할인하는지 알 만하네.
그래서 네 몸이 건강해 보이는구나.
그럴 만하네.

스피킹 집중훈련: 한글 해석 몰아보기

193 Promise me (that)... ~하겠다고 나랑 약속해

다시는 나한테 거짓말 안 한다고 약속해.
점잖게 행동할 거라고 약속해.
노력하겠다고 나랑 약속해.
아무한테도 말 안 한다고 약속해 줘.
다시는 술 안 마신다고 약속해.

194 Make sure to... 꼭 ~해

꼭 불을 끄도록 해.
문을 꼭 잠그도록 해.
먼저 꼭 양해를 구해.
나한테 미리 꼭 알려 줘.
9시 전에 꼭 나한테 전화 줘.

195 I was surprised to... ~해서 놀랐어

거기서 널 봐서 놀랐어.
너무 긴장하는 네 모습을 보고 놀랐어.
그 얘기 듣고 놀랐어.
거기서 줄리랑 마주쳐서 놀랐어.
네가 그렇게 화내는 거 보고 깜짝 놀랐어.

196 Stop -ing ~ 좀 그만해

그만 좀 놀려.
귀찮게 좀 하지 마.
그만 좀 징징대.
말도 안 되는 소리 하지 마.
거짓말 좀 그만해, 이 새빨간 거짓말쟁이야.

197 Why not...? ~는 왜 안 돼?

왜 안 돼?
내일은 왜 안 돼?
지금 거기 가면 왜 안 돼?
부모님 거 몇 개 더 사지그래?
이걸로 하면 어때?

198 That's because... 그건 ~ 때문이야

막 일어나서 그래.
어젯밤에 11시까지 일해서 그래.
몸이 좀 안 좋았거든.
그건 아마 네가 하루 종일 콘택트렌즈를 끼고 있어서 그럴 거야.
네가 지각을 했으니까 그렇지.

199 There must be... 틀림없이 ~가 있을 거야

더 싼 게 분명히 있을 거야.
내가 도와줄 수 있는 게 분명히 있을 거야.
오른쪽 눈에 뭔가 들어간 거 같아.
그래도 이유가 분명히 있을 거야.
세상엔 너에게 맞는 일이 분명히 있을 거야.

200 Maybe we should... 우리 ~해야 할 것 같아

우리 이제 마무리해야 할 것 같아.
우리 이제 가야 할 것 같은데.
줄리 생일 파티를 해 줘야 할 거 같아.
우리 오늘 호텔을 예약해야 할 거 같은데.
우리 택시를 잡아야 할 거 같은데.

영어로 크게 소리 내어 말해 보세요.

201 The thing is... 문제는 ~라는 거야

난 사실 책을 빨리 못 읽어.
문제는 그게 내 예산을 넘어간다는 거지.
실은 지금 집에서 꼼짝 못해.
문제는 이 일을 하기엔 내가 너무 늙었어.
그런 영화는 내 취향이 아니라는 게 문제야.

202 Do I have to...? 내가 ~해야 돼?

나 이거 지금 해야 돼?
나도 여기에 와야 돼?
현금으로 내야 돼?
나 제임스가 돌아올 때까지 있어야 해?
나 이것도 사야 돼?

PART 2

리스닝 집중훈련
영어 패턴 몰아보기

mp3를 듣고 소리를 익혀 보세요.

001 I'm glad you... 네가 ~해서 기뻐

I'm glad you came.
I'm glad you called.
I'm glad you like my present.
I'm glad you're still here.
I'm glad you're okay.

002 I'm on... 나는 ~하는 중이야

I'm on vacation.
I'm on my way.
I'm on my way to work.
I'm on a coffee break right now.
I'm on the bus right now.

003 I'm from... 난 ~에서 왔어

I'm from the States.
I'm from Italy.
I'm from Seoul.
I'm from out of town.
I'm not from around here.

004 I'm not interested in... 난 ~에 관심 없어

I'm not interested.
I'm not interested in going out today.
I'm not interested in buying more than two.
I'm not interested in finding a boyfriend.
I'm not interested in this kind of movie.

005 I'm afraid (that)... 미안한데 ~할 것 같아

I'm afraid she just stepped out.
I'm afraid I can't make it there today.
I'm afraid I'll have to call in sick today.
I'm afraid I'm running about ten minutes late.
I'm afraid I'll have to take a raincheck.

006 I'm worried about... ~가 걱정이야

I'm worried about you.
I'm worried about my future.
I'm worried about my finals.
I'm worried about losing my job.
I'm worried about my job interview next week.

007 I'm here to/for... ~하러 왔어

I'm here to see you.
I'm here to ask you a couple of questions.
I'm here to talk to you.
I'm here to ask you a favor.
I'm here for my job interview.

008 I'm good at/with... 난 ~를 잘해

I'm good at cooking.
I'm good with kids.
I'm not good at lying.
I'm not good at mental math.
I'm not good with people.

리스닝 집중훈련: 영어 패턴 몰아보기

009 I'm stuck... 난 ~에서 꼼짝 못해

I'm stuck between the doors.
I'm stuck at home.
I'm stuck at Stage seven.
I'm stuck here all day today.
I'm kind of stuck at work right now.

010 I'm sure (that)... 분명히 ~야

I'm sure you'll do just fine.
I'm sure she knows.
I'm sure you'll feel much better tomorrow.
I'm sure she'll love it.
I'm sure he'll like this news.

011 I'm used to... 난 ~에 익숙해

I'm used to cold weather.
I'm used to my cranky boss.
I'm used to waking up early.
I'm used to eating lunch alone.
I'm still not used to this car.

012 I'm late for... ~에 늦었어

I'm late for my date.
I'm late for my doctor's appointment.
I'm late for the meeting.
I'm late for class.
I'm late for work.

013 I'm kind of... 나 좀 ~해

I'm kind of frustrated.
I'm kind of hungry right now.
I'm kind of tired.
I'm kind of hung over now.
I'm kind of broke right now.

014 I'm almost... 난 거의 ~야

I'm almost there.
I'm almost 40.
I'm almost done.
I'm almost home.
I'm almost ready.

015 I'm out of... ~가 다 떨어졌어

I'm out of money.
I'm out of time.
I'm out of battery.
I'm out of patience.
I'm out of shape.

016 I'm going to/gonna... 난 ~할 거야

I'm going to go clothes shopping this afternoon.
I'm going to buy a new cell phone.
I was going to call you.
I was going to say the same thing.
I was going to move to Boston next year.

mp3를 듣고 소리를 익혀 보세요.

017 I'm in... ~안에 있어

I'm in the neighborhood.
I'm in the middle of something.
I'm in my late 40s.
I'm in my room surfing the net.
I'm in the car waiting for Scarlett.

018 I'm trying to... 난 ~하려는 중이야

I'm trying to grow my hair.
I'm trying to change his mind.
I'm trying to get a hold of Peter.
I'm trying to figure out why she's mad at me.
I was trying to be nice to you.

019 I'm getting... 점점 ~해져

I'm getting hungry.
I'm getting bored.
I'm getting sleepy.
I'm getting cold.
I'm getting worried.

020 I'm thinking about... ~를 생각 중이야

I'm thinking about going, too.
I'm thinking about going to the mall.
I'm thinking about selling my car.
I'm thinking about asking Julie out on a date.
I'm thinking about getting my hair dyed.

021 I've been thinking about... ~를 계속 생각해 왔어

I've been thinking about quitting my job for a while.
I've been thinking about changing my major.
I've been thinking about taking up a new hobby.
I've been thinking about going back to America for good.
I've been thinking about getting a part-time job.

022 I was wondering if... ~인지 궁금해

I was wondering if you were free this afternoon.
I was wondering if you wanted to go see a movie tonight.
I was wondering if you would be home tomorrow evening around seven.
I was wondering if they were upset.
I was wondering if you knew about this.

023 I'm looking forward to... ~가 기대된다

I'm looking forward to the movie tomorrow.
I'm looking forward to seeing you again.
I'm looking forward to our dinner tonight.
I'm looking forward to coming back here again.
I'm looking forward to our trip to New York.

024 I'm just -ing 난 그냥 ~하고 있어

I'm just ask**ing**.
I'm just try**ing** to help.
I'm just brows**ing**.
I'm just say**ing**.
I'm just wait**ing** for my friend.

리스닝 집중훈련: 영어 패턴 몰아보기

025 I'm feeling... ~한 기분이 들어

I'm feeling a little tired.
I'm feeling a lot of pressure lately.
I'm feeling better today.
I'm feeling my age.
I'm feeling under the weather.

026 Are you going to/gonna...? 너 ~할 거야?

Are you going to bring your girlfriend?
Are you going to buy this TV?
Are you going to order this?
Are you going to bring your boyfriend tonight?
Are you going to join us for dinner?

027 Are you done...? ~다 끝났어?

Are you done?
Are you done cleaning your room?
Are you done for today?
Are you done with your work?
Are you done with your dish?

028 Are you interested in...? ~에 관심 있어?

Are you interested?
Are you interested in doing this?
Are you interested in working full time here?
Are you interested in studying abroad?
Are you interested in buying a brand new watch?

029 Are you sure (that)...? ~가 확실해?

Are you sure?
Are you sure about that?
Are you sure you're okay?
Are you sure you can do this alone?
Are you sure James is coming?

030 Are you -ing? 너 ~할 거야?

Are you working today?
Are you going anywhere today?
Are you doing anything fun this weekend?
Are you taking off to work right now?
Are you coming to my place for dinner tonight?

031 Are you + 형용사? 너 ~해?

Are you cold?
Are you nervous?
Are you disappointed?
Are you sleepy?
Are you crazy?

032 Aren't you + 형용사? 너 ~하지 않아?

Aren't you bored?
Aren't you upset?
Aren't you worried?
Aren't you tired?
Aren't you tired of studying English?

mp3를 듣고 소리를 익혀 보세요.

033　Are you trying to...? ~하려는 거야?

Are you trying to lie to me?
Are you trying to pick a fight with me?
Are you trying to rip me off here?
Are you trying to tell me not to get married?
Are you trying to say something to me?

034　I can't stand... ~를 못 참겠어

I can't stand you anymore.
I can't stand this cold weather.
I can't stand what you're saying.
I can't stand you complaining like that.
I can't stand being treated like this.

035　I can't believe... ~라니 믿을 수 없어

I can't believe you.
I can't believe this.
I can't believe you actually quit your job.
I can't believe my eyes.
I can't believe you made such a dumb mistake.

036　I can't stop -ing ~를 멈출 수 없어

I can't stop thinking.
I can't stop eating.
I can't stop worrying about my finals.
I can't stop wondering why.
I can't stop watching this show.

037　I can't tell... ~를 모르겠어

I can't tell you why.
I can't tell which is which.
I can't tell the difference.
I can't tell whether she likes me or not.
I can't tell how old she is.

038　I can't understand why... 왜 ~인지 이해가 안 돼

I can't understand why.
I can't understand why I can't go, but you can.
I can't understand why it's so expensive.
I can't understand why you dumped him.
I can't understand why she stormed out on me like that.

039　I can't help but... ~할 수밖에 없어

I can't help but wait.
I can't help but laugh.
I can't help but wonder why.
I can't help but worry like this all day.
I can't help but think that I'm wasting my time here.

040　Can I get you...? ~를 갖다 줄까?

Can I get you something to drink?
Can I get you a cup of coffee?
Can I get you a refill?
Can I get you anything else?
Can I get you a blanket?

리스닝 집중훈련: 영어 패턴 몰아보기

041 Can I ask you...? ~ 좀 물어봐도 돼?

Can I ask you something?
Can I ask you a favor?
Can I ask you what happened?
Can I ask you for some directions?
Can I ask you a personal question?

042 Can I borrow...? ~ 좀 빌려 줄래?

Can I borrow your car?
Can I borrow your pen?
Can I borrow your lecture notes?
Can I borrow some money?
Can I borrow you for a moment?

043 Can you tell me...? ~ 좀 알려 줄래?

Can you tell me where the restroom is?
Can you tell me how to do this?
Can you tell me how I can get good grades in school?
Can you tell me where I can get one of these?
Can you tell me what JD's big secret is?

044 Can you give me...? ~를 주시겠어요?

Can you give me a minute?
Can you give me some more time?
Can you give me some time to think?
Can you give me a container for this?
Can you give me a little break on this?

045 Do you think I'm...? 내가 ~라고 생각해?

Do you think I'm fat?
Do you think I'm boring and lame?
Do you think I'm wrong?
Do you think I'm cheap?
Do you think I'm gullible?

046 Do you have...? 너 ~ 있어?

Do you have a hobby?
Do you have some time to talk?
Do you have some cash on you?
Do you have a vacancy?
Do you have an extra pen I can use?

047 Do you have any...? 너 혹시 ~ 있어?

Do you have any questions?
Do you have any brothers or sisters?
Do you have any plans for the weekend?
Do you have any more work left to do?
Do you have any idea why?

048 Do you have some time (to)...? 너 ~할 시간 있어?

Do you have some time today?
Do you have some time to stop by here briefly?
Do you have some time to have brunch with me today?
Do you have some time to go see a movie today?
Do you have some time to go to a grocery store with me?

mp3를 듣고 소리를 익혀 보세요.

049　Do we have...? 우리 ~있어?

Do we have class today?
Do we have any assignments due tomorrow?
Do we have time for dinner?
Do we have enough time to go see a movie?
Do we have enough money to eat here?

050　Don't be so... 그렇게 ~하지 좀 마

Don't be so cranky to me.
Don't be so naive.
Don't be so mean to her.
Don't be so selfish.
Don't be so cheap.

051　Don't tell me... 설마 ~한 거야?

Don't tell me what to do.
Don't tell me you forgot to bring your wallet.
Don't tell me you overslept again.
Don't tell me you drank again.
Don't tell me you didn't know your girlfriend's birthday.

052　Don't even think about... ~생각은 하지도 마

Don't even think about running away.
Don't even think about dating my sister, okay?
Don't even think about eating my pizza.
Don't even think about lying.
Don't even think about going home before you finish this up.

053　Don't forget to... ~하는 거 잊지 마

Don't forget to lock the door.
Don't forget to turn off the lights.
Don't forget to call me later tonight.
Don't forget to let me know.
Don't forget to give me a reminder.

054　Don't you think (that)...? ~라고 생각 안 해?

Don't you think you're overreacting?
Don't you think you're being rude?
Don't you think he's too old for you?
Don't you think this looks better?
Don't you think it's too spicy?

055　I don't think... ~인 것 같지 않아

I don't think so.
I don't think it's going to rain.
I don't think it's that bad.
I don't think I can make it there on time.
I don't think you should see her anymore.

056　I don't want to/wanna... ~하고 싶지 않아

I don't want to see this movie.
I don't want to go.
I don't want to be late this time.
I don't want to talk about it.
I don't want to see you anymore.

리스닝 집중훈련: 영어 패턴 몰아보기

057 I don't care... ~는 신경 안 써

I don't care what you want.
I don't care what you think.
I don't care whether you're sick or not.
I don't care if it's expensive.
I don't care if today is his birthday or not.

058 I don't know if... ~인지 아닌지 모르겠어

I don't know if she would say yes.
I don't know if I can do this.
I don't know if I should go.
I don't know if I'm doing this right.
I don't know if she wants to be my friend anymore.

059 I don't understand... ~을 이해할 수가 없어

I don't understand you anymore.
I don't understand how you could forget.
I don't understand why I have to do this again.
I don't understand what you're trying to say.
I don't understand why you wouldn't listen to me.

060 It's just that... 그냥 ~일 뿐이야

It's just that it's too far to walk.
It's just that it's too expensive.
It's just that I'm really sick today.
It's just that I'm broke right now.
It's just that I'm a little worried.

061 It's time to... ~할 때야

It's time to go to bed.
It's time to hit the books.
It's time to get back to work.
It's time to have dinner.
It's time to tell her the truth.

062 It's not like I... 내가 ~한 건 아니야

It's not like I don't want to go.
It's not like I can afford it right now.
It's not like I need it right now.
It's not like I'm starving right now.
It's not like I wanted that job badly.

063 Is it okay if I ...? 내가 ~해도 될까?

Is it okay if I call you back later?
Is it okay if I use your cell phone real quick?
Is it okay if I tag along?
Is it okay if I change the channel?
Is it okay if I pay with a hundred dollar bill?

064 Is it true (that)...? ~라는 게 정말이야?

Is it true?
Is it true you two broke up?
Is it true you got fired?
Is it true you popped the question?
Is it true you're friends with Tom Cruise?

065 Is it possible to...? ~하는 게 가능할까?

Is it possible to talk about this later?
Is it possible to return this and get a different item?
Is it possible to change my order?
Is it possible to give me an extra day or two?
Is it possible for you **to** come back later?

066 Is it + 날씨 형용사 + outside? 밖에 날씨가 ~해?

Is it cold **outside?**
Is it chilly **outside?**
Is it still windy and freezing **outside?**
Is it still hot **outside?**
Is it still raining **outside?**

067 It doesn't matter... ~하든 상관없어

It doesn't matter what we eat.
It doesn't matter how much it costs.
It doesn't matter what you think.
It doesn't matter what time.
It doesn't matter where we eat.

068 It's way too... 너무 ~해

It's way too hard.
It's way too expensive for me.
It's way too spicy for my taste.
It's way too late to apologize.
It's way too hot to go out today.

069 It's good to... ~해서 좋다

It's good to meet you.
It's good to see you again.
It's good to be back home.
It's good to hear from you.
It's good to hear your voice.

070 It's almost... 그건 거의 ~해

It's almost noon.
It's almost November.
It's almost bedtime.
It's almost 10 dollars each.
It's almost over.

071 There's no need to... ~할 필요 없어

There's no need to worry.
There's no need to rush.
There's no need to get so mad.
There's no need to buy this right now.
There's no need to remember everything here.

072 There's nothing... ~한 것은 없어

There's nothing I can do about it.
There's nothing I can help you with.
There's nothing I want to talk about.
There's nothing better than this.
There's nothing more important than this right now.

리스닝 집중훈련: 영어 패턴 몰아보기

073 There's no way... ~하는 건 불가능해

There's no way I can do this.
There's no way I can eat all this.
There's no way I can get there in 20 minutes.
There's no way you didn't know about this.
There's no way you can get this for less than 20 bucks these days.

074 There're so many... ~가 무척 많아

There're so many people outside.
There're so many good movies out there.
There're so many things to choose from.
There're so many things to do today.
There're so many places I need to stop by today.

075 Is there any way...? 혹시 ~한 방법이 있어?

Is there any way?
Is there any other **way?**
Is there any way you can look the other way this time?
Is there any way to lose ten lbs in just two weeks?
Is there any way you can hook me up with her?

076 Is there a + 장소? ~가 있어요?

Is there a post office nearby?
Is there a gas station close by?
Is there a restroom around here?
Is there a bus stop somewhere around here?
Is there a Laundromat in this neighborhood?

077 Is there anything you want...? ~하고 싶은 거 있어?

Is there anything you want?
Is there anything you want to buy?
Is there anything you want to eat?
Is there anything you want me to do?
Is there anything you want me to pick up from the store?

078 I'm sorry for/about... ~해서 미안해

I'm sorry for calling so early.
I'm sorry for keeping you waiting.
I'm sorry for making you come all the way here.
I'm sorry for the trouble.
I'm sorry about yesterday.

079 I'm sorry to... ~해서 미안해

I'm sorry to wake you.
I'm sorry to bother you like this.
I'm sorry to call you at this hour.
I'm sorry to barge in on you like this.
I'm sorry to hear that.

080 I'm sorry (that)... ~해서 미안해

I'm sorry I'm late.
I'm sorry I said what I said this morning.
I'm sorry I was being mean to you.
I'm sorry I broke your cellphone.
I'm sorry I didn't show up.

mp3를 듣고 소리를 익혀 보세요.

081 I'm sorry, but... 죄송하지만 ~

I'm sorry, but you have the wrong number.
I'm sorry, but you have me confused with someone else.
I'm sorry, but I'm kind of busy right now.
I'm sorry, but I'm in the middle of something.
I'm sorry, but I have a prior engagement.

082 Thanks for... ~해 줘서 고마워

Thanks for the lunch.
Thanks for the help.
Thanks for the ride.
Thanks for letting me know.
Thanks for being there for me.

083 What did you...? 무엇을 ~했어?

What did you say?
What did you order?
What did you have for lunch?
What did you get from the grocery store?
What did you do to your little sister?

084 What do you think of/about...? ~에 대해 어떻게 생각해?

What do you think?
What do you think about her?
What do you think about my new glasses?
What do you think of this sweater?
What do you think of this car?

085 What do you want to/wanna...? 넌 뭘 ~하고 싶어?

What do you want to do tomorrow?
What do you want to see?
What do you want to do for your birthday?
What do you want to have for lunch?
What do you want to drink?

086 What about...? ~ 어때?

What about tomorrow?
What about me?
What about you?
What about the meeting?
What about this couch?

087 What do you mean...? ~라니 무슨 말이야?

What do you mean?
What do you mean by that?
What do you mean you're not going?
What do you mean you dumped your boyfriend?
What do you mean it's too late?

088 What if...? 만약에 ~하면 어쩌지?

What if it rains tomorrow?
What if she says no?
What if I'm late?
What if I'm still sick tomorrow?
What if something comes up?

리스닝 집중훈련: 영어 패턴 몰아보기

089 What kind of...? 어떤 종류의 ~야?

What kind of movies do you like?
What kind of music do you listen to?
What kind of food do you like?
What kind of coffee do you like the most?
What kind of friend are you?

090 What's the best way to...? ~하기에 가장 좋은 방법이 뭐야?

What's the best way to lose weight?
What's the best way to get there?
What's the best way to change her mind?
What's the best way to study English?
What's the best way to save money?

091 What makes you...? 넌 왜 ~해?

What makes you say that?
What makes you say it was my fault?
What makes you think so?
What makes you think I'm older than you?
What makes you want to work here?

092 What're you -ing? 너 무슨 ~를 하고 있어?

What're you doing now?
What're you working on?
What're you thinking about?
What're you saying?
What're you talking about?

093 What're you going to/gonna~? 무엇을 ~할 거야?

What're you going to eat?
What're you going to pick?
What're you going to do this weekend?
What're you going to do in Korea?
What're you going to do after work?

094 What time do you...? 몇 시에 ~해?

What time do you close?
What time do you have a class?
What time do you want me to pick you up?
What time do you get off work today?
What time do you have your doctor's appointment?

095 What took you so long (to)...? ~하는 데 왜 이렇게 오래 걸렸어?

What took you so long?
What took you so long to get here?
What took you so long to get ready?
What took you so long to text me back?
What took you so long to call me back?

096 What happened to...? ~에 무슨 일 있어?

What happened?
What happened to you?
What happened to your car?
What happened to your face?
What happened to your grade?

mp3를 듣고 소리를 익혀 보세요.

097 What's wrong with...? ~가 왜 그래?

What's wrong with this price?
What's wrong with this weather?
What's wrong with your voice?
What's wrong with you?
What's wrong with your burger?

098 What should I...? 내가 무엇을 ~해야 될까?

What should I say?
What should I cook tonight?
What should I buy for her graduation?
What should I do first?
What should I do in this situation?

099 What should we...? 우리 뭘 ~해야 할까?

What should we have for lunch?
What should we do tomorrow?
What should we buy?
What should we drink?
What should we give her for her birthday?

100 What's your...? 네 ~는 뭐야?

What's your hobby?
What's your email address?
What's your point?
What's your cell number?
What's your last name again?

101 That's not what... ~한 건 그게 아니야

That's not what I told you.
That's not what happened.
That's not what I wanted.
That's not what I came here for.
That's not what I asked you to do.

102 Where did you...? 너 어디서 ~했어?

Where did you hear that?
Where did you get it?
Where did you find my USB flash drive?
Where did you get hurt?
Where did you bump into James?

103 Where can I...? 어디서 ~할 수 있어?

Where can I find the restroom?
Where can I buy it?
Where can I find Julie?
Where can I get this coupon?
Where can I download that game?

104 Where's the best place to...? 어디가 ~하기 제일 좋아?

Where's the best place to eat around here?
Where's the best place to shop?
Where's the best place to hang out?
Where's the best place to go on a date?
Where's the best place to go for night view?

리스닝 집중훈련: 영어 패턴 몰아보기

105 Where's the nearest...?
가장 가까운 ~는 어디에 있어요?

Where's the nearest gas station around here?
Where's the nearest Korean restaurant around here?
Where's the nearest bus station around here?
Where's the nearest grocery store around here?
Where's the nearest airport from here?

106 Where do you...? 너 어디서 ~해?

Where do you live?
Where do you work?
Where do you go to school?
Where do you usually shop?
Where do you usually go when eating out?

107 Where do you want to/wanna go...?
어디에 가고 싶어?

Where do you want to go?
Where do you want to go eat?
Where do you want to go shopping?
Where do you want to go tomorrow?
Where do you want to go after school?

108 When did you...? 네가 언제 ~했어?

When did you get here?
When did you wake up?
When did you buy this car?
When did you say that?
When did you two first meet?

109 Since when do/are you...?
네가 언제부터 ~했는데?

Since when do you care about me?
Since when do you work out?
Since when do you care about your weight?
Since when do you study?
Since when are you my friend?

110 When was the last time you...?
너 마지막으로 ~한 게 언제야?

When was the last time you talked to JD?
When was the last time you saw Christine?
When was the last time you came here?
When was the last time you had pizza?
When was the last time you drank beer?

111 Why did you...? 왜 ~했어?

Why did you quit your job?
Why did you drink so much?
Why did you come so early?
Why did you call me this morning?
Why did you get off work so late?

112 Why don't you...? ~하지 그래?

Why don't you stay here for dinner?
Why don't you come with me?
Why don't you give it a shot?
Why don't you try this number?
Why don't you go ahead and eat first?

mp3를 듣고 소리를 익혀 보세요.

113　Why don't I...? 내가 ~해 줄게

Why don't I get back to you later?
Why don't I carry it for you?
Why don't I wait for you here?
Why don't I call you back in a second?
Why don't I pick you up at work?

114　Why are you so...? 넌 왜 그렇게 ~해?

Why are you so stubborn?
Why are you so mad at me?
Why are you so sulky?
Why are you so cranky today?
Why are you so nice to me all of a sudden?

115　That's why... 그래서 ~한 거야

That's why.
That's why I called.
That's why I came here early.
That's why I couldn't make it.
That's why we should see it twice.

116　How about...? ~어때?

How about dinner tonight?
How about tomorrow at seven?
How about the one on the right?
How about a beer after work?
How about a cup of coffee?

117　How do you...? 어떻게 ~하는 거야?

How do you know him?
How do you use this?
How do you spell "Tag"?
How do you get there from here?
How do you say "너 밥맛이다" in English?

118　How did you...? 어떻게 ~했어?

How did you do it?
How did you find out?
How did you come up with that idea?
How did you two first meet?
How did you two get to know each other?

119　How do you like...? ~맘에 들어?

How do you like the weather here?
How do you like your new hair?
How do you like your new job?
How do you like it so far?
How do you like it here?

120　How could you...? 어떻게 ~할 수 있어?

How could you tell?
How could you say that?
How could you do this to me?
How could you get this question wrong?
How could you forget my birthday?

리스닝 집중훈련: 영어 패턴 몰아보기

121 How come...? 왜 ~야?

How come this question is so hard?
How come you don't call me anymore?
How come this is so expensive?
How come you look so tired?
How come you changed your mind?

122 How do you know...? 넌 ~를 어떻게 알아?

How do you know?
How do you know him?
How do you know my secret?
How do you know she's not coming?
How do you know it's Angie's, not mine?

123 How was your...? 네 ~는 어땠어?

How was your day?
How was your trip?
How was your date?
How was your exam?
How was your weekend?

124 How many...? 얼마나 ~해?

How many siblings do you have?
How many slices did you have?
How many did you buy?
How many days did you stay in San Francisco?
How many hours do you sleep a day?

125 How much...? 얼마나 ~해?

How much is it?
How much did you drink last night?
How much money do I owe you?
How much do you weigh?
How much did you eat?

126 How long is...? ~는 얼마나 길어?

How long is your flight?
How long is your commute?
How long is your summer vacation?
How long is this movie?
How long is the drive from here to there?

127 How long does it take to...? ~하려면 얼마나 걸려?

How long does it take to finish writing this paper?
How long does it take to go there?
How long does it usually take to learn guitar?
How long does it take to finish reading this book?
How long does it take to get to the airport from here?

128 How often do you...? 얼마나 자주 ~해?

How often do you see her?
How often do you talk to James?
How often do you eat here?
How often do you go out to drink?
How often do you go to the gym?

mp3를 듣고 소리를 익혀 보세요.

129 I don't know how to... 나 어떻게 ~하는지 몰라

I don't know how to drive.
I don't know how to cook.
I don't know how to get there.
I don't know how to use this microwave.
I don't know how to fix the toilet.

130 Who cares...? ~를 누가 신경 써?

Who cares?
Who cares what anybody thinks?
Who cares how far it is?
Who cares what you want to eat?
Who cares how expensive it is?

131 Who wants to...? ~할 사람?

Who wants to have this external hard drive?
Who wants to go see a movie with me?
Who wants to go first?
Who wants to give this a try?
Who wants to have the last slice?

132 Which way is...? ~는 어느 쪽인가요?

Which way is it?
Which way is north?
Which way is the exit?
Which way is the front door?
Which way is the subway station?

133 Which one do you...? 넌 어느 쪽을 ~해?

Which one do you want?
Which one do you like better?
Which one do you think looks better on me?
Which one do you want to buy?
Which one do you want to eat first?

134 Let's... ~하자

Let's get out of here.
Let's go catch a flick.
Let's go grab a bite to eat.
Let's call it a night.
Let's play it by ear.

135 Let's not... ~하지 말자

Let's not go to the gym right now.
Let's not talk about it.
Let's not drink too much.
Let's not think too deeply.
Let's not buy this laptop right now.

136 Let me... 내가 ~할게

Let me take a look.
Let me get back to you in five minutes.
Let me give you a hand.
Let me get you a cup of coffee.
Let me read it back to you just to make sure.

리스닝 집중훈련: 영어 패턴 몰아보기

137 Let me know when... ~가 언제인지 알려 줘

Let me know when.
Let me know when your birthday is.
Let me know when you're ready to go out.
Let me know when you want to have lunch.
Let me know when you have time.

138 I'll let you know... ~를 알려 줄게

I'll let you know later.
I'll let you know when James is free tomorrow.
I'll let you know first thing tomorrow.
I'll let you know the time when I get home.
I'll let you know if I think of anything.

139 I want to/wanna... 난 ~하고 싶어

I want to take a nap.
I want to think about it some more.
I want to drink some coffee.
I want to try something else.
I just want to stay home and relax.

140 I want you to... 네가 ~해 주면 좋겠어

I want you to do me a favor.
I want you to keep it a secret.
I want you to come home by nine o'clock.
I want you to give me my money back.
I want you to feel free to call me anytime.

141 I just wanted to... 난 단지 ~하고 싶었을 뿐이야

I just wanted to go home and get some rest.
I just wanted to check.
I just wanted to know why.
I just wanted to thank you for your help.
I just wanted to stop by and say what's up.

142 Do you want to/wanna...? ~할래?

Do you want to have some more?
Do you want to try my ice cream?
Do you want to go with this color?
Do you want to go shoot some pool?
Do you want to go have a drink with me?

143 Do you want me to...? 내가 ~해 줄까?

Do you want me to go there with you?
Do you want me to do it for you instead?
Do you want me to buy this ring for you?
Do you want me to give you a ride home?
Do you want me to help you clean your room?

144 I know... ~를 알아

I know you're lying.
I know you'll love this book.
I know you're tired, but we have to finish this today.
I know you're trying hard, but you need to try harder.
I know how to get there from here.

mp3를 듣고 소리를 익혀 보세요.

145　I knew... ~를 알고 있었어

I knew it.
I knew that was going to happen.
I knew you could do it.
I knew I could trust you.
I knew you would regret.

146　Do you know what...? 너 ~가 뭔지 알아?

Do you know what this is?
Do you know what time it is now?
Do you know what you want to get?
Do you know what his problem is?
Do you know what we need to study for our exam?

147　Do you know how...? 너 어떻게 ~하는지 알아?

Do you know how much it is?
Do you know how long he will be out of the country?
Do you know how to cook?
Do you know how to play this game?
Do you know how to get to the city hall?

148　Do you know where...? 너 어디서 ~하는지 알아?

Do you know where JD lives?
Do you know where I can find JD?
Do you know where to go for some good pasta?
Do you know where the Citibank is?
Do you know where the restroom is?

149　I've been... 난 쭉 ~했어

I've been pretty busy lately.
I've been sick.
I've been a little stressed out these days.
I haven't been a nice boyfriend to you.
I haven't been myself lately.

150　I've been -ing 난 ~해오고 있어

I've been working out lately.
I've been studying English for about five years.
I've been reading a lot.
I've been playing golf since I was 20.
I've been working my butt off these days.

151　Have you p.p.? ~해 본 적 있어?

Have you tried this dish before?
Have you seen him lately?
Have you seen this movie before?
Have you been to this place before?
Have you played tennis before?

152　I should've p.p. ~했어야 했는데

I should've been more careful.
I should've bought it.
I should've seen it coming.
I should've listened to you.
I should've gone to Chicago with you.

리스닝 집중훈련: 영어 패턴 몰아보기

153 I shouldn't have p.p. ~하지 말았어야 했는데

I shouldn't have bought this used car.
I shouldn't have said that.
I shouldn't have made an impulse purchase.
I shouldn't have ordered this burger.
I shouldn't have listened to him.

154 I would've p.p. ~했을 텐데

I would've saved you some food if I had known you were coming.
I would've worn short sleeves if I had known it was going to be this hot.
I would've gone there with you if you had told me ahead of time.
I would've bought you a present if I had known today was your birthday.
I would've just stayed home if I had known it was going to rain today.

155 How long have you p.p.? ~한 지 얼마나 됐어?

How long have you lived here?
How long have you two known each other?
How long have you studied English?
How long have you guys been married?
How long have you been waiting?

156 I need to... 나 ~해야 돼

I need to go get my cell phone fixed.
I need to bother you for a moment.
I need to watch what I eat.
I need to go somewhere.
I need to get going.

157 I need you to... ~해 줘

I need you to keep it down a little.
I need you to stop by here.
I need you to help me wash my car.
I need you to pick me up at the airport.
I need you to do me a favor.

158 You don't need to... 넌 ~할 필요 없어

You don't need to apologize.
You don't need to come tomorrow.
You don't need to pay for it.
You don't need to do it right now.
You don't need to buy it.

159 I mean, ... 그러니까 내 말은 ~

I mean, you're right.
I mean, it depends on how much work I can get done today.
I mean, you look like you're 20.
No. **I mean,** yes.
You look fat in it. **I mean,** you look good.

160 I didn't mean to... ~하려는 의도는 아니었어

I didn't mean it that way.
I didn't mean to upset you.
I didn't mean to hurt your feelings.
I didn't mean to make fun of your weight.
I didn't mean to lie.

mp3를 듣고 소리를 익혀 보세요.

161 You mean...? ~라는 말이야?

You mean you changed your mind?
You mean you can't come today?
You mean you can drop me off at my work?
You mean you're older than me?
You mean you have a thing for Angie?

162 I've been meaning to... 계속 ~하려고 했었어

I've been meaning to ask you something.
I've been meaning to apologize.
I've been meaning to tell you something.
I've been meaning to thank you for what you did for me.
I've been meaning to call her, but I've been busy.

163 I like... 난 ~를 좋아해

I like reading books.
I like eating night time snacks.
I like spending my weekends at home.
I like hanging out with my friends.
I like working out.

164 I don't like... 난 ~를 안 좋아해

I don't like walking.
I don't like going out at night.
I don't like cooking at all.
I don't like watching dubbed movies.
I don't like driving when it rains.

165 I like your... 네 ~가 마음에 들어

I like your hair.
I like your car.
I like your sister.
I like your dog.
I like your attitude.

166 I'd like to... ~하고 싶어요

I'd like to eat some more.
I'd like to ask you some questions.
I'd like to get a refund for this item.
I'd like to exchange this item with something else.
I'd like to open a new bank account.

167 Do you like -ing? ~하는 거 좋아해?

Do you like eat**ing** out?
Do you like surf**ing** the net?
Do you like watch**ing** movies?
Do you like travel**ing** around?
Do you like chatt**ing** with your friends?

168 It looks like... ~처럼 보여

It looks like it's about to rain soon.
It looks like a boring movie.
It looks like yours.
It looks like Angie's going to be late.
It looks like it's snowing outside.

리스닝 집중훈련: 영어 패턴 몰아보기

169 You look so... 너 정말 ~해 보여

You look so bored.
You look so tired.
You look so sleepy.
You look so stressed out.
You look so upset.

170 You look like you... 너 ~처럼 보여

You look like you're about to fall asleep.
You look like you want to say something.
You look like you're busy today.
You look like you're sick.
You look like you're running a fever.

171 It sounds like... ~처럼 들려

It sounds like fun.
It sounds like a good idea.
It sounds like you're upset.
It sounds like you don't want to go.
It sounds like you're disappointed.

172 You sound... ~한 목소리네

You sound sick.
You sound drunk.
You sound happy.
You sound sleepy.
You sound worried.

173 I feel like -ing ~가 하고 싶어

I feel like getting drunk.
I feel like drinking some coffee.
I feel like taking a nap.
I feel like going to a movie.
I feel like doing nothing right now.

174 I don't feel like -ing ~할 기분이 아니야

I don't feel like going anywhere.
I don't feel like doing anything today.
I don't feel like eating anything greasy.
I don't feel like talking to you right now.
I don't feel like hanging out tonight.

175 Do you feel like -ing? ~하고 싶어?

Do you feel like going to a movie?
Do you feel like going somewhere now?
Do you feel like doing something now?
Do you feel like eating something now?
Do you feel like watching something now?

176 If I were you, ... 내가 너라면 ~

If I were you, I would say no.
If I were you, I wouldn't buy it.
If I were you, I wouldn't listen to him.
If I were you, I would just go ahead and tell her the truth.
If I were you, I would apologize.

177 Let me know if... ~인지 알려 줘

Let me know if Julie wants to go, too.
Let me know if you need anything.
Let me know if you change your mind.
Let me know if you have any questions.
Let me know if that sweater is on sale.

178 Do you mind -ing? ~하면 안 될까?

Do you mind driving?
Do you mind rushing a little?
Do you mind waiting here for a minute?
Do you mind watching my kids tonight?
Do you mind holding this bag for a sec?

179 Do you mind if I...? 제가 ~하면 안 될까요?

Do you mind if I open the window?
Do you mind if I come in for a sec?
Do you mind if I bother you for a minute?
Do you mind if I take this chair?
Do you mind if I leave early today?

180 I don't mind -ing 난 ~하는 거 상관없어

I don't mind.
I don't mind waiting.
I don't mind driving.
I don't mind eating pizza for dinner.
I don't mind you calling me late at night.

181 I swear (that)... ~라고 맹세할게

I swear I'll never be late again.
I swear I'll never disappoint you again.
I swear I saw Sid with a girl holding hands.
I swear it was James, not me.
I swear I put my phone right here.

182 I wish... ~라면 좋겠어

I wish I could take today off.
I wish I were free today.
I wish I were in my 20s.
I wish you were here, too.
I wish it were Friday today.

183 I told you not to... ~하지 말라고 했잖아

I told you not to bother me.
I told you not to call me at work.
I told you not to tell anyone.
I told you not to smoke.
I told you to wake me up at seven.

184 I'll be... 난 ~할게

I'll be right back.
I'll be there in a minute.
I'll be more than happy to help.
I'll be more careful next time.
I'll be in my room.

리스닝 집중훈련: 영어 패턴 몰아보기

185 I wouldn't... 난 ~ 안 할 거야

I **wouldn't** buy it.
I **wouldn't** listen to him.
I **wouldn't** recommend that movie to anyone.
I **wouldn't** order this salad again.
I **wouldn't** know.

186 I was going to/gonna... ~하려고 했어

I **was going to** call you, but I totally forgot.
I **was going to** say something, but I forgot.
I **was going to** say the same thing.
I **was going to** ask you the same thing.
I **was going to** stop by, but something came up.

187 I was about to... ~하려던 참이었어

I **was about to** call you.
I **was about to** go to bed.
I **was about to** ask you the same question.
I **was about to** wake up anyway.
I'**m about to** go out.

188 I used to... 나 예전에 ~했었어

I **used to** live here.
I **used to** be smart.
I **used to** like you.
I **used to** speak good English.
I **used to** drink a lot.

189 I'd better... 나 ~하는 게 좋겠어

I'**d better** leave now.
I'**d better** eat something.
I'**d better** go get my laptop fixed.
I'**d better** catch some Z's.
I'**d better** get back to work.

190 You don't even... 넌 ~도 아니잖아

You don't even study these days.
You don't even know how to ride a bike.
You don't even have enough money.
You don't even know your boyfriend well enough.
You don't even have time to call me once in a while?

191 You're -ing all the time. 넌 늘 ~만 해

You'**re** complain**ing all the time**.
You'**re** mak**ing** lame excuses **all the time**.
You'**re** eat**ing all the time**.
You'**re** play**ing** games **all the time**.
You'**re** bring**ing** that up **all the time**.

192 No wonder... ~하는 건 당연해

No wonder why you look so tired.
No wonder she's cranky.
No wonder it's on sale.
No wonder you look fit.
No wonder why.

mp3를 듣고 소리를 익혀 보세요.

193 Promise me (that)... ~하겠다고 나랑 약속해

Promise me you won't lie to me again.
Promise me you'll behave yourself.
Promise me you'll try.
Promise me you won't tell anyone.
Promise me you won't drink again.

194 Make sure to... 꼭 ~해

Make sure to turn off the lights.
Make sure to lock the door.
Make sure to ask first.
Make sure to let me know ahead of time.
Make sure to call me before nine o'clock.

195 I was surprised to... ~해서 놀랐어

I was surprised to see you there.
I was surprised to see you get all nervous.
I was surprised to hear that.
I was surprised to bump into Julie there.
I was really surprised to see you get so pissed off.

196 Stop -ing ~ 좀 그만해

Stop calling me names.
Stop bothering me.
Stop whining.
Stop talking nonsense.
Stop lying, you big fat liar.

197 Why not...? ~는 왜 안 돼?

Why not?
Why not tomorrow?
Why not go there right now?
Why not buy a couple more for your parents?
Why not go with this?

198 That's because... 그건 ~ 때문이야

That's because I just woke up.
That's because I worked until 11 last night.
That's because I was under the weather.
That's probably because you've been wearing your contacts all day.
That's because you were late.

199 There must be... 틀림없이 ~가 있을 거야

There must be something cheaper.
There must be something I can do to help.
There must be something in my right eye.
There must be a reason, though.
There must be a job out there for you.

200 Maybe we should... 우리 ~해야 할 것 같아

Maybe we should call it a night.
Maybe we should leave now.
Maybe we should throw Julie a birthday party.
Maybe we should book a hotel today.
Maybe we should catch a cab.

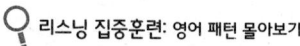 리스닝 집중훈련: 영어 패턴 몰아보기

201 The thing is... 문제는 ~라는 거야

The thing is I'm not a fast reader.
The thing is it's out of my budget.
The thing is I'm stuck at home right now.
The thing is I'm too old for this.
The thing is I'm not into that kind of movie.

202 Do I have to...? 내가 ~해야 돼?

Do I have to do this right now?
Do I have to come here, too?
Do I have to pay cash?
Do I have to stay until James comes back?
Do I have to buy this, too?

영어회화 특급패턴 202

영어회화 특급패턴 202

지은이 JD Kim
펴낸이 정규도
펴낸곳 ㈜다락원

초판 1쇄 발행 2016년 5월 14일
개정 2쇄 발행 2024년 8월 5일

편집 김은혜, 허윤영
디자인 페이지트리

DARAKWON

경기도 파주시 문발로 211
내용문의: (02)736-2031 내선 522
구입문의: (02)736-2031 내선 250~251
Fax: (02)732-2037
출판등록 1977년 9월 16일 제406-2008-000007호

Copyright ⓒ 2016, 김정동

저자 및 출판사의 허락 없이 이 책의 일부 또는 전부를 무단 복제·전재·발췌할 수 없습니다. 구입 후 철회는 회사 내규에 부합하는 경우에 가능하므로 구입문의처에 문의하시기 바랍니다. 분실·파손 등에 따른 소비자 피해에 대해서는 공정거래위원회에서 고시한 소비자 분쟁 해결 기준에 따라 보상 가능합니다. 잘못된 책은 바꿔 드립니다.
* 『영어회화 특급패턴 202』의 디자인 개정판입니다. 내용에는 차이가 없으나 일부 설명이 추가되었으니 학습에 참고해 주세요.

ISBN 978-89-277-0076-0 18740

http://www.darakwon.co.kr

- 다락원 홈페이지를 방문하시면 상세한 출판 정보와 함께 동영상 강좌, MP3 자료 등 다양한 도서의 어학 정보를 얻으실 수 있습니다.

영어회화 특급패턴 202

JD Kim 지음

영어를 공부하는 많은 사람들이 혼자 공부할 때 무엇을 어떻게 공부해야 하는지는 물론, 어떤 식으로 응용해야 하는지 도통 감이 오지 않아 막막하다고 말합니다. 저는 그런 분들에게 따라 하기 쉽고, 기초와 응용을 동시에 진행할 수 있는 최고의 독학 학습법으로 패턴을 추천하곤 했습니다. 지금까지 여러 권의 영어 교재를 집필하면서 혼자 영어 공부를 하는 데에는 패턴보다 좋은 방법이 없다는 것을 느꼈기 때문입니다.

단어 한두 개를 패턴 뒤에 넣는 것만으로도 나만의 문장이 쉽게 만들어지니까 문장 만드는 재미를 쏠쏠하게 느끼게 되고, 자칫 지루할 수 있는 영어 공부에 흥미를 놓치지 않게 되더군요. 하면 할수록 영어가 쉬워지고 자신감이 붙는다는 점 또한 패턴 학습법이 가진 장점입니다. 물론 이 효과 좋은 패턴 학습법도 학습자가 노력하지 않으면 소용이 없겠지요.

역시, 패턴이다!

많고 많은 패턴 영어책과 이 책이 뭐가 다르냐고 묻는 분도 계실 텐데요. 이 책에는 제가 미국에 이민을 간 시점부터 지금까지 공부하고, 이해하고, 가르치고, 집필하며 수집한 피가 되고 살이 되는 꼭 필요한 문장이나 단어, 표현만 담았습니다. 때문에 이 책을 통해 미국 현지 일상 회화는 물론 미드, 영화 등에 나오는 생생한 영어를 배울 수 있습니다. 예문을 보면 기존의 교과서 문장처럼 지루하지 않고 진짜 일상에서 꼭 써먹을 만한 표현이란 걸 알게 되실 겁니다.

매일 꾸준히 일정 기간 동안 반복해서 한 권의 책을 공부했다면 반드시 어느 정도 실력이 늡니다. 이번에는 꼭 끝까지 공부하겠다는 굳은 결심을 하고 이 책을 완독해 보세요. 기한을 정해서 이때까지 이 책 한 권만은 끝까지 읽고 또 읽어보겠다고 결심하고 시작해 봅시다. 학원에 안 가도 학원에 다닌 만큼 효과를 볼 수 있는 책이라 자신하니 끝까지 여러 번 읽고, 듣고, 말해 보시기를 바라며, 좋은 성과를 얻기를 바랍니다.

JD Kim

★ 왜, 특급 패턴인가?

'패턴'이란 말할 때 일정하게 '반복되는 부분'을 의미합니다. 고정된 이 부분을 암기하면 문법과 단어를 몰라도 일단 영어로 말을 시작할 수 있습니다. 패턴 뒤로 말하고 싶은 단어를 넣기만 하면 완벽한 문장을 만들 수 있다는 게 가장 큰 매력이죠. 이 때문에 초보 학습자에게 영어 회화 진입 장벽을 확 낮춰 주는 학습 방법으로 큰 인기를 얻고 있습니다. 단어를 바꿔 가며 문장을 만들다 보면 저절로 패턴 응용력이 생기니 잘 외운 패턴 하나가 열 문장 안 부럽게 되는 것이죠.

특급 효과를 내는 패턴 202개를 선별했습니다. 일상 회화에서 가장 많이 쓰는 문장 중에서 '패턴화'할 수 있는 2,000여 문장을 추린 후 패턴 학습을 처음 시작하는 학습자에게 가장 필요한 패턴 202개를 엄선하는 과정을 통해 '특급 패턴'을 가려 냈습니다. 네이티브 여러 명이 철저하게 검수한 패턴이니 자신 있게 전부 암기하시라고 말할 수 있습니다. 500개, 1,000개의 패턴을 담지 않은 이유는 확장이 가능한 핵심 패턴을 먼저 외우고, 익숙해진 후에 패턴의 수를 추가하는 게 중요하기 때문입니다. 한 번에 세상의 모든 영어 패턴을 외울 수는 없으니까요. 이 책에 담긴 202개의 패턴이 여러분의 영어를 불려 줄 밑천이 될 것이라 확신합니다.

특급 패턴으로 시작하라!

절대 구어체 표현으로만 구성된 예문은 실제 대화할 때 그대로 써도 전혀 어색하지 않아요. 네이티브가 쓰지 않는 딱딱한 표현이나 시대에 뒤쳐진 문장은 실전에서 도움이 안 됩니다. 그래서 문장 한 줄, 단 한 단어라도 어색한 부분이 없도록 미국인 네이티브가 여러 차례 검수해서 예문을 완성했습니다. 한국어 해석도 가급적 실제로 일상에서 쓰는 말로 풀었습니다. 리얼리티 100%인 예문의 맛을 느끼고, 암기하세요.

버터 발음은 네이티브가 평소 자주 사용하는 축약과 연음을 기준으로 했습니다. 버터 발음에 약하게 발음하라고 표기된 것은 평소보다 가볍게 발음해야 합니다. 이런 경우 살짝 느낌만 주며 휘리릭 다음 발음으로 넘어가세요. 버터 발음의 표기는 편의를 위한 거에요. p나 f의 발음 차이처럼 소리를 문자로 표기하는 것은 한계가 있으니 버터 발음은 참고 삼아 보고 MP3로 네이티브의 발음을 들으며 따라 말하는 연습을 하면 됩니다.

대화식 복습훈련으로 실전 감각을 익히세요. 주고 받는 대화 형태로 앞에서 암기한 문장을 복습해 보는 코너예요. 각각의 패턴이 언제, 어떻게, 왜 쓰이는지 상황을 통해 반복 연습할 수 있어서 실전 연습에 아주 효과적입니다. 상대방의 대화까지 예상이 가능하니까 자기 할 말만 하고 꿀 먹은 벙어리가 되는 일은 없습니다. 이 책만 제대로 공부해도 말하기 연습은 충분하도록 구성했습니다.

발음 잡기

MP3를 듣고 버터 발음 팁을 보면 자신감 있게 발음 연습을 할 수 있어요. 소리를 듣고, 입으로 직접 말하는 것에 학습 시간의 90%를 투자하고 나머지 10%는 문장을 여러 번 확인하는 데 쓰세요.

예문 잡기

문장을 통째로 외워도 될 정도로 일상 대화에서 흔히 쓰는, 미드나 영화에서 자주 나오는 '절대 구어체 표현'만을 담았습니다. 일단 패턴 문장을 익히는 데 초점을 맞추세요. 모르는 단어나 문법이 있어도 패턴 문장 그대로 집중해서 암기하면 자연스럽게 문형에 익숙해집니다.

대화 잡기

배운 예문을 실전 대화에서 확인하세요. 대화를 통해 패턴이 들어간 예문뿐 아니라 일상 회화까지 배울 수 있어요.

이게 특급 공부법이다!

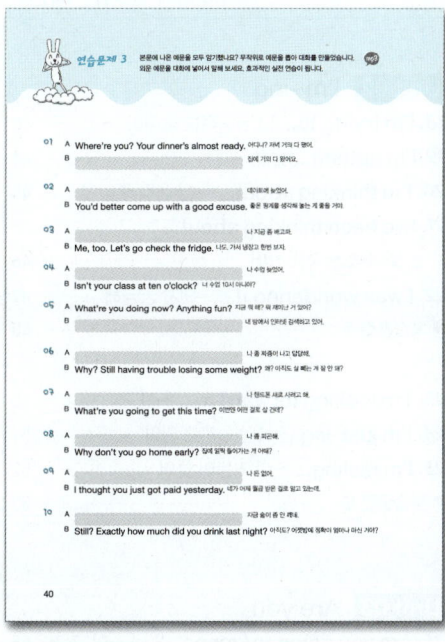

실전 잡기

한국어 해석을 보고 곧장 영어 문장을 떠올릴 수 있게 연습하세요. 앞뒤 맥락을 통해 더 자연스럽게 그 문장이 쓰이는 상황을 알 수 있도록 '대화형 복습훈련'으로 구성했습니다.

리스닝 잡기

일반 학습용, 리스닝 연습용, 스피킹 연습용, 복습 훈련용 네 가지 버전의 MP3를 홈페이지에서 제공하고 있습니다. 필요한 버전을 골라 들으세요. 스스로 생각해도 여러 번 들어서 외울 정도라고 느낄 때까지 MP3에 담긴 네이티브 발음을 듣고 또 들어 보세요. 한 번 들을 때, 두 번 들을 때 점점 다른 것이 들릴 거예요.

머리말 ·· 4
이 책의 특징 ································· 6
이 책의 구성 ································· 8

Chapter 1

꼭 알아야 할 **기본 패턴**

Unit 01 I'm
1. I'm glad you... 네가 ~해서 기뻐 ············· 19
2. I'm on... 나는 ~하는 중이야 ················ 20
3. I'm from... 난 ~에서 왔어 ················· 21
4. I'm not interested in... 난 ~에 관심 없어 ··· 22
5. I'm afraid (that)... 미안한데 ~할 것 같아 ··· 23
■ 복습훈련 1 ································· 24

6. I'm worried about... ~가 걱정이야 ········· 26
7. I'm here to/for... ~하러 왔어 ············· 27
8. I'm good at/with... 난 ~를 잘해 ··········· 28
9. I'm stuck... 난 ~에서 꼼짝 못해 ··········· 29
10. I'm sure (that)... 분명히 ~야 ············ 30
11. I'm used to... 난 ~에 익숙해 ············· 31
■ 복습훈련 2 ································· 32

12. I'm late for... ~에 늦었어 ··············· 34
13. I'm kind of... 나 좀 ~해 ················· 35
14. I'm almost... 난 거의 ~야 ················ 36
15. I'm out of... ~가 다 떨어졌어 ············ 37
16. I'm going to/gonna... 난 ~할 거야 ········ 38
17. I'm in... ~ 안에 있어 ···················· 39
■ 복습훈련 3 ································· 40

Unit 02 I'm -ing
18. I'm trying to... 난 ~하려는 중이야 ········ 43
19. I'm getting... 점점 ~해져 ················ 44
20. I'm thinking about... ~를 생각 중이야 ···· 45
21. I've been thinking about...
    ~를 계속 생각해 왔어 ···················· 46
22. I was wondering if... ~인지 궁금해 ······· 47
■ 복습훈련 4 ································· 48

23. I'm looking forward to... ~가 기대된다 ··· 50
24. I'm just -ing 난 그냥 ~하고 있어 ········· 51
25. I'm feeling... ~한 기분이 들어 ··········· 52
■ 복습훈련 5 ································· 53

Unit 03 Are you
26. Are you going to/gonna...? 너 ~할 거야? 55
27. Are you done...? ~ 다 끝났어? ············ 56
28. Are you interested in...? ~에 관심 있어? 57
29. Are you sure (that)...? ~가 확실해? ······ 58
30. Are you -ing? 너 ~할 거야? ··············· 59
31. Are you+형용사? 너 ~해? ·················· 60
32. Aren't you+형용사? 너 ~하지 않아? ········ 61
33. Are you trying to...? ~하려는 거야? ······ 62
■ 복습훈련 6 ································· 63

10

Unit 04 Can

34. I can't stand... ~를 못 참겠어 ············ 67
35. I can't believe... ~라니 믿을 수 없어 ········ 68
36. I can't stop -ing ~를 멈출 수 없어 ········ 69
37. I can't tell... ~를 모르겠어 ············ 70
38. I can't understand why...
    왜 ~인지 이해가 안 돼 ············ 71
■ 복습훈련 7 ············ 72

39. I can't help but... ~할 수밖에 없어 ········ 74
40. Can I get you...? ~를 갖다 줄까? ········ 75
41. Can I ask you...? ~ 좀 물어봐도 돼? ········ 76
42. Can I borrow...? ~ 좀 빌려 줄래? ········ 77
43. Can you tell me...? ~ 좀 알려 줄래? ········ 78
44. Can you give me...? ~를 주시겠어요? ········ 79
■ 복습훈련 8 ············ 80

Unit 05 Do

45. Do you think I'm...? 내가 ~라고 생각해? ... 83
46. Do you have...? 너 ~ 있어? ············ 84
47. Do you have any...? 너 혹시 ~ 있어? ········ 85
48. Do you have some time (to)...?
    너 ~할 시간 있어? ············ 86
49. Do we have...? 우리 ~ 있어? ············ 87
■ 복습훈련 9 ············ 88

Unit 06 Don't

50. Don't be so... 그렇게 ~하지 좀 마 ········ 91
51. Don't tell me... 설마 ~한 거야? ············ 92
52. Don't even think about... ~생각은 하지도 마
    ············ 93
53. Don't forget to... ~하는 거 잊지 마 ········ 94
54. Don't you think (that)...? ~라고 생각 안 해?
    ············ 95

■ 복습훈련 10 ············ 96

Unit 07 I don't

55. I don't think... ~인 것 같지 않아 ············ 99
56. I don't want to/wanna... ~하고 싶지 않아
    ············ 100
57. I don't care... ~는 신경 안 써 ············ 101
58. I don't know if... ~인지 아닌지 모르겠어 ············ 102
59. I don't understand... ~를 이해할 수가 없어
    ············ 103
■ 복습훈련 11 ············ 104

Unit 08 It

60. It's just that... 그냥 ~일 뿐이야 ············ 107
61. It's time to... ~할 때야 ············ 108
62. It's not like I... 내가 ~한 건 아니야 ············ 109
63. Is it okay if I...? 내가 ~해도 될까? ············ 110
64. Is it true (that)...? ~라는 게 정말이야? ······ 111
■ 복습훈련 12 ············ 112

65. Is it possible to...? ~하는 게 가능할까? ······ 114
66. Is it+날씨 형용사+outside? 밖에 날씨가 ~해?
    ············ 115
67. It doesn't matter... ~하든 상관없어 ············ 116
68. It's way too... 너무 ~해 ············ 117
69. It's good to... ~해서 좋다 ············ 118
70. It's almost... 그건 거의 ~해 ············ 119
■ 복습훈련 13 ············ 120

Unit 09 There

71. There's no need to... ~할 필요 없어 ············ 123
72. There's nothing... ~한 것은 없어 ············ 124
73. There's no way... ~하는 건 불가능해 ······ 125

74. There're so many... ~가 무척 많아 126
75. Is there any way...? 혹시 ~한 방법이 있어? 127
76. Is there a+장소? ~가 있어요? 128
77. Is there anything you want...?
    ~하고 싶은 거 있어? 129
■ 복습훈련 14 130

Chapter 2

매일 쓰는 **핵심 패턴**

Unit 10 Sorry / Thank
78. I'm sorry for/about... ~해서 미안해 135
79. I'm sorry to... ~해서 미안해 136
80. I'm sorry (that)... ~해서 미안해 137
81. I'm sorry, but... 죄송하지만 ~ 138
82. Thanks for... ~해 줘서 고마워 139
■ 복습훈련 15 140

Unit 11 What
83. What did you...? 무엇을 ~했어? 143
84. What do you think of/about...?
    ~에 대해 어떻게 생각해? 144
85. What do you want to/wanna...?
    넌 뭘 ~하고 싶어? 145
86. What about...? ~ 어때? 146
87. What do you mean...? ~라니 무슨 말이야?
    147
88. What if...? 만약에 ~하면 어쩌지? 148
89. What kind of...? 어떤 종류의 ~야? 149
■ 복습훈련 16 150

90. What's the best way to...?
    ~하기에 가장 좋은 방법이 뭐야? 152
91. What makes you...? 넌 왜 ~해? 153
92. What're you -ing? 너 무슨 ~를 하고 있어?
    154
93. What're you going to/gonna...?
    무엇을 ~할 거야? 155
94. What time do you...? 몇 시에 ~해? 156
95. What took you so long (to)...?
    ~하는 데 왜 이렇게 오래 걸렸어? 157
■ 복습훈련 17 158

96. What happened to...? ~에 무슨 일 있어? 160
97. What's wrong with...? ~가 왜 그래? 161
98. What should I...? 내가 무엇을 ~해야 될까?
    162
99. What should we... 우리 뭘 ~해야 할까? .. 163
100. What's your...? 네 ~는 뭐야? 164
101. That's not what... ~한 건 그게 아니야 .. 165
■ 복습훈련 18 166

12

Unit 12 Where/When

102. Where did you...? 너 어디서 ~했어? 169
103. Where can I...? 어디서 ~할 수 있어? 170
104. Where's the best place to...?
     어디가 ~하기 제일 좋아? 171
105. Where's the nearest...?
     가장 가까운 ~는 어디에 있어요? 172
106. Where do you...? 너 어디서 ~해? 173
■ 복습훈련 19 174

107. Where do you want to/wanna go...?
     어디에 가고 싶어? 176
108. When did you...? 네가 언제 ~했어? 177
109. Since when do/are you...?
     네가 언제부터 ~했는데? 178
110. When was the last time you...?
     너 마지막으로 ~한 게 언제야? 179
■ 복습훈련 20 180

Unit 13 Why

111. Why did you...? 왜 ~했어? 183
112. Why don't you...? ~하지그래? 184
113. Why don't I...? 내가 ~해 줄게 185
114. Why are you so...? 넌 왜 그렇게 ~해? 186
115. That's why... 그래서 ~한 거야 187
■ 복습훈련 21 188

Unit 14 How

116. How about...? ~ 어때? 191
117. How do you...? 어떻게 ~하는 거야? 192
118. How did you...? 어떻게 ~했어? 193
119. How do you like...? ~ 맘에 들어? 194
120. How could you...? 어떻게 ~할 수 있어? 195

121. How come...? 왜 ~야? 196
122. How do you know...? 넌 ~를 어떻게 알아?
     197
■ 복습훈련 22 198

123. How was your...? 네 ~는 어땠어? 200
124. How many...? 얼마나 ~해? 201
125. How much...? 얼마나 ~해? 202
126. How long is...? ~는 얼마나 길어? 203
127. How long does it take to...?
     ~하려면 얼마나 걸려? 204
128. How often do you...? 얼마나 자주 ~해? 205
129. I don't know how to...
     나 어떻게 ~하는지 몰라 206
■ 복습훈련 23 207

Unit 15 Who/Which

130. Who cares...? ~를 누가 신경 써? 211
131. Who wants to...? ~할 사람? 212
132. Which way is...? ~는 어느 쪽인가요? 213
133. Which one do you...? 넌 어느 쪽을 ~해? 214
■ 복습훈련 24 215

Unit 16 Let

134. Let's... ~하자 217
135. Let's not... ~하지 말자 218
136. Let me... 내가 ~할게 219
137. Let me know when... ~가 언제인지 알려 줘
     220
138. I'll let you know... ~를 알려 줄게 221
■ 복습훈련 25 222

Unit 17　Want

139. I want to/wanna... 난 ~하고 싶어 ·········· 225
140. I want you to... 네가 ~해 주면 좋겠어 ·········· 226
141. I just wanted to...
　　 난 단지 ~하고 싶었을 뿐이야 ·········· 227
142. Do you want to/wanna...? ~할래? ·········· 228
143. Do you want me to...? 내가 ~해 줄까? 229
■ 복습훈련 26 ·········· 230

Chapter 3　　자주 쓰는 필수 패턴

Unit 18　Know

144. I know... ~를 알아 ·········· 235
145. I knew... ~를 알고 있었어 ·········· 236
146. Do you know what...? 너 ~가 뭔지 알아? 237
147. Do you know how...?
　　 너 어떻게 ~하는지 알아? ·········· 238
148. Do you know where...?
　　 너 어디서 ~하는지 알아? ·········· 239
■ 복습훈련 27 ·········· 240

Unit 19　Have p.p.

149. I've been... 난 쭉 ~했어 ·········· 243
150. I've been -ing 난 ~해오고 있어 ·········· 244
151. Have you p.p.? ~해 본 적 있어? ·········· 245
152. I should've p.p. ~했어야 했는데 ·········· 246
153. I shouldn't have p.p. ~하지 말았어야 했는데
　　 ·········· 247
154. I would've p.p 했을 텐데 ·········· 248
155. How long have you p.p.?
　　 ~한 지 얼마나 됐어? ·········· 249
■ 복습훈련 28 ·········· 250

Unit 20　Need / Mean

156. I need to... 나 ~해야 돼 ·········· 253
157. I need you to... ~해 줘 ·········· 254
158. You don't need to... 넌 ~할 필요 없어 ··· 255
159. I mean, ... 그러니까 내 말은 ~ ·········· 256
160. I didn't mean to... ~하려는 의도는 아니었어
　　 ·········· 257
161. You mean...? ~라는 말이야? ·········· 258
162. I've been meaning to... 계속 ~하려고 했었어
　　 ·········· 259
■ 복습훈련 29 ·········· 260

Unit 21　Like

163. I like... 난 ~를 좋아해 ·········· 263
164. I don't like... 난 ~를 안 좋아해 ·········· 264
165. I like your... 네 ~가 마음에 들어 ·········· 265
166. I'd like to... ~하고 싶어요 ·········· 266
167. Do you like -ing? ~하는 거 좋아해? ·········· 267
■ 복습훈련 30 ·········· 268

Unit 22 Look/Sound/Feel

168. It looks like... ~처럼 보여 ····· 271
169. You look so... 너 정말 ~해 보여 ····· 272
170. You look like you... 너 ~처럼 보여 ····· 273
171. It sounds like... ~처럼 들려 ····· 274
172. You sound... ~한 목소리네 ····· 275
173. I feel like -ing ~가 하고 싶어 ····· 276
174. I don't feel like -ing ~할 기분이 아니야 ····· 277
175. Do you feel like -ing? ~하고 싶어? ····· 278
- 복습훈련 31 ····· 279

Unit 23 If/Mind

176. If I were you, ... 내가 너라면 ~ ····· 283
177. Let me know if... ~인지 알려줘 ····· 284
178. Do you mind -ing? ~하면 안 될까? ····· 285
179. Do you mind if I...? 제가 ~하면 안 될까요? ····· 286
180. I don't mind -ing 난 ~하는 거 상관없어 ····· 287
- 복습훈련 32 ····· 288

Unit 24 Additional patterns

181. I swear (that)... ~라고 맹세할게 ····· 291
182. I wish... ~라면 좋겠어 ····· 292
183. I told you not to... ~하지 말라고 했잖아 293
184. I'll be... 난 ~할게 ····· 294
185. I wouldn't... 난 ~ 안 할 거야 ····· 295
- 복습훈련 33 ····· 296

186. I was going to/gonna... ~하려고 했어 ····· 298
187. I was about to... ~하려던 참이었어 ····· 299
188. I used to... 나 예전에 ~했었어 ····· 300
189. I'd better... 나 ~하는 게 좋겠어 ····· 301
- 복습훈련 34 ····· 302

190. You don't even... 넌 ~도 아니잖아 ····· 304
191. You're -ing all the time. 넌 늘 ~만 해 ····· 305
192. No wonder... ~하는 건 당연해 ····· 306
193. Promise me (that)... ~하겠다고 나랑 약속해 ····· 307
- 복습훈련 35 ····· 308

194. Make sure to... 꼭 ~해 ····· 310
195. I was surprised to... ~해서 놀랐어 ····· 311
196. Stop -ing ~ 좀 그만해 ····· 312
197. Why not...? ~는 왜 안 돼? ····· 313
- 복습훈련 36 ····· 314

198. That's because... 그건 ~ 때문이야 ····· 316
199. There must be... 틀림없이 ~가 있을 거야 317
200. Maybe we should... 우리 ~해야 할 것 같아 ····· 318
201. The thing is... 문제는 ~라는 거야 ····· 319
202. Do I have to...? 내가 ~해야 돼? ····· 320
- 복습훈련 37 ····· 321

Test Your English ····· 324

Chapter 1

꼭 알아야 할 기본 패턴

Unit 1 I'm

- 001 **I'm glad you...** 네가 ~해서 기뻐
- 002 **I'm on...** 나는 ~하는 중이야
- 003 **I'm from...** 난 ~에서 왔어
- 004 **I'm not interested in...** 난 ~에 관심 없어
- 005 **I'm afraid (that)...** 미안한데 ~할 것 같아
- 006 **I'm worried about...** ~가 걱정이야
- 007 **I'm here to/for...** ~하러 왔어
- 008 **I'm good at/with...** 난 ~를 잘해
- 009 **I'm stuck...** 난 ~에서 꼼짝 못해
- 010 **I'm sure (that)...** 분명히 ~야
- 011 **I'm used to...** 난 ~에 익숙해
- 012 **I'm late for...** ~에 늦었어
- 013 **I'm kind of...** 나 좀 ~해
- 014 **I'm almost...** 난 거의 ~야
- 015 **I'm out of...** ~가 다 떨어졌어
- 016 **I'm going to/gonna...** 난 ~할 거야
- 017 **I'm in...** ~ 안에 있어

001 I'm glad you...

네가 ~해서 기뻐 ▶ 원래는 I'm glad that you지만, 일부러 강조할 목적이 아니라면 보통 that을 생략합니다. 단, 내용을 강조할 때는 that을 넣는 경우도 있으니 참고하세요.

 [암글래쥬] 자연스럽게 연결해서 발음해요.

네가 와 줘서 기분 좋은데.
I'm glad you came.

전화해 줘서 고마워.
I'm glad you called.

내 선물이 마음에 든다니 다행이네.
I'm glad you like my present.

네가 아직 여기 있어서 다행이야.
I'm glad you're still here.   still 아직도

네가 괜찮다니 다행이야.
I'm glad you're okay.

A   I brought a little something for you. Open it.
B   Wow, it's a bracelet. I love* it so much. Thank you.
A   **I'm glad you like it.**

너 주려고 작은 선물 하나 가져왔어. 열어 봐.
와, 팔찌네. 정말 마음에 들어. 고마워.
마음에 든다니 다행이네.

bracelet 팔찌

> ＊ love라고 쓰고, '좋아한다'라고 읽는다
> 네이티브는 love를 '정말 마음에 들다', '정말 좋아하다'처럼 really like의 뜻으로도 자주 씁니다. 늘 '사랑하다'로 해석하는 건 아니라는 거 알아두세요.

002 I'm on...

나는 ~하는 중이야 ▶ on은 '~위에'라는 뜻으로 많이 쓰지만, '~하는 선상에 있다'라는 뜻도 있어요. 즉, 어떤 일이 진행되고 있다는 뉘앙스로 받아들이면 되는 거죠. 자주 쓰는 표현인 **be on one's way**는 '가는 중이다', '지금 간다'로 해석하면 돼요.

나는 휴가 중이야.
I'm on vacation.   vacation 방학, 휴가

바로 출발할게.
I'm on my way.   be one's way ~가는 중이다, 지금 가다

회사에 가는 중이야.
I'm on my way to work.*   work 회사

지금 커피 마시면서 쉬고 있어.
I'm on a coffee break right now.
coffee break (잠깐 쉬며 커피를 마시는) 휴식 시간

지금 버스 타고 가는 중이야.
I'm on the bus right now.

실전 대화

A What're you doing now?
B I'm driving. **I'm on my way to the grocery store.** Do you need anything?
A Grab me a bag of potato chips if you can.
grab 사다

너 지금 뭐 하고 있어?
운전 중이야. 마트에 가는 길이거든. 뭐 필요한 거 있어?
감자칩 한 봉지만 사다 줄 수 있을까.

> *on my way to work / on my way home
> home은 '집'이라는 명사지만 '집에'라는 부사의 역할도 해요. 그래서 '~에'라는 의미의 **to**를 넣지 않아도 되죠.

003 I'm from...

난 ~에서 왔어 ▶ 자신의 출신 국가나 출신 지역, 도시에 대해 말할 때 쓰는 패턴이에요. not을 넣어서 I'm not from...이라고 하면 어떤 지역 사람이 아니라는 말이 됩니다.

 [암호(ㅍ)립] mp3를 듣고, 'f'를 신경 써서 발음하세요.

난 미국에서 왔어.
I'm from the States.   the States(=the United States of America) 미국

난 이탈리아에서 왔어.
I'm from Italy.

전 서울 출신이에요.
I'm from Seoul.*

전 다른 지역에서 왔어요.
I'm from out of town.   out of town 교외에서; 타지에서

전 이 근처 사람이 아니에요.
I'm not from around here.

A Where're you from?   너 어느 나라에서 왔어?
B **I'm from Korea.**   난 한국에서 왔어.
A You are? I used to live there for two years.   그래? 나 거기서 2년 동안 산 적 있어.
   used to ~한 적이 있다

> *** 출신지 묻기**
> 처음 보는 사람이 내가 아는 곳에서 왔다면 반갑겠죠. 조금 더 구체적으로 출신지를 물어보려면 이렇게 말하세요.
> **Where in Korea are you from?**
> 너 한국 어디에서 왔어?

 I'm not interested in...

난 ~에 관심 없어 ▶ in 뒤에는 music, book처럼 명사가 올 수도 있고, watching, going처럼 동명사가 올 수도 있습니다. 동명사는 동사를 명사화한 것으로 '~하는 것'이라고 해석해요. '걷다'를 '걷는 것'이라고 만들어 주는 게 ing인 거죠.

 [암낫인춰레스틴] 적힌 대로 빠르게 소리를 내 보세요.

난 관심 없어.
I'm not interested.

난 오늘 밖에 나갈 생각 없어.
I'm not interested in going out today.

두 개 이상 살 생각 없어요.
I'm not interested in buying more than two.

난 남자 친구 찾는 것에 관심 없어.
I'm not interested in finding a boyfriend. find 찾다

난 이런 종류의 영화에는 관심 없어.
I'm not interested in this kind of movie. kind 종류, 유형

A **I'm not interested in this kind of movie.**   난 이런 종류의 영화에 관심 없어.
B Me, neither. It looks boring.   나도. 지루해 보여.

neither (부정문에서) ~도 마찬가지다

 # I'm afraid (that)...

미안한데 ~할 것 같아 ▶ 정중한 거절의 표현으로 I'm sorry와 같은 뜻입니다. 구어체 대화에서는 I'm afraid나 I'm sorry를 생략하고 본론만 얘기하는 경우가 많아요. 참고로 I'm sorry는 문장 끝에 붙일 수 있지만, I'm afraid는 문장 끝에 쓰지 않습니다.

버터 발음 [암어(ㅍ)후레잇/암어(ㅍ)후레이드] 'ㄷ'는 아주 살짝, 느낌만 나야 해요.

그녀는 방금 막 나갔는데 어쩌죠.
I'm afraid she just stepped out. 　step out 나가다

미안한데 나 오늘 거기 못 갈 것 같아.
I'm afraid I can't make it there today. 　make it 시간에 맞게 가다

죄송한데 제가 오늘 병가를 내야 할 것 같아요.
I'm afraid I'll have to call in sick today.
call in sick 전화를 해서 병가를 내다

미안하지만 내가 10분 정도 늦을 것 같아.
I'm afraid I'm running about ten minutes late.*

미안하지만 다음에 해야 할 것 같아.
I'm afraid I'll have to take a raincheck.
take a raincheck 다음을 기약하다

 실전 대화

A Why don't you join us for dinner tomorrow?
B **I'm afraid I can't.** I have a bunch of things to do.
A That's a shame.

내일 우리랑 저녁 같이 먹지 않을래?
미안한데 안 될 것 같아. 할 일이 많아서.

안타깝네.

join 함께 하다　a bunch of 다수의, 많은　shame 아쉽거나 딱한 일

 뛰어가도 늦겠네!
약속 장소에 가고 있지만 늦을 것 같다고 말할 때 run late이라고 해요. 여기서 run은 늦었지만 열심히 뛰어가고 있다는 걸 어필하는 표현입니다.

연습문제 1 본문에 나온 예문을 모두 암기했나요? 무작위로 예문을 뽑아 대화를 만들었습니다.
외운 예문을 대화에 넣어서 말해 보세요. 효과적인 실전 연습이 됩니다.

01 A _____ 네가 와 줘서 기분 좋은데.
    B Same here. So, how've you been? 나도 좋아. 그동안 어떻게 지냈어?

02 A When do you think you can come over? 언제 들를 수 있을 것 같아?
    B Right now. _____ 지금. 바로 출발할게.

03 A _____ 네가 아직 여기 있어서 다행이야.
    B Why? Did you need anything from me? 왜? 나한테 뭐 필요한 거 있어?

04 A Where're you headed? 지금 어디 가는 거야?
    B _____ 회사에 가는 중이야.

05 A What're you up to now? 지금 뭐 하고 있어?
    B _____ 지금 커피 마시면서 쉬고 있어.

06 A There's a new *Die Hard* movie coming out next week. Wanna see together?
       다음 주에 다이하드 영화 새로운 거 나오는데, 같이 보러 갈래?
    B _____ 난 관심 없어.

07 A _____ 난 휴가 중이야.
    B I envy you so much. I wish I were on vacation, too. 정말 부럽다. 나도 휴가 중이면 좋을 텐데.

08 A Are you up for a movie? 영화 생각 있어?
    B _____ 미안한데 다음 기회로 미뤄야 할 것 같아.

09 A _____ 네가 괜찮다니 다행이야.
    B Me, too. Thanks for your concern. 나도 다행으로 생각해. 걱정해 줘서 고마워.

10 A Where're you from? 어느 나라 출신이세요?
    B _____ 전 미국에서 왔어요.

11 A Where in Korea are you from? 한국의 어느 지역 출신이세요?
    B _____ 전 서울 출신이에요.

12 A Excuse me, are you from around here? 실례할게요, 이 근방에 사는 분이세요?
    B I'm not. _____ 아뇨. 전 다른 지역에서 왔어요.

13 A _____ 지금 버스 타고 가는 중이야.
    B Why? What happened to your car? 왜? 네 차는 어떻게 하고?

14 A _____ 내 선물이 마음에 든다니 다행이네.
    B Like it? I love it. Thanks a lot. 그냥 마음에 드는 게 아니라 엄청 마음에 들어. 너무 고마워.

15 A _____ 난 이런 종류의 영화에는 관심 없어.
    B You have weird taste. 너 참 취향 이상하다.

16 A Is Angie there? 앤지 씨 있나요?
    B _____ 그녀는 방금 막 나갔는데 어쩌죠.

17 A _____ 난 남자 친구 찾는 것엔 관심 없어.
    B Why not? You've been alone for what, five years? 왜? 너 솔로인 지 5년 됐잖아?

18 A _____ 죄송한데 제가 오늘 병가를 내야 할 것 같아요.
    B Did you catch a cold or something? 감기라도 걸린 거야?

19 A _____ 난 오늘 밖에 나갈 생각 없어.
    B Why not? 왜?

20 A Excuse me, do you know where First Bank is? 실례지만, 퍼스트 은행이 어딘지 아세요?
    B Sorry, _____ 죄송한데, 전 이 근처 사람이 아니에요.

---

01 I'm glad you came. 02 I'm on my way. 03 I'm glad you're still here. 04 I'm on my way to work. 05 I'm on a coffee break right now. 06 I'm not interested. 07 I'm on vacation. 08 I'm afraid I'll have to take a raincheck. 09 I'm glad you're okay. 10 I'm from the States. 11 I'm from Seoul. 12 I'm from out of town. 13 I'm on the bus right now. 14 I'm glad you like my present. 15 I'm not interested in this kind of movie. 16 I'm afraid she just stepped out. 17 I'm not interested in finding a boyfriend. 18 I'm afraid I'll have to call in sick today. 19 I'm not interested in going out today. 20 I'm not from around here.

 # I'm worried about...

~가 걱정이야 ▶ 걱정을 표현할 때 쓰는 패턴으로, about 뒤에 자신이 걱정하고 있는 내용이 들어가요. about 뒤에는 you와 같은 명사나 quitting my job처럼 동명사가 올 수 있습니다.

 [암워리더바웃]

난 네가 걱정 돼.
I'm worried about you.

난 내 장래가 걱정 돼.
I'm worried about my future.

기말고사가 걱정이야.
I'm worried about my finals.   finals 기말시험

해고될까 걱정이야.
I'm worried about losing my job.

다음 주에 면접 있는데 걱정 돼.
I'm worried about my job interview next week.
job interview 취직 면접

A What're you still doing up so late?
B I'm working on* my presentation.
A **I'm really worried about you.** Try to get some sleep.

work on ~에 애쓰다   try to ~하려고 노력하다

이렇게 늦게까지 아직 안 자고 뭐 해?
발표 준비를 하고 있어.
난 네가 정말 걱정 돼. 잠 좀 자도록 해.

> *** work on (어떤 일을) 하다**
> work은 '작업하다' 또는 어떤 과제나 일을 '하다'라는 뜻을 가지고 있어요. on뒤에 어떤 일을 하는지 밝히면 됩니다.
> What're you working on?
> 너 지금 어떤 작업하고 있어?

007 I'm here to/for...

~하러 왔어 ▶ 자신이 여기에 온 이유를 설명할 때 이 패턴을 써 보세요. I came to/for...로 바꿔서 사용할 수도 있습니다. 더 입에 붙는 것으로 반복해서 외워 두세요.

너 만나러 왔어.
I'm here to see you.

너한테 몇 가지 물어볼 게 있어서 왔어.
I'm here to ask you a couple of questions.
a couple of 둘의, 두서너 개의

너랑 얘기 좀 하러 왔어.
I'm here to talk to you.

부탁 하나 하려고 왔어.
I'm here to ask you a favor.   favor 호의, 부탁

면접 때문에 왔는데요.
I'm here for my job interview.

실전 대화

A Hey, shouldn't you be at work?
B Not today. It's my day off.
A Anyway, what brings you here?*
B **I'm here to ask you a small favor.**

day off 근무를 쉬는 날

야, 너 회사에 있어야 하는 거 아니야?
오늘은 아니야. 쉬는 날이거든.
근데 여기는 어쩐 일이야?
너한테 작은 부탁 하나 할 게 있어서.

*what brings you here?
직역하면 '무엇이 너를 이곳으로 데려 왔어?'인데 너무 어색하죠. '어떤 일로 여기 왔어?'라고 해석하는 게 자연스럽습니다. 예상치 못한 사람이 찾아왔을 때 이렇게 말하면 아주 좋습니다.

 # I'm good at/with...

난 ~를 잘해 ▶ 내가 잘하는 것을 자신 있게 말해 봅시다. good 앞에 pretty나 really를 붙여서 '꽤 잘한다', '정말 잘한다'라고 강조할 수도 있어요. 이와 반대되는 말은 I'm not good이나 I'm bad로 말하면 됩니다.

 [아임굿앳] (X) [암그랫/암굿윋] (O)

난 요리를 잘해.
I'm good at cooking.

난 애들을 잘 돌봐.
I'm good with kids.

난 거짓말을 못해.
I'm not good at lying.

난 암산이 안 돼.
I'm not good at mental math.   mental math 암산

난 사람들하고 잘 어울리지 못해.
I'm not good with people.

A What're you good at?
B What am I good at? Hmm… I think **I'm pretty good at cooking.**
A You're also good at English, aren't you?
B I guess I'm okay.

넌 잘하는 게 뭐야?
내가 잘하는 거? 음… 요리를 꽤 잘하는 것 같아.
너 영어도 잘하지 않아?
괜찮다고는 생각해.

009 I'm stuck...

난 ~에서 꼼짝 못해 ▶ stick은 '어딘가에 붙다'라는 뜻입니다. stick의 과거분사형인 stuck은 '붙은', '꽉 낀', '꼼짝 못하는'이라는 의미로 자주 써요. 손이나 발이 어딘가에 끼었을 때도 이 표현을 쓰면 됩니다.

나 문 사이에 꼈어.
I'm stuck between the doors.

난 집에서 꼼짝을 못해.
I'm stuck at home.

난 (게임) 7단계에서 막혀 있어.
I'm stuck at Stage seven.

오늘 난 종일 여기에서 못 나가.
I'm stuck here all day today.

나 지금 회사에 좀 붙들려 있어.
I'm kind of stuck at work right now.

- A Sorry I'm late.
- B What took you so long?
- A **I was stuck in traffic.** Sorry.

traffic 차량들, 교통

늦어서 미안.
왜 이렇게 오래 걸렸어?
길이 막혀서. 미안해.

 I'm sure (that)...

분명히 ~야 ▶ sure가 들어가서 확신을 전달하는 패턴입니다. sure 대신 certain, positive도 쓸 수 있지만 sure가 가장 구어체 느낌을 냅니다. 의심의 여지 없이 100% 확신한다면 I'm 100% sure.라고 하세요. 100%는 '원 헌드레드 퍼센트'인거 아시죠? '프로'라고 읽으면 안 됩니다.

넌 **분명히** 잘할 **거야**.
I'm sure you'll do just fine. fine 좋은

걔는 **분명히** 알고 있어.
I'm sure she knows.

분명히 내일이면 네 컨디션이 훨씬 더 좋아질 **거야**.
I'm sure you'll feel much better tomorrow.
feel better 기분이 나아지다

그녀는 **분명히** 마음에 들어 할 **거야**.
I'm sure she'll love it.

걔는 이 소식을 **분명히** 좋아할 **거야**.
I'm sure he'll like this news.

A Are you still worried about your job interview this afternoon?
B I am. I'm just so nervous right now.
A Don't be.* **I'm sure you'll do just fine.**

nervous 초조해하는, 신경을 쓰는

아직도 오늘 오후에 있을 면접 때문에 걱정하는 거야?
응. 나 지금 너무 긴장돼.
긴장하지 마. 넌 분명히 잘할 거야.

> *** Don't be. 그러지 마.**
> 앞서 언급된 형용사 **nervous**를 생략한 형태의 문장입니다. 친구가 **I'm worried.**(나 걱정이 돼.)라고 하면 **Don't be.**(걱정하지 마.)라고 말할 수 있어요. 반드시 먼저 be동사를 사용하는 문장이 와야만 쓸 수 있는 말입니다. **I will quit my job.**(나 일 그만둘 거야.)처럼 일반 동사가 들어간 문장에 답할 때는 **Don't.**(그러지 마.)라고 해야 합니다.

011 I'm used to...

난 ~에 익숙해 ▶ I'm used to에서 to...는 '~에'라는 의미의 전치사예요. 그래서 to뒤에 you, her처럼 명사가 오거나 working, waiting과 같은 동명사가 와야 합니다. 반면에 I used to...(예전에 ~했다) 뒤에는 동사가 오니, 둘을 혼동하지 않도록 주의하세요.

난 추운 날씨에 익숙해졌어.
I'm used to cold weather.

난 까칠한 우리 상사에게 익숙해졌어.
I'm used to my cranky boss.   cranky 기이한; 짜증을 내는

난 일찍 일어나는 게 익숙해.
I'm used to waking up early.

난 혼자 점심 먹는 것에 익숙해.
I'm used to eating lunch alone.

난 아직도 이 차가 익숙하지가 않아.
I'm still not used to this car.

실전 대화

A: I can never get used to this kind of weather.
B: You have no choice. You'll have to get used to it.
A: Is that even possible?
B: Look at me. **I'm used to this weather.**

get used to ~에 익숙해지다

이런 날씨는 정말이지 익숙해지기 힘든 것 같아.
어쩔 수가 없어. 익숙해져야 해.
그게 가능하기는 한 거야?
날 봐. 난 이런 날씨에 익숙해.

연습문제 2

본문에 나온 예문을 모두 암기했나요? 무작위로 예문을 뽑아 대화를 만들었습니다.
외운 예문을 대화에 넣어서 말해 보세요. 효과적인 실전 연습이 됩니다.

01 A _____ 난 내 장래가 걱정 돼.
　　 B You're not the only one. We all are. 너만 그런 건 아니야. 우리 모두 마찬가지야.

02 A _____ 분명히 내일이면 네 컨디션이 훨씬 더 좋아질 거야.
　　 B Otherwise, I won't be able to hang out with you. 그렇지 않으면 내일 나랑 못 노는데.

03 A _____ 난 거짓말을 못해.
　　 B Get out of here, you big fat liar. 거짓말하시네, 새빨간 거짓말쟁이 주제에.

04 A _____ 너한테 몇 가지 물어볼 게 있어서 왔어.
　　 B Sure. Shoot! 그래. 물어 봐!

05 A Aren't you supposed to be at work right now? 너 지금 회사에 있어야 하는 거 아냐?
　　 B _____ 너한테 부탁 하나 하려고 왔어.

06 A _____ 면접 때문에 왔는데요.
　　 B It's good to meet you. Grab a seat. 만나서 반가워요. 앉으세요.

07 A _____ 해고될까 걱정이야.
　　 B Why? Did you do something wrong? 왜? 뭐 잘못이라도 했어?

08 A _____ 난 까칠한 우리 상사에게 익숙해졌어.
　　 B Seriously? How? 진짜? 어떻게?

09 A _____ 난 애들을 잘 돌봐.
　　 B You are? Good for you. I wish I were, too. 그래? 좋겠다. 나도 그러면 좋겠는데.

10 A _____ 난 암산이 안 돼.
　　 B Me, neither. 나도.

11 A Julie, what brings you here today? 줄리, 너 오늘 여긴 어쩐 일이야?
　　 B _____ 너 만나러 왔어.

12 A _____ Help me over here.
나 문 사이에 꼈어. 이리 와서 나 좀 도와줘.
   B Are you okay? Hold on. 괜찮아? 잠시만 기다려.

13 A Let's go grab a coffee. 커피 한잔 하러 가자.
   B _____ 난 집에서 꼼짝을 못해.

14 A What time are you getting off today? 오늘 몇 시에 퇴근해?
   B _____ 나 지금 회사에 좀 붙들려 있어.

15 A _____ 그녀는 분명히 알고 있어.
   B What makes you say that? 왜 그렇게 말하는데?

16 A _____ 다음 주에 면접 있는데 걱정 돼.
   B You're worrying about it too much. 너는 그걸 너무 걱정한다.

17 A _____ 난 추운 날씨에 익숙해졌어.
   B Really? You're really something. 정말이야? 너 정말 대단한데.

18 A _____ 그는 이 소식을 분명히 좋아할 거야.
   B I hope so. 그러면 좋겠는데.

19 A _____ 난 혼자 점심 먹는 것에 익숙해.
   B Try to blend in and make some friends. 애들이랑 섞여서 친구 좀 만들고 해.

20 A I don't know if Julie will like my birthday present.
줄리가 내 생일 선물을 마음에 들어 할지 모르겠네.
   B _____ 그녀는 분명히 아주 마음에 들어할 거야.

---

01 I'm worried about my future. 02 I'm sure you'll feel much better tomorrow. 03 I'm not good at lying. 04 I'm here to ask you a couple of questions. 05 I'm here to ask you a favor. 06 I'm here for my job interview. 07 I'm worried about losing my job. 08 I'm used to my cranky boss. 09 I'm good with kids. 10 I'm not good at mental math. 11 I'm here to see you. 12 I'm stuck between the doors. 13 I'm stuck at home. 14 I'm kind of stuck at work right now. 15 I'm sure she knows. 16 I'm worried about my job interview next week. 17 I'm used to cold weather. 18 I'm sure he'll like this news. 19 I'm used to eating lunch alone. 20 I'm sure she'll love it.

012 I'm late for...

~에 늦었어 ▶ I'm late for... 패턴으로 어디에 늦었는지 말하면 서둘러야 한다는 뉘앙스도 동시에 전달할 수 있어요. for 뒤에는 '명사' 또는 '동사ing' 형태만 올 수 있다는 것에 주의하세요.

데이트에 늦었어.
I'm late for my date.

나 병원 예약 시간에 늦었어.
I'm late for my doctor's appointment.
appointment (업무 관련) 약속; 병원 예약

회의에 늦었어.
I'm late for the meeting.

나 수업 늦었어.
I'm late for class.

회사에 늦었어.
I'm late for work.

A **I'm late for work.**   나 회사에 늦었어.
B Then you'd better* take a cab.   그럼 택시 타야겠네.
A I think I will.   그러려고.

> *'d의 정체
> 'd가 had인지 would인지 구분하는 방법은 간단합니다. 'd 뒤에 동사 원형이 오면 would의 줄임말이고, 뒤에 better가 오면 had의 줄임말이에요. 'd는 ㅅ(시옷) 받침이 추가된다고 생각하면서 [햇베러]라고 발음하세요. had better는 '~하는 편이 낫다'라는 뜻입니다.

 # I'm kind of...

나 좀 ~해 ▶ kind of는 '약간', '조금'이란 뜻으로, a little과 바꿔 쓸 수도 있어요. 전치사인 of 뒤에 명사가 아니라 형용사가 오는 이유는 'I'm (kind of)+형용사'라서 그럽습니다.

버터 발음 [암카이넙/암카인덥]

나 좀 짜증이 나고 답답해.
I'm kind of frustrated.   frustrated 좌절감을 느끼는, 불만이 있는

나 지금 좀 배고파.
I'm kind of hungry right now.

나 좀 피곤해.
I'm kind of tired.

지금 술이 좀 안 깨네.
I'm kind of hung over now.   hung over 숙취에 시달리는

난 지금 돈이 거의 다 바닥났어.
I'm kind of broke right now.   broke 빈털터리의

A Oh, look at this laptop.* It's on sale.
B Nice! This is the best deal I've ever seen this year.
A I know. You should buy one.
B I wish I could, but I can't. **I'm kind of broke right now.**

laptop 휴대용 컴퓨터(노트북)

오, 이 노트북 좀 봐. 지금 세일 중이네.
좋은데! 올해 본 가격 중 제일 싸.
내 말이. 너 이거 하나 사.
그러고는 싶은데 안 돼. 지금 돈이 좀 바닥난 상태라서.

★ **무릎 컴퓨터 = 노트북**
laptop은 무릎(lap) 위에(top) 놓고 쓰는 컴퓨터, 즉 휴대용 컴퓨터를 뜻하는 단어예요. 가정이나 사무용 PC는 desktop이라고 하는데 책상 위에 올려놓는 컴퓨터라는 뜻입니다. USB 메모리는 영어로 thumb drive, USB Flash, memory stick, flash drive 등 다양하게 표현하며, 외장하드는 external hard drive라고 해요.

014 I'm almost...

난 거의 ~야 ▶ '거의'라는 뜻의 almost를 활용하면 간단하게 자신이 어떤 상태에 거의 도달했다는 것을 표현할 수 있습니다. 유명한 재즈 넘버로 Almost blue라는 곡이 있는데, 이 역시 '거의 슬프다' 즉 '슬퍼지려 한다'는 뜻입니다.

거의 다 왔어.
I'm almost there.

난 이제 곧 마흔이야.
I'm almost 40.*

거의 다 했어.
I'm almost done. done 다 끝난, 완료된

집에 거의 다 왔어요.
I'm almost home.

거의 준비됐어.
I'm almost ready.

A Where are you?
B **I'm almost there.**
A That's what you said ten minutes ago.
B I'm only two blocks away. I'll be there in two minutes.

너 어디야?
거의 다 왔어.
10분 전에도 그렇게 말했잖아.
두 블록 남았어. 2분 후에 도착해.

★ 나이 표현
almost 40이라고 하면 '거의 마흔에 가까워졌다', 즉 '곧 마흔이다'라는 뜻입니다. 나이를 뭉뚱그려 말하는 표현은 다음과 같습니다. 40s는 '포티스'라고 읽습니다.
early 40s 40대 초반   **mid** 40s 40대 중반   **late** 40s 40대 후반

015 I'm out of...

~가 다 떨어졌어 ▶ 이 패턴은 배터리가 없거나 돈이 없을 때도 쓰고, 몸매가 안 좋을 때도 비유적으로 씁니다. 지금 떨어져 가고 있는 중이면 I'm running out of...라고 하면 돼요.

버터 발음 [아임아웃오브] (X) [아임아우럽/암아우럽] (O)

나 돈 없어.
I'm out of money.

나 시간이 없어.
I'm out of time.

배터리 떨어졌어.
I'm out of battery.*

인내심이 한계치야.
I'm out of patience.

몸매가 엉망이야.
I'm out of shape.   shape 모양, 형태; 몸매, 체형

실전 대화

A **I'm out of shape.**　　　　　　　　　　나 몸매가 엉망이야.
B Me, too.　　　　　　　　　　　　　　　나도 그래.
A I've put on ten lbs in just two months.　나 겨우 두 달 동안 10파운드나 쪘어.
B I can't fit into my pants anymore.　　　난 바지도 더 이상 안 맞아.

　lbs(=pounds) 무게 단위   fit into 잘 맞다

> *핸드폰에 주스가?
> 핸드폰의 배터리 상태를 보여주는 부분이 주스가 담긴 컵과 비슷하다고 해서 battery를 juice라고도 해요. 즉, '배터리가 떨어졌어'를 I'm out of juice.라고도 표현합니다.

 I'm going to/gonna...

난 ~할 거야 ▶ gonna는 going to를 빠르게 발음한 것인데, 일상에서는 gonna를 주로 써요. 같은 의미인 I will과의 차이점은 will은 즉흥적으로 그 자리에서 할 것이란 뉘앙스이고, be going to는 계획을 가지고 할 예정임을 말합니다. 또 I would는 과거형으로는 쓰지 않고 I was going to만 사용합니다. I was going to는 과거에 '~하려고 했다'라는 뜻입니다.

버터 발음 [아임고잉투/아임고나] (X) [암고너] (O)

오늘 오후에 옷 사러 갈 **거야**.
I'm going to go clothes shopping this afternoon.

나 핸드폰 새로 사려고 해.
I'm going to buy a new cell phone.
cell phone(=cellular phone) 핸드폰

너한테 전화하려고 했는데.
I was going to call you.

나도 같은 말을 하려던 참이었어.
I was going to say the same thing.

내년에 보스턴으로 이사하려고 했어.
I was going to move to Boston next year.
move 이사하다, 옮기다

A What're you doing tomorrow?
B **I'm going to go clothes shopping.**
A Alone?
B No, with my mom.

alone 혼자

너 내일 뭐 해?
옷 좀 사러 가려고.
혼자?
아니, 엄마랑 같이.

017 I'm in...

~ 안에 있어 ▶ 어딘가의 '안'을는 뜻하는 in을 이용해 자신의 위치나 상태를 표현합니다. in the neighborhood는 '이웃 안에'라고 직역하지 말고 '동네 근처에', '그쪽 근처에'로 자연스럽게 해석하세요.

버터 발음 [아임인] (X) [아민] (O) 빠르게 붙여서 발음하세요.

나 근처에 있어.
I'm in the neighborhood.

내가 뭘 좀 하고 있거든.
I'm in the middle of something.

난 40대 후반이야.
I'm in my late 40s.   40s(forties) 40대

내 방에서 인터넷 검색하고 있어.
I'm in my room surfing the net.   surf the net 인터넷 서핑을 하다

나 차에서 스칼렛 기다리고 있어.
I'm in the car waiting for Scarlett.

실전 대화

A What're you up to now?
B Nothing much. What's up?
A **I'm in the neighborhood.** If you're not too busy, let's grab* lunch.
B Okay, sure.

지금 뭐 하고 있어?
그냥 있어. 별 일 없지?
내가 근처에 왔거든. 너무 바쁘지 않으면 같이 점심 먹자.
응, 그래.

* **음식을 움켜쥐는 grab**
  grab은 흔히 '붙잡다', '움켜쥐다'로 알고 있지만 '먹다'라는 뜻도 있어요. 음식을 손으로 집어 입에 넣기 때문이죠. **grab a bite (to eat)**처럼 쓰죠. 참고로 **to eat**은 생략할 수 있습니다.

연습문제 3 본문에 나온 예문을 모두 암기했나요? 무작위로 예문을 뽑아 대화를 만들었습니다.
외운 예문을 대화에 넣어서 말해 보세요. 효과적인 실전 연습이 됩니다.

01 A Where're you? Your dinner's almost ready. 어디니? 저녁 거의 다 됐어.
    B _____ 집에 거의 다 왔어요.

02 A _____ 데이트에 늦었어.
    B You'd better come up with a good excuse. 좋은 핑계를 생각해 놓는 게 좋을 거야.

03 A _____ 나 지금 좀 배고파.
    B Me, too. Let's go check the fridge. 나도. 가서 냉장고 확인해 보자.

04 A _____ 나 수업 늦었어.
    B Isn't your class at ten o'clock? 너 수업 10시 아니야?

05 A What're you doing now? Anything fun? 지금 뭐 해? 뭐 재미난 거 있어?
    B _____ 내 방에서 인터넷 검색하고 있어.

06 A _____ 나 좀 짜증이 나고 답답해.
    B Why? Still having trouble losing some weight? 왜? 아직도 살 빼는 게 잘 안 돼?

07 A _____ 나 핸드폰 새로 사려고 해.
    B What're you going to get this time? 이번엔 어떤 걸로 살 건데?

08 A _____ 나 좀 피곤해.
    B Why don't you go home early? 집에 일찍 들어가는 게 어때?

09 A _____ 나 돈이 없어.
    B I thought you just got paid yesterday. 네가 어제 월급 받은 걸로 알고 있는데.

10 A _____ 지금 술이 좀 안 깨네.
    B Still? Exactly how much did you drink last night? 아직도? 어젯밤에 정확이 얼마나 마신 거야?

11 A _____ 나 병원 예약 시간에 늦었어.
    B Just call your doctor and reschedule. 의사한테 전화해서 예약 다시 잡아.

12 A _____ 난 이제 곧 마흔이야.
    B You only look like you're still in your 20s. 아직 20대처럼 보이는데.

13 A _____ How about you? 거의 다 했어. 넌?
    B I'm not even half done yet. You're fast. 난 아직 절반도 못 했어. 너 빠르다.

14 A _____ 인내심이 한계치야.
    B What happened? 무슨 일이야?

15 A _____ 너한테 전화하려고 했는데.
    B Too late. I called you first. 늦었어. 내가 먼저 전화해 버렸네.

16 A _____ But… 내년에 보스톤으로 이사하려고 했어. 근데…
    B But what? 근데 뭐?

17 A Let's go. Shake a leg. I need to return my shoes. 가자. 서둘러. 나 신발 환불받아야 한단 말이야.
    B Wait. _____ 기다려. 내가 뭘 좀 하고 있거든.

18 A Where're you? 너 지금 어디야?
    B _____ 나 차에서 스칼렛 기다리고 있어.

19 A _____ 몸매가 엉망이야.
    B Me, too. I've put on ten lbs in just two months. 나도 그래. 겨우 두 달 동안 10 파운드나 쪘어.

20 A Are you ready? If you're, let's get going. 준비됐어? 준비됐으면 가자.
    B _____ 거의 준비 다 됐어.

---

01 I'm almost home. 02 I'm late for my date. 03 I'm kind of hungry right now. 04 I'm late for class. 05 I'm in my room surfing the net. 06 I'm kind of frustrated. 07 I'm going to buy a new cell phone. 08 I'm kind of tired. 09 I'm out of money. 10 I'm kind of hung over now. 11 I'm late for my doctor's appointment. 12 I'm almost 40. 13 I'm almost done. 14 I'm out of patience. 15 I was going to call you. 16 I was going to move to Boston next year. 17 I'm in the middle of something. 18 I'm in the car waiting for Scarlett. 19 I'm out of shape. 20 I'm almost ready.

Unit 2 I'm -ing

018	**I'm trying to...**	난 ~하려는 중이야
019	**I'm getting...**	점점 ~해져
020	**I'm thinking about...**	~를 생각 중이야
021	**I've been thinking about...**	~를 계속 생각해 왔어
022	**I was wondering if...**	~인지 궁금해
023	**I'm looking forward to...**	~가 기대된다
024	**I'm just -ing...**	난 그냥 ~하고 있어
025	**I'm feeling...**	~한 기분이 들어

018 I'm trying to...

난 ~하려는 중이야 ▶ 자신의 노력을 어필하고 싶다면 이 패턴으로 말해 보세요. 시제를 was로 바꾸면 과거의 노력을 말할 수도 있습니다. to뒤에는 study나 sleep과 같은 동사의 원형이 옵니다.

 [아임투라잉투] (X) [암츄롸잉투/암츄롸이루] (O)

나 머리 기르는 중이야.
I'm trying to grow my hair. grow 크다, 자라다

그의 마음을 바꾸려고 노력 중이야.
I'm trying to change his mind.

피터랑 연락 좀 하려는 중이야.
I'm trying to get a hold of* Peter.

걔가 나한테 왜 화가 났는지 생각해 내려고 노력 중이야.
I'm trying to figure out why she's mad at me.
figure out ~를 이해하다; 알아내다   mad at ~에게 몹시 화를 내다

너한테 잘해 주려고 노력했었어.
I was trying to be nice to you.

A Hey, you broke my favorite cup.
B I'm sorry. **I was just trying to help you wash the dishes.**
A I don't need your help. Why don't you go over there and watch TV or something?

야, 너 내가 제일 좋아하는 컵을 깨뜨렸잖아.
미안해. 난 네가 설거지하는 거 도우려고 했던 건데.
네 도움 필요 없어. 저리 가서 TV를 보던지 해.

wash the dishes 설거지를 하다

* **get a hold of** 누군가를 잡다, 연락을 취하다
hold는 '잡다'라는 동사 말고 '잡는 행위'를 가리키는 명사로도 씁니다. 여기에 get을 붙여 '누군가를 잡다, 연락이 되다'라는 표현이 된 거예요.

019 I'm getting...

점점 ~해져 ▶ 자신의 상태 변화를 전달하는 패턴입니다. 여기서 get은 become과 마찬가지로 '~이 되다'라는 뜻인데, 일상생활에서는 보통 become보다 get을 쓰는 편입니다.

버터 발음 [아임게팅] (X) [암게링] (O)

슬슬 배가 고파지네.
I'm getting hungry.

점점 심심해져.
I'm getting bored.   bored 지루해 하는

슬슬 졸리기 시작하네.
I'm getting sleepy.

몸이 점점 으슬으슬해.
I'm getting cold.

걱정되기 시작하네.
I'm getting worried.

실전 대화

A **I'm getting hungry.**
B Really?
A Yeah. How hungry are you?
B I'm kind of hungry, but I'm not 'I have to eat right now' hungry.

점점 배가 고파지네.
정말?
응. 넌 배 얼마나 고파?
약간 고프긴 한데 지금 꼭 먹어야 할 정도로 배가 고프지는 않아.

 I'm thinking about...

~를 생각 중이야 ▶ 어떤 상황이든 내 생각을 제대로 전달하고 싶다면 이 패턴을 툭 치면 톡 튀어 나올 만큼 연습하세요. thinking 다음에는 about이나 of를 사용할 수 있는데 대화 시에는 대부분 about을 씁니다.

나도 갈까 생각 중이야.
I'm thinking about going, too.

쇼핑몰에 갈까 생각 중이야.
I'm thinking about going to the mall.

내 차를 팔까 생각 중이야.
I'm thinking about selling my car.

줄리한테 데이트 신청할까 고민 중이야.
I'm thinking about asking Julie out on a date.
ask 사람 out 누구에게 데이트를 신청하다

머리를 염색할까 생각 중이야.
I'm thinking about getting my hair dyed*.

실전 대화

A I'm thinking about selling my car. 내 차를 팔려고 생각 중이야.
B Why? 왜?
A I need some cash to pay for my credit card bills. 카드값 낼 돈이 좀 필요해서.

* 내 염색은 내가 직접 한다!
dye my hair는 자신이 직접 염색을 하는 것이고 get my hair dyed는 미용실에 가서 염색을 한다는 의미입니다. 구분해서 쓰세요!

 # I've been thinking about...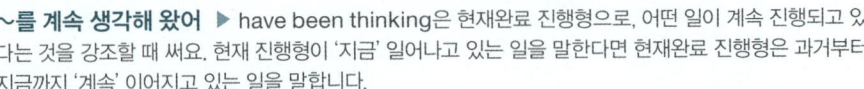

~를 계속 생각해 왔어 ▶ have been thinking은 현재완료 진행형으로, 어떤 일이 계속 진행되고 있다는 것을 강조할 때 써요. 현재 진행형이 '지금' 일어나고 있는 일을 말한다면 현재완료 진행형은 과거부터 지금까지 '계속' 이어지고 있는 일을 말합니다.

버터 발음 [아빈띵킹어바웃] 've는 거의 발음하지 않아요.

회사를 그만둘까 한동안 생각 좀 해 봤어.
I've been thinking about quitting my job for a while.

전공을 바꿀까 계속 생각 중이야.
I've been thinking about changing my major*.
major (대학생의) 전공

새로운 취미를 하나 만들까 계속 생각 중이야.
I've been thinking about taking up a new hobby.
take up 배우다; 시작하다

미국으로 아예 돌아갈까 계속 생각 중이야.
I've been thinking about going back to America for good.   for good 영원히, 영영

아르바이트를 할까 계속 생각 중이야.
I've been thinking about getting a part-time job.

 실전 대화

A **I've been thinking about taking up a new hobby.**   새로운 취미를 가져볼까 계속 생각해 왔어.
B Like what?   예를 들어 어떤 거?
A Something active.   좀 활동적인 거.
B Then try hiking.   그럼 등산 한번 해 봐.

 대학교 전공 표현
double major 복수전공   minor 부전공   transfer 편입

022 I was wondering if...

~인지 궁금해 ▶ 이 패턴을 활용하면 하고 싶은 말을 살짝 돌려서 조심스레 질문할 수 있습니다. 여기서 if는 '~인지'라는 의미로 해석되기 때문이죠. 현재에 대한 것도 과거형으로 말해야 한다는 것에 주의하세요.

혹시 너 이따 오후에 시간 비나 해서.
I was wondering if you were free this afternoon.

네가 오늘 저녁에 영화 보러 갈 마음이 있는지 궁금해.
I was wondering if you wanted to go see a movie tonight.

내일 저녁 7시쯤 네가 집에 있으려나.
I was wondering if you would be home tomorrow evening around seven.

걔네 기분이 상했을지 궁금해.
I was wondering if they were upset.

네가 이걸 알고 있었던 건가 해서.
I was wondering if you knew about this.

A **I was wondering if you were free this afternoon.**
B Why?
A I thought maybe we could hang out.
B I need to run an errand, but I should be free after three.

hang out 어울리다 errand 심부름, 일

이따 오후에 너 시간 있는지 궁금해서.
왜?
만나서 놀까 했지.
볼일이 하나 있는데 3시 이후면 시간 될 거야.

연습문제 4

본문에 나온 예문을 모두 암기했나요? 무작위로 예문을 뽑아 대화를 만들었습니다.
외운 예문을 대화에 넣어서 말해 보세요. 효과적인 실전 연습이 됩니다.

01 A _____ 피터랑 연락 좀 하려는 중이야.
  B Why? Is it urgent? 왜? 급한 일이야?

02 A _____ 혹시 너 이따 오후에 시간 비나 해서.
  B I have all the time in the world. 나 시간 진짜 많아.

03 A _____ 너한테 잘해 주려고 노력했었어.
  B Oh, so, that was you being nice? 아, 넌 그게 잘해 주는 거였어?

04 A _____ 걔네 기분이 상했을지 궁금해.
  B Maybe, maybe not. 그랬을 수도 있고, 안 그랬을 수도 있고.

05 A _____ 슬슬 배가 고파지네.
  B Same here. Let's go grab a quick bite. 나도. 우리 잠깐 뭐 좀 먹으러 가자.

06 A _____ 네가 이걸 알고 있었던 건가 해서.
  B No, this is the first time hearing about it, too. 아니, 나도 처음 듣는 얘기야.

07 A Why don't you get a haircut? 머리 좀 자르지 그래?
  B _____ 나 머리 기르는 중이야.

08 A _____ 점점 심심해져.
  B Hang in there. I'm almost done with this. 조금만 버텨. 이거 거의 다 했어.

09 A _____ 걱정되기 시작하네.
  B About what? About me? 뭐가? 내가?

10 A _____ 네가 오늘 저녁에 영화 보러 갈 마음이 있는지 궁금해.
  B What's playing now? Anything good? 지금 어떤 영화 하는데? 재미난 거 있어?

11 A **I'm getting cold.** 몸이 점점 으슬으슬해.
    B Oops, sorry. Let me turn on the heater. 앗, 미안. 히터 틀어 줄게.

12 A What're you doing this afternoon? 너 이따 오후에 뭐 해?
    B **I'm thinking about going to the mall.** 쇼핑몰에 갈까 생각 중이야.

13 A **I've been thinking about going back to America for good.** 미국으로 아예 돌아갈까 계속 생각 중이야.
    B Why all of a sudden? 갑자기 왜?

14 A **I'm thinking about asking Julie out on a date.** 줄리한테 데이트 신청할까 고민 중이야.
    B Haven't you heard? She's already got a boyfriend. 너 못 들었어? 걔 이미 남자 친구 있어.

15 A **I've been thinking about quitting my job for a while.** 회사 그만둘까 한동안 생각 좀 해봤어.
    B Why? Is it because of your boss? 왜? 상사 때문에?

16 A **I'm thinking about selling my car.** 내 차 팔까 생각 중이야.
    B It's about time. It's just too old. 그럴 때도 됐지. 너무 오래 탔어.

17 A So, James is buying a Rolex, huh? 제임스가 롤렉스 시계 산다고?
    B **I'm trying to change his mind.** 그의 마음을 바꾸려고 노력 중이야.

18 A **I've been thinking about changing my major.** 전공을 바꿀지 계속 생각 중이야.
    B I thought you liked studying Psychology. 심리학 공부하는 거 좋아하는 줄 알았더니.

19 A **I've been thinking about taking up a new hobby.** 새로운 취미를 하나 만들까 계속 생각 중이야.
    B Yeah, you should. 그래, 그렇게 해.

20 A **I'm trying to figure out why she's mad at me.** 그녀가 나한테 왜 화가 났는지 생각해 내려고 노력 중이야.
    B Are you that dull or simply stupid? 넌 둔한 거니 그냥 바보인 거니?

01 I'm trying to get a hold of Peter. 02 I was wondering if you were free this afternoon. 03 I was trying to be nice to you. 04 I was wondering if they were upset. 05 I'm getting hungry. 06 I was wondering if you knew about this. 07 I'm trying to grow my hair. 08 I'm getting bored. 09 I'm getting worried. 10 I was wondering if you wanted to go see a movie tonight. 11 I'm getting cold. 12 I'm thinking about going to the mall. 13 I've been thinking about going back to America for good. 14 I'm thinking about asking Julie out on a date. 15 I've been thinking about quitting my job for a while. 16 I'm thinking about selling my car. 17 I'm trying to change his mind. 18 I've been thinking about changing my major. 19 I've been thinking about taking up a new hobby. 20 I'm trying to figure out why she's mad at me.

 # I'm looking forward to...

~가 기대된다 ▶ Look forward to it.(기대해도 좋아.) 이런 말 들어 봤을 거예요. look forward to가 '~를 기대하다'라는 뜻이거든요. 여기서 to는 전치사이기 때문에 뒤에 명사 또는 동명사가 와야 합니다.

내일 볼 영화가 기대돼.
I'm looking forward to the movie tomorrow.

또 뵈면 좋겠네요.
I'm looking forward to seeing you again.

오늘 저녁 식사 기대하고 있어.
I'm looking forward to our dinner tonight.

여기 다시 오는 게 기대돼.
I'm looking forward to coming back here again.

우리 뉴욕으로 여행가는 거 기대돼.
I'm looking forward to our trip to New York.

A I'm looking forward to our trip to New York.
B So am I. I'm just so excited now.
A It's gonna be so much fun, you know.
B That's for sure.*

우리 뉴욕으로 여행가는 거 기대돼.
나도. 지금 너무 신나.
정말 재미있을 거야.
당연하지.

> * That's for sure. 당연하지.
> for sure는 '확실한', '당연한'이라는 뜻이에요. 어떤 걸 강조하여 맞다고 할 때 쓰는 말이죠. 유사 표현으로는 Without a doubt.이나 Certainly.가 있어요.

 # I'm just -ing...

난 그냥 ~하고 있어 ▶ 현재진행형에 just가 붙어서 '별 이유 없이 그냥 어떤 일을 하고 있다'는 뉘앙스를 전해요. 패턴 자체는 어렵지 않지만 막상 영작하려면 떠올리기 쉽지 않은 표현이니 반드시 외워 두세요.

그냥 물어보는 거야.
I'm just asking.

난 그냥 도와주려는 거야.
I'm just trying to help.

그냥 둘러보고 있어요.
I'm just browsing.*   browse(=look around) 둘러보다, 훑어보다

그냥 말이 그렇다는 거지.
I'm just saying.

그냥 친구 기다리고 있어.
I'm just waiting for my friend.

A What're you doing here?
B **I'm just waiting for my friend.**
A Aren't you cold? Get inside.
B I'm okay. He's supposed to be here anytime soon.
　　be supposed to ~하기로 되어 있다

A 여기서 뭐 해?
B 그냥 친구 기다리고 있어.
A 안 추워? 안에 들어가.
B 괜찮아. 친구 금방 올 거야.

★ **아이쇼핑은 콩글리시!**
쇼핑몰을 그냥 둘러보는 것'은 영어로 **window shopping**입니다. 아이쇼핑은 콩글리시예요. '그냥 둘러보고 있어요.'라고 말하려면 **I'm just browsing.**이나 **I'm just looking around.**라고 해요.

025 I'm feeling...

~한 기분이 들어 ▶ I feel이라고 말하는 것보다 I'm feeling이라고 말할 때 좀 더 자신의 기분이나 감정을 잘 전달할 수 있습니다. 동사는 현재형보다 현재진행형으로 쓸 때 지금 당장의 상황을 실감나게 전달한다고 생각하면 돼요.

몸이 좀 피곤하네.
I'm feeling a little tired.

요즘 부담감이 많이 느껴져.
I'm feeling a lot of pressure lately.

오늘은 몸이 더 괜찮아졌어.
I'm feeling better today.

나도 이제 늙었나 봐.
I'm feeling my age. feel one's age 나이를 느끼다

나 컨디션이 안 좋아.
I'm feeling under the weather.* under the weather 몸이 안 좋은

실전 대화

A Are you okay? You look sick.
B **I'm feeling under the weather.**
A Did you catch a cold or something?
B I'm afraid so.

catch a cold 감기에 걸리다

괜찮아? 아파 보이네.
나 컨디션이 안 좋아.
감기라도 걸린 거야?
그런 거 같아.

> ★ 날씨와 몸 상태
> 날씨가 흐리면 무릎이 아프거나 컨디션이 안 좋아지는 경우가 있죠? 이를 빗대어 사용하는 표현이 바로 **under the weather**입니다. 날씨 아래에 있는 느낌, 즉 컨디션이 안 좋다는 말이 되는 거죠.

연습문제 5

본문에 나온 예문을 모두 암기했나요? 무작위로 예문을 뽑아 대화를 만들었습니다. 외운 예문을 대화에 넣어서 말해 보세요. 효과적인 실전 연습이 됩니다.

01 A _____ 나도 이제 늙었나 봐.
   B Been there. It'll get worse once you hit my age. 나도 그랬어. 내 나이 되면 더 심해질 거야.

02 A _____ 내일 볼 영화가 기대돼.
   B Yeah. Me, too. I'm so excited. 응. 나도, 너무 신나.

03 A Can I help you find anything? 뭐 찾는 거 있으세요?
   B No thanks. _____ 괜찮아요. 그냥 둘러보고 있어요.

04 A Why not? I thought you wanted to hang out. 왜 안 돼? 놀고 싶어하는 줄 알았더니.
   B _____ 몸이 조금 피곤하네.

05 A _____ 우리 뉴욕으로 여행가는 거 기대돼.
   B I envy you so much. 너무 부럽다.

06 A _____ 요즘 부담감이 많이 느껴져.
   B Is it because of your wedding? 결혼식 때문에 그런 거야?

07 A Why do you wanna know? 왜 알고 싶은데?
   B No special reason. _____ 별다른 이유는 없어. 그냥 물어보는 거야.

08 A _____ 나 컨디션이 안 좋아.
   B Are you coming down with a cold or something? 감기라도 걸리려는 건가?

09 A What're you doing here? Get inside. 여기서 뭐 하는 거야? 안에 들어가.
   B _____ 그냥 친구 기다리고 있어.

10 A _____ 또 뵈면 좋겠네요.
   B Me, too. It was great meeting you. 저도요. 만나서 반가웠어요.

---

01 I'm feeling my age. 02 I'm looking forward to the movie tomorrow. 03 I'm just browsing. 04 I'm feeling a little tired. 05 I'm looking forward to our trip to New York. 06 I'm feeling a lot of pressure lately. 07 I'm just asking. 08 I'm feeling under the weather. 09 I'm just waiting for my friend. 10 I'm looking forward to seeing you again.

Unit 3 Are you

026	Are you going to/gonna...?	너 ~할 거야?
027	Are you done...?	~ 다 끝났어?
028	Are you interested in...?	~에 관심 있어?
029	Are you sure (that)...?	~가 확실해?
030	Are you -ing...?	너 ~할 거야?
031	Are you + 형용사...?	너 ~해?
032	Aren't you + 형용사...?	너 ~하지 않아?
033	Are you trying to...?	~하려는 거야?

 # Are you going to/gonna...?

너 ~할 거야? ▶ 비슷한 표현으로 Will you...?가 있죠. 일상 대화 시에는 주로 Are you going to...? 를 많이 쓰고, going to[고잉투]를 줄여서 gonna[고너]라고 읽습니다.

너 여자 친구 데리고 올 거야?
Are you going to bring your girlfriend?

너 이 TV 살 거야?
Are you going to buy this TV?

너 이거 주문할 거야?
Are you going to order this?

오늘 저녁에 남자 친구 데리고 올 거야?
Are you going to bring your boyfriend* tonight?

우리랑 저녁 같이 먹을 거야?
Are you going to join us for dinner?   join 함께하다, 합류하다

실전 대화

A **Are you going to order this pasta?**
B I don't know. What're you getting?
A I'm getting this chicken salad.

너 이 파스타 시킬 거야?
글쎄. 넌 뭐 시키려고?
난 이 치킨 샐러드 시킬 거야.

* **남자 친구 VS 남자인 친구**
boyfriend와 boy friend는 띄어쓰기 하나로 뜻이 달라집니다. boyfriend로 붙여 쓰면 연인을 말하고, boy friend는 그냥 친구를 말해요. 하지만 실제 말할 때는 발음이 거의 같기 때문에 대부분은 사귀는 사람을 뜻한다고 보시면 돼요.

027 Are you done...?

~ 다 끝났어? ▶ 이 패턴 뒤에는 동명사(동사+ing)나 명사가 주로 옵니다. 명사가 오는 경우에는 앞에 with가 붙는 경우가 많아요. '~를 다 끝내다', '~를 완료하다'와 같이 상황에 맞게 해석하세요.

다 했어?
Are you done?

네 방 청소 끝냈어?
Are you done cleaning your room?   clean 청소하다

오늘 할 일 다 끝난 거야?
Are you done for today?

일 다 끝냈어?
Are you done with your work?

음식 다 드신 거예요?
Are you done with your dish?   dish 접시, 요리

실전 대화

A **Are you done?**
B Almost. I should be done in five minutes, ten minutes, tops*.
A Take your time.* There's no rush.

다 끝났어?
거의. 5분에서 많이 걸려도 10분이면 끝낼 수 있을 거야.
천천히 해. 서두르지 않아도 돼.

* **tops**는 말 그대로 '최상'이라는 뜻입니다. 보통 숫자와 연관되면 '아무리 비싸도', '아무리 멀어도'와 같은 뉘앙스가 됩니다.
* **Take your time.** 은 직역하면 "너의 시간을 가져라."입니다. 필요한 만큼 시간을 충분히 갖고 일을 처리하라는 말이니 "천천히 해."라고 해석할 수 있어요.

 # Are you interested in...?

~에 관심 있어? ▶ interest(관심을 끌다)를 이용해 be interested in으로 쓰면 '관심을 갖다, 관심이 있다'라는 표현이 됩니다. in 뒤에는 명사 또는 동명사 형태가 옵니다.

버터 발음 [알유인터레스티드인] (X) [알유인춰레스틴] (O)

관심 있어?
Are you interested?

너 이거 할 마음 있어?
Are you interested in doing this?

여기서 풀타임으로 일할 생각 있어?
Are you interested in working full time here?

너 유학 갈 생각 있어?
Are you interested in studying abroad?   abroad 해외에

너 시계 새로 살 마음 있어?
Are you interested in buying a brand new watch?   brand new 새로운, 새것인

A **Are you interested in doing this?**
B I am. It looks tough, but I still wanna give it a try.
A That's the attitude.

'너 이거 할 마음 있어?'
응. 어려워 보이긴 하는데 그래도 한번 해 보려고.
바로 그 자세야.

tough 힘든, 어려운   attitude 태도, 자세

 # Are you sure (that)...?

~가 확실해? ▶ Are you sure 패턴 뒤에 원래는 that이 들어가지만 일반적으로 대화할 때는 생략합니다. 우리가 대화할 때 단어를 종종 생략하는 것과 같아요. 또 Are를 빼고 You sure로 묻는 경우도 많습니다. sure 대신 certain, positive를 넣어도 됩니다.

확실한 거야?
Are you sure?

그거 확실한 거야?
Are you sure about that?

너 정말 괜찮은 거야?
Are you sure you're okay?

너 이거 혼자 할 수 있는 거 확실해?
Are you sure you can do this alone?

제임스 오는 거 확실해?
Are you sure James is coming?

 실전 대화

A **Are you sure you're okay?** You look like hell.
B Well, I haven't slept a wink*.
A Go home and get some sleep.

hell 지옥

너 괜찮은 거 확실해? 상태가 정말 안 좋아 보이는데.
그게, 한 숨도 못 잤거든.
집에 가서 잠 좀 자.

 눈을 붙이지도 못했어
not sleep a wink는 잘 시간에 윙크를 한 번도 안 했다는 말로, 한숨도 자지 못했다는 뜻입니다.

030 Are you -ing...?

너 ~할 거야? ▶ 앞으로 있을 일은 will, be going to, be -ing로 표현할 수 있어요. 이 중에서 확실한 계획을 가지고 있을 때는 be -ing를 자주 씁니다. 확실한 계획은 주로 가까운 미래에 있게 마련이니 곧 어떤 일을 한다는 말로 이해하세요.

너 오늘 일해?
Are you working today?

너 오늘 어디 가?
Are you going anywhere today?

너 이번 주말에 뭐 재미있는 거 해?
Are you doing anything fun this weekend?

너 지금 일하러 갈 거야?
Are you taking off to work right now?   take off 떠나다

너 오늘 저녁에 우리 집에 밥 먹으러 올 거야?
Are you coming to my place for dinner tonight?

A **Are you doing anything fun this weekend?** 너 이번 주말에 뭐 재미있는 거 해?
B Yeah, I'm going to see a movie with my girlfriend. 응, 여자 친구랑 영화 볼 예정이야.
A Good for you.* 좋겠다.

＊ 상대방에게 "좋겠다.", "나 "잘됐다."라고 말할 때 쓰는 **Good for you.**는 영어적인 표현이라 직역하면 너무 어색해져요. 참고로 **Lucky for you.** (너 참 운이 좋다.)와 **I envy you.**(난 너한테 샘이 나.)도 알아두세요.

 # Are you + 형용사...?

너 ~해? ▶ 상대방의 '상태'가 어떤지 물을 때는 Are you 뒤에 그 상태에 맞는 형용사를 쓰면 됩니다. 물론 Are you 뒤에 a doctor와 같이 명사가 올 수도 있고요. 이때는 상대방의 신분, 존재에 대해 묻는 게 되겠죠.

너 추워?
Are you cold?

너 긴장했어?
Are you nervous?

너 실망한 거야?
Are you disappointed?   disappointed 실망한, 낙담한

너 졸려?
Are you sleepy?

너 미쳤어?
Are you crazy?

A **Are you sleepy?**
B Kind of.*
A What time did you go to bed last night?
B Around two a.m.

너 졸려?
약간.
어젯밤에 몇 시에 잤는데?
새벽 두 시 정도에.

> *kind of 약간, 조금
> a little이나 a little bit도 kind of와 같은 뜻이에요. 대신 kind of에는 실제로 그런지 아닌지 파악하기 애매한 뉘앙스가 있어요.
> A: Do you like her? 너 그 여자 좋아해?
> B: Kind of. (애매하게) 약간.

 # Aren't you + 형용사...?

너 ~하지 않아? ▶ 부정형과 의문문이 합쳐진 부정의문문입니다. 우리가 흔히 쓰는 '~하지 않아?', '~인 거 아니야?'로 해석하면 돼요. 이미 알고 있거나 맞다고 생각하는 일에 대해 확인하는 뉘앙스를 담고 있습니다.

버터 발음 [안트유] (X) [알은츄] (O) '알'은 강하게, '은'은 약하고 미끄러지듯 발음해요.

심심하지 않아?
Aren't you bored?

열 받지 않아?
Aren't you upset?

넌 걱정 안 돼?
Aren't you worried?

피곤하지 않아?
Aren't you tired?

영어 공부하는 거 지겹지 않아?
Aren't you tired of studying English? tired of ~에 질린

A **Aren't you upset?** 열 받지 않아?
B You bet* I am. 당연히 열 받지.
A What're you going to say to him? 걔한테 뭐라 그럴 거야?
B I don't know yet. 아직 모르겠어.

you bet 당연히, 틀림없이

＊ bet은 '도박에서 돈을 걸다'라는 뜻으로 You bet이라고 하면 '당연하다', '틀림없다'는 말입니다.
I bet you like her.
네가 그녀를 좋아한다고 (돈을 걸만큼) 확신해.

 # Are you trying to...?

~하려는 거야? ▶ 상대방이 하려는 일을 물어보고 싶다면 trying to가 제격입니다. 하지만 뒤에 부정적인 단어가 오면 상대방을 의심하는 말투로 변하니 주의하세요.

 [알유트라잉투] (X)　[알유츄라잉투/알유츄라이루] (O)

너 지금 나한테 거짓말하려는 거야?
Are you trying to lie to me?

너 지금 나하고 싸우자는 거야?
Are you trying to pick a fight with me?
pick a fight 싸움을 걸다

저한테 지금 바가지 씌우려는 거예요?
Are you trying to rip me off* here?　rip 사람 off 누구에게 바가지를 씌우다

너 나보고 결혼하지 말라고 말하려는 거야?
Are you trying to tell me not to get married?
get married 결혼하다

나한테 무슨 말인가 하려는 거야?
Are you trying to say something to me?

A: You did what? **Are you trying to lie to me?**
B: No, I'm not. What makes you say that?
A: What you're saying doesn't make sense at all.
  make sense 의미가 통하다; 이해가 되다

네가 뭘 했다고? 지금 나한테 거짓말하려는 거야?
아니거든. 왜 그렇게 말하는 건데?
네 얘기는 하나도 말이 안 돼.

* rip off는 '바가지를 씌우다'라는 동사이고 rip-off 하면 '바가지'라는 뜻의 명사가 돼요.
  I got ripped off. 나 바가지 썼어.
  That's a rip-off. 그거 완전 바가지야.

연습문제 6 본문에 나온 예문을 모두 암기했나요? 무작위로 예문을 뽑아 대화를 만들었습니다. 외운 예문을 대화에 넣어서 말해 보세요. 효과적인 실전 연습이 됩니다.

01　A _____　너 시계 새로 살 마음 있어?
　　B I was, but not anymore. 있었는데 지금은 없어.

02　A _____　넌 걱정 안 돼?
　　B How can I not? 어떻게 걱정 안 할 수가 있겠어?

03　A _____　너 지금 나한테 거짓말 하려는 거야?
　　B Of course not. 당연히 아니지.

04　A _____　너 여자 친구 데리고 올 거야?
　　B No, she's too busy. 아니, 걔는 너무 바빠.

05　A _____　너 이거 주문할 거야?
　　B I think so. It looks delicious, don't you think? 응. 맛있어 보이지 않냐?

06　A _____　네 방 청소 끝냈어?
　　B No, but I'm almost done. 아니요, 근데 거의 다 했어요.

07　A _____　음식 다 드신 거예요?
　　B I am. You can take that away. 네. (그릇) 가져가셔도 돼요.

08　A _____　너 이 TV 살 거야?
　　B I don't know. I'm still thinking. 모르겠어. 아직 생각 중이야.

09　A _____　관심 있어?
　　B Not really. It looks kind of boring to me. 딱히 없어. 난 좀 지루해 보여.

10　A _____　너 이거 할 마음 있어?
　　B I need to think about it some more. 좀 더 생각해 봐야겠어.

11 A _____   오늘 할 일 다 끝난 거야?
    B I am. Let's go out to drink. 응. 한잔 하러 가자.

12 A _____   너 실망한 거야?
    B Kind of. 약간.

13 A _____   영어 공부하는 거 지겹지 않아?
    B Not at all. It's still fun. 전혀. 여전히 재미있어.

14 A _____   확실한 거야?
    B You bet I am. 당연하지.

15 A _____   그거 확실한 거야?
    B Never been so sure! 정말 확실해!

16 A _____   너 이거 혼자 할 수 있는 거 확실해?
    B Of course I can. What do you take me for? 당연하지. 날 뭘로 보는 거야?

17 A _____   너 오늘 일해?
    B No. I have the day off today. 아니, 오늘 쉬는 날이야.

18 A _____   너 이번 주말에 뭐 재미있는 거 해?
    B Maybe, maybe not. 그럴 수도 있고, 안 그럴 수도 있고.

19 A _____   일 다 끝냈어?
    B Not yet. 아니, 아직.

20 A _____   너 긴장했어?
    B Of course. 당연하지.

21 A _____   너 졸려?
    B I'm half asleep. 나 반쯤 수면 상태야.

22 A _____   심심하지 않아?
    B I'm bored to death. 심심해 죽겠어.

64

23 A _____ 열 받지 않아?

B Very much so. Do I look that old? 무지 열 받아. 내가 그렇게 나이 들어 보여?

24 A _____ 너 지금 일하러 갈 거야?

B No, I'm not. I still have some time left. 아니. 아직 시간 좀 남았어.

25 A _____ 나한테 무슨 말인가 하려는 거야?

B No, I was just talking to myself. 아니야, 나 혼잣말했어.

26 A _____ 다 했어?

B Not even close. I need another hour or two. 한참 멀었어. 한두 시간 더 필요해.

27 A _____ 너 유학 갈 생각 있어?

B Who isn't? But the thing is I'm dirt poor. 없는 사람이 있나? 근데 문제는 내가 빈털터리라는 거야.

28 A _____ 너 나보고 결혼하지 말라고 말하려는 거야?

B You noticed? Then do you know why? 눈치 챘어? 그럼 왜 그런 건지 알아?

29 A I sold my house. 나 집 팔았어.

B What? _____ 뭐? 너 미쳤어?

30 A _____ 피곤하지 않아?

B Just a little bit. 좀 그러네.

---

01 Are you interested in buying a brand new watch? 02 Aren't you worried? 03 Are you trying to lie to me? 04 Are you going to bring your girlfriend? 05 Are you going to order this? 06 Are you done cleaning your room? 07 Are you done with your dish? 08 Are you going to buy this TV? 09 Are you interested? 10 Are you interested in doing this? 11 Are you done for today? 12 Are you disappointed? 13 Aren't you tired of studying English? 14 Are you sure? 15 Are you sure about that? 16 Are you sure you can do this alone? 17 Are you working today? 18 Are you doing anything fun this weekend? 19 Are you done with your work? 20 Are you nervous? 21 Are you sleepy? 22 Aren't you bored? 23 Aren't you upset? 24 Are you taking off to work right now? 25 Are you trying to say something to me? 26 Are you done? 27 Are you interested in studying abroad? 28 Are you trying to tell me not to get married? 29 Are you crazy? 30 Aren't you tired?

Unit 4 Can

034	I can't stand...	~를 못 참겠어
035	I can't believe...	~라니 믿을 수 없어
036	I can't stop -ing...	~를 멈출 수 없어
037	I can't tell...	~를 모르겠어
038	I can't understand why...	왜 ~인지 이해가 안 돼
039	I can't help but...	~할 수밖에 없어
040	Can I get you...?	~를 갖다 줄까?
041	Can I ask you...?	~좀 물어봐도 돼?
042	Can I borrow...?	~좀 빌려 줄래?
043	Can you tell me...?	~좀 알려 줄래?
044	Can you give me...?	~를 주시겠어요?

034 I can't stand...

~를 못 참겠어 ▶ stand(참다, 견디다)를 활용해서 이렇게 말하면 지긋지긋하게 짜증이 날 때의 감정을 잘 표현할 수 있습니다. 같은 의미로 put up with를 써도 되고요.

버터 발음 [아(이)캔트] I can't가 발음하기 어렵죠. '캔'은 강하게 'ㅌ'는 살짝 느낌만 내 주세요.

너 더 이상 못 봐주겠다.
I can't stand you anymore.

날씨가 너무 추워서 못 견디겠어.
I can't stand this cold weather.

듣자 하니 정말 못 참겠네.
I can't stand what you're saying.

너 그런 식으로 불평하는 거 지겹다.
I can't stand you complaining like that. complain 불평하다

이런 대접 받는 것도 지긋지긋해.
I can't stand being treated like this. treat (특정 태도로) 대하다

A **I can't stand you anymore.** You're too disgusting.
B You're the one to talk.* Why do you have to pick your nose all the time?
A Shut up.

　　disgusting 역겨운, 구역질나는　pick one's nose 코를 후비다

너 더 이상 못 봐주겠다. 넌 너무 더러워.
사돈 남 말 하시네. 넌 왜 맨날 코를 파는 건데?
조용히 해.

＊ **사돈 남 말하네**
You're the one to talk.은 '넌 그런 말을 할 자격이 없어.'라는 비꼬는 뉘앙스가 담겨 있어요. 좀 더 자연스럽게 표현하자면 '사돈 남 말하다'와 비슷합니다. Look who's talking. (누가 말하는지 좀 봐. = 사돈 남 말하네.)도 유사한 표현입니다.

 I can't believe...

~라니 믿을 수 없어 ▶ 강조할 때는 can't을 cannot이라고도 해요. can not을 띄어 쓰면 틀린 표기법이니 꼭 붙여 쓰세요. I can't believe...는 살짝 오버하며 말해야 얼마나 황당한지 잘 전달할 수 있습니다.

네 말을 믿을 수가 없다.
I can't believe you.

이거 믿기 힘든데.
I can't believe this.*

네가 진짜로 직장을 그만두다니.
I can't believe you actually quit your job.

내 눈이 의심스럽네.
I can't believe my eyes.

어떻게 그런 바보 같은 실수를 할 수 있어?
I can't believe you made such a dumb mistake.

dumb 멍청한   mistake 실수

A **I can't believe this.**   이거 믿기 힘든데.
B Can't believe what?   뭘 믿기 힘들어?
A Tom is getting married.   톰이 결혼을 한다네.

*I don't believe...와 I can't believe...는 둘 다 믿을 수 없다는 뜻이에요. don't가 (의심의 여지없이) 전혀 믿지 않는다는 뉘앙스라면 can't는 (100% 확신은 없이) 믿을 수가 없다는 뉘앙스입니다.

036 I can't stop -ing...

~를 멈출 수 없어 ▶ stop은 '하고 있는 것을 멈춘다'는 뜻으로 I can't stop...은 '하고 있는 ~를 멈출 수가 없다'는 의미입니다. 뒤에는 thinking, running 같은 동명사 형태를 붙여주면 됩니다.

생각을 멈출 수가 없어.
I can't stop thinking.

계속 먹게 되네.
I can't stop eating.

기말시험 걱정이 끊이질 않아.
I can't stop worrying about my finals.
final 기말이나 졸업 시험

왜 그런지 계속 궁금하네.
I can't stop wondering why.

이 프로그램을 계속 보게 되네.
I can't stop watching this show.

실전 대화

A You're eating too much.
B I know, but **I can't stop eating.** It's just too good.
A But still, it's bad for your health.

너 과식하고 있잖아.
아는데 멈출 수가 없네. 너무 맛있어.
아무리 그래도 건강에 안 좋아.

I can't tell...

~를 모르겠어 ▶ tell은 '말하다'라는 뜻뿐 아니라 '구분하다'라는 뜻으로도 자주 써요. 그래서 can't tell은 '구분할 수 없다', 즉 '모르겠다'라고 해석하면 됩니다.

이유는 말할 수 없어.
I can't tell you why.

어느 게 어느 건지 모르겠네.
I can't tell which is which.   which 어느 것

차이를 모르겠어.
I can't tell the difference.   difference 차이, 다름

그 애가 날 좋아하는지 아닌지 모르겠어.
I can't tell whether she likes me or not.   whether ~인지

그녀가 몇 살인지 잘 모르겠어.
I can't tell how old she is.

실전 대화

A Why did she change her mind all of a sudden?
B **I can't tell you why.**
A Why not?
B She told me not to tell anyone.

걔는 왜 갑자기 마음을 바꾼 거야?
이유는 말할 수 없어.
왜?
그 애가 아무한테도 말하지 말랬거든.

 # I can't understand why...

왜 ~인지 이해가 안 돼 ▶ 이 패턴은 이유가 도저히 납득이 안 된다는 뉘앙스를 담고 있어요. I can't understand the reason why...처럼 중간에 the reason을 넣으면 '이유'라는 뜻이 중복되어 뉘앙스를 더 강조할 수 있습니다.

 [아(이)캔트언덜스탠] 'ㅅ'는 빠르게 지나가듯 살짝 끼워 넣어요.

왜 그런지 이해가 안 돼.
I can't understand why.

왜 난 못 가는데 넌 갈 수 있는지 이유를 모르겠어.
I can't understand why I can't go, but you can.

그게 왜 그렇게 비싼 건지 이해가 안 돼.
I can't understand why it's so expensive.

왜 네가 걔를 차 버린 건지 이해가 안 가.
I can't understand why you dumped him.   dump (연인을) 차다

그녀가 왜 그렇게 나한테 화를 내고 가 버렸는지 이해가 안 가.
I can't understand why she stormed out on* me like that.

A Look at the price. It's 500 dollars.
B No way! **I can't understand why it's so expensive.**
A Me, neither.

가격 좀 봐. 500달러야.
말도 안 돼! 그게 왜 이렇게 비싼지 이해가 안 가네.
나도.

* **storm out on** (화를 내며) 뛰어 나가다
  직역하면 '폭풍이 휩쓸고 간다'는 뜻으로, 폭풍처럼 큰 소리를 내며 요란하게 나간다는 말이에요.

 **연습문제 7** 본문에 나온 예문을 모두 암기했나요? 무작위로 예문을 뽑아 대화를 만들었습니다.
외운 예문을 대화에 넣어서 말해 보세요. 효과적인 실전 연습이 됩니다.

01 A _____ 난 이 추운 날씨를 못 견디겠어.
B Tell me about it. It's just way too cold. 내 말이. 인간적으로 너무 추워.

02 A _____ 그녀가 몇 살인지 잘 모르겠어.
B She should be in her early 40s. 40대 초반 정도 됐을 거 같아.

03 A _____ 너 그런 식으로 불평하는 거 지겹다.
B I'm simply trying to state the facts. 그냥 있는 사실을 말하는 것뿐이야.

04 A _____ 왜 그런지 계속 궁금하네.
B I'm sure she has a very good reason for this. 걔도 이 부분에 관해서는 나름 이유가 있을 거야.

05 A I sold my house and got this Porsche. 나 우리 집 팔고 이 포르쉐 자동차 샀다.
B _____ 네 말을 믿을 수가 없다.

06 A _____ 이거 믿기 힘든데.
B Me, neither. How can something like this happen? 나도. 어떻게 이런 일이 일어날 수 있지?

07 A What were you thinking? Why did you do it? 무슨 생각으로 그런 거야? 왜 그랬어?
B _____ 이유는 말할 수 없어.

08 A _____ 내 눈이 의심스럽네.
B I'm so dumbfounded now. 난 지금 너무 어이가 없다.

09 A _____ 왜 난 못 가는데 넌 갈 수 있는지 이유를 모르겠어.
B I didn't make that decision. Peter did. 내가 결정한 게 아니라 피터가 결정한 거야.

10 A _____ 듣자 하니 정말 못 참겠네.
B Because I'm telling the truth? 내가 사실을 얘기해서?

11 A _____ 생각을 멈출 수가 없어.
    B About what? Don't tell me it's me. 무슨 생각? 설마 내 생각?

12 A _____ 계속 먹게 되네.
    B It's that good, huh? Let me try some. 그렇게 맛있어? 나도 좀 먹어 보자.

13 A _____ 너 더 이상 못 봐주겠다.
    B Look who's talking. 누가 할 소리를.

14 A _____ 네가 진짜로 직장을 그만두다니.
    B Hey, I had my own reasons. 야, 나도 나름 이유가 있었다고.

15 A What's the difference between these two? 이 두 개의 차이점이 뭐야?
    B Well, _____ 글쎄, 차이를 모르겠어.

16 A _____ 왜 그런지 이해가 안 돼.
    B Me, neither. What on earth was he thinking? 나도. 도대체 무슨 생각으로 그런 거야?

17 A _____ 그게 왜 그렇게 비싼 건지 이해가 안 돼.
    B Yeah, I know what you mean. Don't buy it. 응, 무슨 말인지 알아. 사지 마.

18 A _____ 어느 게 어느 건지 모르겠네.
    B They all look the same to me. 다 똑같아 보여.

19 A _____ 기말시험 걱정이 끊이질 않아.
    B Then go to your room and study. Geez. 그럼 네 방으로 가서 공부를 해. 참나.

20 A _____ 왜 네가 그를 차 버린 건지 이해가 안 가.
    B It was bound to happen anyway. 어차피 일어날 일이었어. *bound ~할 가능성이 큰

---

01 I can't stand this cold weather. 02 I can't tell how old she is. 03 I can't stand you complaining like that. 04 I can't stop wondering why. 05 I can't believe you. 06 I can't believe this. 07 I can't tell you why. 08 I can't believe my eyes. 09 I can't understand why I can't go, but you can. 10 I can't stand what you're saying. 11 I can't stop thinking. 12 I can't stop eating. 13 I can't stand you anymore. 14 I can't believe you actually quit your job. 15 I can't tell the difference. 16 I can't understand why. 17 I can't understand why it's so expensive. 18 I can't tell which is which. 19 I can't stop worrying about my final. 20 I can't understand why you dumped him.

 # I can't help but...

~할 수밖에 없어 ▶ 다른 선택의 여지가 없을 때 쓰는 말이에요. 이때 help는 우리가 흔히 아는 '돕다'란 의미가 아니고 '그만두다', '피하다'라는 뜻입니다. but도 '그러나'가 아니라 '~외에 / 밖에'란 뜻이에요. I can't help...는 직역하면 '(~하는) 것 외에는 어쩔 수가 없다'가 됩니다. but 뒤에는 동사원형이 온다는 것 잊지 마세요.

 [아(이)캔트헤읍벗] '헤'와 '읍'을 거의 붙여서 발음합니다.

기다리는 수밖에 없어.
I can't help but wait.

그냥 웃는 수밖에 없네.
I can't help but laugh.

왜 그런지 궁금하네.
I can't help but wonder why. wonder 궁금해하다

종일 이렇게 걱정하고 있어.
I can't help but worry like this all day.

난 여기서 시간을 낭비하고 있다고 생각할 수밖에 없어.
I can't help but think that I'm wasting my time here. waste 낭비하다

A I feel like I'm being used.
B Don't think like that.
A I'm trying not to, but **I can't help but feel this way.**

이용 당하고 있는 기분이야.
그렇게 생각하지 마.
안 그러려고 하는데 이런 생각만 들어.

 # Can I get you...?

~를 갖다 줄까? ▶ 일상생활에서 get은 정말 다양한 상황에서 여러 의미로 쓰여요. 상대방에게 무언가 갖다 줄지 물어보는 이 패턴에도 나오네요. get 대신 bring을 써도 되지만 get이 더 일반적입니다.

버터 발음 [캔아이겟유] (X) [캐나겟츄] (O)

뭐 마실 것 좀 갖다 줄까?
Can I get you something to drink?

커피 한 잔 줄까?
Can I get you a cup of coffee?

리필해 드릴까요?
Can I get you a refill?   refill 다시 채우다

뭐 다른 것 좀 갖다 드릴까요?
Can I get you anything else?

담요 좀 갖다 드릴까요?
Can I get you a blanket?   blanket 담요

A **Can I get you something to drink?** 뭐 마실 것 좀 갖다 줄까?
B Sure. What do you have?* 그래. 뭐 있어?
A I have water, milk, and orange juice. 물이랑 우유랑 오렌지 주스.
B I'll have water. 물 마실게.

★ 식당에 가서 어떤 메뉴가 있는지 물어볼 때 What do you have?라고 하면 됩니다. What kind of... do you have?라고 해도 되고요. 참고로 beer에는 원래 s가 붙지 않지만 한 캔, 한 병씩 셀 수 있기 때문에 단수와 복수를 구분해서 beers라고 말하는 경우도 많아요.

 # Can I ask you...?

~ 좀 물어봐도 돼? ▶ ask는 '질문하다'라는 뜻을 가진 동사입니다. 첫 예문인 Can I ask you something?은 정말 자주 쓰는 일상 표현이니 꼭 외워 두세요.

 [캐나애/큐] '스'를 살짝 발음하는 게 포인트~!

뭐 좀 물어봐도 돼?
Can I ask you something?

부탁 하나 해도 돼?
Can I ask you a favor?

무슨 일 있었는지 물어봐도 돼?
Can I ask you what happened?

길 좀 물어도 될까요?
Can I ask you for some directions?   direction 방향, 위치

개인적인 질문 하나 해도 될까?
Can I ask you a personal question?   personal 개인적인, 개인의

A **Can I ask you for some directions?**   길 좀 물어도 될까요?
B Sure. Where do you want to go?   물론이죠. 어디 가시려는 건가요?
A I want to go to the airport.   공항에 가고 싶어요.

 # Can I borrow...?

~ 좀 빌려 줄래? ▶ 살다 보면 누군가에게 뭔가 빌릴 일이 생기곤 하죠. 이럴 때는 동사 borrow(빌리다)를 활용하면 됩니다. lend(빌려주다)를 활용해서 Can you lend me...?라고 해도 같은 뜻이니 번갈아 사용해 보세요.

네 차 좀 빌릴 수 있을까?
Can I borrow your car?

펜 좀 빌릴 수 있을까?
Can I borrow your pen?

강의 노트 좀 빌릴 수 있을까?
Can I borrow your lecture notes?

돈 좀 빌릴 수 있을까?
Can I borrow some money?

너 잠깐 시간 있어?
Can I borrow you for a moment?* for a moment 잠시 동안

A **Can I borrow your pen?**   네 펜 좀 빌릴 수 있을까?
B Sure. Here you go.   그래. 여기 있어.
A Thanks.   고마워.

* 너를 빌리고 싶어!
Can I borrow you for a moment?는 '너를 잠깐 빌릴 수 있을까?'라는 뜻으로 '너 잠깐 시간 있어?'라고 해석하면 됩니다.

 Can you tell me...?

~ 좀 알려 줄래? ▶ 궁금한 것을 공손하고 조심스럽게 묻고자 할 때 많이 쓰는 패턴이에요. 뒤에는 주로 방법이나 이유, 장소 등을 나타내는 표현이 나옵니다.

화장실이 어디인지 좀 알려 주실래요?
Can you tell me where the restroom is?

이거 어떻게 하는지 좀 알려 줄래?
Can you tell me how to do this?

어떻게 하면 학교 성적을 잘 받을 수 있는지 알려 줄 수 있니?
Can you tell me how I can get good grades in school? grade 등급, 성적, 학점

이런 거 어디서 구할 수 있는지 좀 알려 줄래?
Can you tell me where I can get one of these?

제이디의 큰 비밀이라는 게 뭔지 말해 줄 수 있어?
Can you tell me what JD's big secret is?

A **Can you tell me how to do this?**
B Sorry, but I suck at this. Go ask Katie. She's pretty good at this.
A Better than you?
B Way better!*

suck (속어) 엉망이다, 형편없다

이거 어떻게 하는 건지 좀 알려 줄래?
미안한데 난 이거 너무 못해. 케이티한테 가서 물어봐. 걔는 이거 꽤 잘 하거든.
너보다 더?
훨씬 더!

> *** Way better! 훨씬 좋아!**
> **way**는 '훨씬'이라는 강조의 의미로, 구어체에서만 사용 가능한 표현이에요. It's way too expensive.처럼 강조를 나타내는 too까지도 한번 더 강조할 수 있는데, 이럴 때는 '너무 너무' 정도로 해석하면 됩니다.

 # Can you give me...?

~를 주시겠어요? ▶ 상대방에게 어떤 것을 요청하거나 부탁할 때 사용하는 패턴입니다. Can you보다 더 공손하게 말하고 싶을 때는 Will you라고 해요. 공손 지수를 더 높이고 싶으면 Could you나 Would you를 써서 말해봅시다.

잠깐만 기다려 줄래?
Can you give me a minute?

시간을 좀 더 줄래?
Can you give me some more time?

생각할 시간을 좀 줄래?
Can you give me some time to think?

이것 담을 것 좀 주실래요?
Can you give me a container for this? container 그릇, 용기

이거 가격 좀 할인해 줄 수 있나요?
Can you give me a little break* on this?
give a break on ~를 할인해 주다

- A Are you ready?
- B **Can you give me a minute?** I need to go get my things.
- A Sure, no problem.

준비 됐어?
잠깐만 기다려 줄래? 가서 짐 좀 챙겨 와야 해서.

그래, 알았어.

*give a break은 '봐주다'라는 말이에요. 가격을 흥정할 때 Give me a break on the price.라고 하면 가격을 봐달라 즉, 깎아 달라는 표현이 되겠죠. on 뒤에 깎아 줬으면 하는 물건을 넣으면 돼요.

연습문제 8 본문에 나온 예문을 모두 암기했나요? 무작위로 예문을 뽑아 대화를 만들었습니다.
외운 예문을 대화에 넣어서 말해 보세요. 효과적인 실전 연습이 됩니다.

01 A _____ 기다리는 수밖에 없어.
　　 B Just call him and ask what time he's coming over. 그냥 걔한테 전화해서 언제 올지 물어봐.

02 A _____ 잠깐만 기다려 줄래?
　　 B No problem. Take your time. 그래. 천천히 해.

03 A _____ 난 여기서 시간을 낭비하고 있다고 생각할 수밖에 없어.
　　 B Why is that? 왜 그런데?

04 A _____ 리필해 드릴까요?
　　 B Yes, please. 네, 해 주세요.

05 A _____ 화장실 어디인지 알려 주실래요?
　　 B Down the hall, first door to your right. 복도를 내려가서 오른쪽 첫 번째 문이에요.

06 A _____ 담요 좀 갖다 드릴까요?
　　 B Sure. Thanks. 네, 감사합니다.

07 A _____ 뭐 좀 물어봐도 돼?
　　 B Sure. 그래.

08 A _____ 커피 한 잔 줄까?
　　 B Oh, that would be great. 응, 그럼 좋지.

09 A _____ 무슨 일 있었는지 물어봐도 돼?
　　 B Sorry, it's way too embarrassing to tell. 미안, 얘기하기 너무 창피해.

10 A _____ 네 차 좀 빌릴 수 있을까?
　　 B I don't think so. 안 돼.

11	A	_____ 펜 좀 빌릴 수 있을까?
	B	Sorry, this is the only one I have. 미안, 나 이거 하나밖에 없어.

12	A	_____ 너 잠깐 시간 있어?
	B	Sure, what's going on? 응, 무슨 일인데?

13	A	_____ 이것 담을 것 좀 주실래요?
	B	Absolutely. Do you need one or two? 그럼요. 하나 드릴까요, 두 개 드릴까요?

14	A	_____ 제이디의 큰 비밀이라는 게 뭔지 말해줄 수 있어?
	B	I can't. I promised JD not to tell anyone. 안 돼. 아무한테도 말 안 한다고 제이디한테 약속했거든.

15	A	_____ 뭐 다른 것 좀 갖다 드릴까요?
	B	No, I'm good. 아니요, 괜찮아요.

16	A	_____ 이거 어떻게 하는지 좀 알려 줄래?
	B	I can, but it's gonna cost you some money. 알려 줄 수는 있는데 나한테 돈을 좀 내야 해.

17	A	_____ 개인적인 질문 하나 해도 될까?
	B	Okay, but let me hear it first. 응, 일단 들어보고.

18	A	_____ 생각할 시간을 좀 줄래?
	B	Of course. Take all the time you want. 그래. 충분히 시간 갖고 생각해.

19	A	_____ 왜 그런지 궁금하네.
	B	Mind your own business, will ya? 네 일이나 신경 쓰지 그래? *ya=you

20	A	_____ 그냥 웃을 수밖에 없네.
	B	It's better to laugh it off like that than to get angry. 화내는 것보다 그렇게 웃어넘기는 게 더 좋아.

---

01 I can't help but wait. 02 Can you give me a minute? 03 I can't help but think that I'm wasting my time here. 04 Can I get you a refill? 05 Can you tell me where the restroom is? 06 Can I get you a blanket? 07 Can I ask you something? 08 Can I get you a cup of coffee? 09 Can I ask you what happened? 10 Can I borrow your car? 11 Can I borrow your pen? 12 Can I borrow you for a moment? 13 Can you give me a container for this? 14 Can you tell me what JD's big secret is? 15 Can I get you anything else? 16 Can you tell me how to do this? 17 Can I ask you a personal question? 18 Can you give me some time to think? 19 I can't help but wonder why. 20 I can't help but laugh.

Unit 5 Do

045 Do you think I'm...? 내가 ~라고 생각해?
046 Do you have...? 너 ~ 있어?
047 Do you have any...? 너 혹시 ~ 있어?
048 Do you have some time to...? 너 ~할 시간 있어?
049 Do we have...? 우리 ~ 있어?

 # Do you think I'm...?

내가 ~라고 생각해? ▶ 일상 대화에서는 Do를 생략하고 You think I'm...?라고 묻는 경우도 많습니다. 미드나 영드에서 밥 먹듯이 자주 나오는 표현이니 꼭 알아 두세요.

 [두유씽크아임] (X) [드유씽캄](O) 정직한 '두'말고 약간 느끼한 '두/드'로 발음하세요.

나 살찐 거 같아?
Do you think I'm fat?

내가 따분하고 썰렁하다고 생각해?
Do you think I'm boring and lame?   lame 서투른, 변변치 않은

내가 잘못한 것 같아?
Do you think I'm wrong?

내가 짠돌이라고 생각해?
Do you think I'm cheap?*   cheap 싼, 인색한

내가 귀가 얇은가?
Do you think I'm gullible?   gullible 귀가 얇은, 사람 말을 잘 믿는

A **Do you think I'm cheap?**　　　　내가 짠돌이라고 생각해?
B To be honest?　　　　　　　　　　솔직하게 말해?
A Yeah, to be honest.　　　　　　　응, 솔직하게 말해.
B Yes, you're cheap all right.　　　　그래, 너 짠돌이 맞아.

* 돈 쓰는 습관을 나타내는 표현
　cheap 인색한　　cheapskate 구두쇠　　spender 돈을 쓰는 사람　　big spender 돈을 헤프게 쓰는 사람

046 Do you have...?

너 ~ 있어? ▶ 영어도 한국어에서처럼 '좀(some)'이라는 표현을 어디에나 잘 붙여 씁니다. Do you have...?에 some을 붙이면 '너 ~좀 있냐?'라는 말이 되겠죠. 또 이 패턴이 들어간 문장 맨 뒤에 by any chance를 붙이면 '혹시'라는 의미를 더할 수 있어요.

취미 있어?
Do you have a hobby?

얘기할 시간 좀 있어?
Do you have some time to talk?

너 현금 좀 가지고 있어?
Do you have some cash on you?   on you 네 수중에

빈 방이 있나요?
Do you have a vacancy?   vacancy 빈 객실

내가 써도 되는 여분의 펜 있어?
Do you have an extra pen I can use?   extra 추가의

A **Do you have some time to talk right now?** 지금 얘기할 시간 좀 있어?

B Now is not good. I'm actually in the middle of* something. 지금은 좀 그래. 내가 뭐 좀 하는 중이거든.

* in the middle은 '~중간에', '중심에'라는 뜻인데 '~하는 도중에'라고 해석할 수도 있어요.
  I'm in the middle of cooking dinner.
  지금 저녁밥을 만들고 있는 중이야.

 # Do you have any...?

너 혹시 ~ 있어? ▶ any는 '(혹시) 무슨, 어떤, 몇 개의'라는 뜻이에요. Do you have 뒤에 any를 붙이면 무언가 하나라도, 조금이라도 있는지 물어보는 어감을 살릴 수 있습니다.

혹시 질문 있습니까?
Do you have any questions?

혹시 형제자매는 있어?
Do you have any brothers or sisters?

너 주말에 무슨 계획 있어?
Do you have any plans for the weekend?

할 일 더 남은 거 뭐 있어?
Do you have any more work left to do?

혹시 왜 그런지 알아?
Do you have any idea why?

A **Do you have any idea why?**
B Your guess is as good as mine. Ask James. He might know.

guess 추측, 짐작

혹시 왜 그런지 알아?
모르기는 나도 마찬가지야. 제임스한테 물어봐. 걔가 알 수도 있어.

 # Do you have some time to...?

너 ~할 시간 있어? ▶ to 뒤에는 study나 talk과 같은 동사원형이 와서 to 부정사가 됩니다. some time to는 '~할 시간'이라고 해석하면 돼요.

버터 발음 〔두유해브썸〕(X) 〔드유햅썸〕(O)

너 오늘 시간 좀 있어?
Do you have some time today?

너 여기 잠깐 들를 시간 돼?
Do you have some time to stop by here briefly?
stop by ~에 잠시 들르다   briefly 잠시

너 오늘 나랑 브런치 먹을 시간 있어?
Do you have some time to have brunch* with me today?   brunch 아침 겸 점심

너 오늘 영화 보러 갈 시간 있어?
Do you have some time to go see a movie today?

너 나랑 마트에 갈 시간 돼?
Do you have some time to go to a grocery store with me?   grocery store 식료품점

A Do you have some time to have brunch with me tomorrow?
B It depends on what time.
A How about at eleven?
B Okay, eleven works for me.

너 내일 나랑 브런치 먹을 시간 있어?
몇 시에 먹는지에 따라 달라.
11시 어때?
응, 11시는 괜찮아.

---

*brunch는 breakfast와 lunch가 합쳐진 단어로, 늦은 아침식사이자 이른 점심식사를 뜻하는 말입니다. 1800년도 말 처음 영국에서 시작되어 1900년 초부터 미국에서도 많이 쓰게 되었다고 해요.

049 Do we have...?

우리 ~ 있어? ▶ 여러 명이 함께 있을 때 모든 사람을 포함시켜 말하고자 할 때는, 주어를 we라고 해야 합니다. 많이 틀리는 표현이니 주의하세요.

우리 오늘 수업 있어?
Do we have class today?

우리 내일까지 내야 하는 과제 있어?
Do we have any assignments due tomorrow?
assignment 과제, 임무   due (기한) ~까지

우리 저녁 먹을 시간 돼?
Do we have time for dinner?

우리 영화 보러 갈 시간 돼?
Do we have enough time to go see a movie?
enough 필요한 만큼의

우리가 가지고 있는 돈으로 여기서 밥 먹을 수 있어?
Do we have enough money to eat here?

실전 대화

A **Do we have time for dinner?**
B Not really. Sorry, but we have to finish this first.
A I understand.

우리 저녁 먹을 시간 돼?
아니. 미안한데 일단 이것부터 끝내야 해.
알겠어.

연습문제 9 본문에 나온 예문을 모두 암기했나요? 무작위로 예문을 뽑아 대화를 만들었습니다. 외운 예문을 대화에 넣어서 말해 보세요. 효과적인 실전 연습이 됩니다.

01 A _____ 내가 잘못한 것 같아?
  B I think you're wrong. 네가 잘못한 거 같아.

02 A _____ 얘기할 시간 좀 있어?
  B Sure, what is it? 응, 뭔데?

03 A _____ 내가 짠돌이라고 생각해?
  B Maybe, but you're not cheap cheap. 그렇긴 해도 심한 짠돌이는 아니야.

04 A I don't get it. _____ 이해가 안 되네. 혹시 왜 그런지 알아?
  B I have no clue. 전혀 모르겠어.

05 A _____ 너 오늘 나랑 브런치 먹을 시간 있어?
  B Are you buying? 네가 사는 거야?

06 A _____ 취미 있어?
  B I do. I love to play golf and tennis. 응. 골프랑 테니스 좋아해.

07 A _____ 우리가 가지고 있는 돈으로 여기서 밥 먹을 수 있어?
  B I don't think we do. 아니.

08 A _____ 혹시 질문 있습니까?
  B Not right now. 지금은 없습니다.

09 A _____ 너 수중에 현금 좀 가지고 있어?
  B Let's see. I have twenty dollars. Why? 어디 보자. 20달러 있어. 왜?

10 A _____ 혹시 형제 자매는 있어?
  B Yeah, I have one younger brother. 응, 남동생 하나 있어.

11 A ⬛⬛⬛ 우리 저녁 먹을 시간 돼?
    B We do. 응.

12 A ⬛⬛⬛ 너 할 일 더 남은 거 뭐 있어?
    B Nope. I'm done for today. 아니, 오늘 할 일은 다 끝냈어.

13 A ⬛⬛⬛ 나 살찐 거 같아?
    B Fat? You're all bones. 살이라니? 넌 뼈밖에 없어.

14 A ⬛⬛⬛ 너 오늘 시간 좀 있어?
    B I kind of do, but... 있기는 한데…

15 A ⬛⬛⬛ 내가 따분하고 썰렁하다고 생각해?
    B You? Not at all. 네가? 전혀 안 그래.

16 A ⬛⬛⬛ 너 여기 잠깐 들를 시간 돼?
    B What time? 몇 시에?

17 A ⬛⬛⬛ 너 오늘 영화 보러 갈 시간 있어?
    B Sure. What time is the movie? 응. 몇 시 영화야?

18 A ⬛⬛⬛ 내가 써도 되는 여분의 펜 있어?
    B Sorry, this is the only one I have. 미안, 이게 내가 갖고 있는 유일한 펜이야.

19 A ⬛⬛⬛ 우리 오늘 수업 있어?
    B No, we don't. 아니, 없어.

20 A ⬛⬛⬛ 넌 내가 귀가 얇다고 생각해?
    B Yep. That's why we call you Mr. Gullible. 응. 그래서 우리가 널 팔랑귀씨라고 부르잖아.

---

01 Do you think I'm wrong? 02 Do you have some time to talk? 03 Do you think I'm cheap? 04 Do you have any idea why? 05 Do you have some time to have brunch with me today? 06 Do you have a hobby? 07 Do we have enough money to eat here? 08 Do you have any questions? 09 Do you have some cash on you? 10 Do you have any brothers or sisters? 11 Do we have time for dinner? 12 Do you have any more work left to do? 13 Do you think I'm fat? 14 Do you have some time today? 15 Do you think I'm boring and lame? 16 Do you have some time to stop by here briefly? 17 Do you have some time to go see a movie today? 18 Do you have an extra pen I can use? 19 Do we have class today? 20 Do you think I'm gullible?

89

Unit 6 Don't

050	**Don't be so...**	그렇게 ~하지 좀 마
051	**Don't tell me...**	설마 ~한 거야?
052	**Don't even think about...**	~생각은 하지도 마
053	**Don't forget to...**	~하는 거 잊지 마
054	**Don't you think (that)...?**	~라고 생각 안 해?

050 Don't be so...

그렇게 ~하지 좀 마 ▶ so는 '그렇게', '너무'라는 뜻이 있어요. so와 too의 차이를 궁금해 하는 분들이 많은데, so는 부정적인 어감이 없지만 too는 '필요 이상으로 더 ~해서 부담스럽다'라는 부정적인 어감이 포함되어 있으니 구분해서 사용하면 됩니다.

나한테 그렇게 까칠하게 굴지 좀 마.
Don't be so cranky to me.

그렇게 순진하게 굴지 마.
Don't be so naive.   naive 순진한

그 애한테 너무 못되게 굴지 마.
Don't be so mean to her.   mean 못된, 심술궂은

그렇게 이기적으로 굴지 좀 마.
Don't be so selfish.   selfish 이기적인

너무 구두쇠처럼 그러지 좀 마.
Don't be so cheap.

A So? I don't care.
B **Don't be so selfish.** You know you're being selfish right now.
A Am I? I don't think so.

그래서? 난 상관 안 해.
그렇게 이기적으로 굴지 좀 마. 너 지금 이기적으로 굴고 있는 거 너도 알지?
내가? 아니거든.

051 Don't tell me...

설마 ~한 거야? ▶ 이 패턴을 직역하면 '~라고 내게 말하지 마'가 됩니다. 물론 이런 뜻으로도 쓰이지만, 어이가 없어서 '설마 ~한 거야?'라고 말할 때도 자주 사용합니다.

나한테 이래라저래라 하지 마.
Don't tell me what to do.

지갑을 깜먹고 안 가져왔다는 말은 하지 마.
Don't tell me you forgot to bring your wallet.
forget 잊어버리다

설마 너 또 늦잠 잔 거야?
Don't tell me you overslept again.   oversleep 늦잠 자다

설마 너 또 술 마신 거야?
Don't tell me you drank again.

너 설마 여자친구 생일을 몰랐던 거야?
Don't tell me you didn't know your girlfriend's birthday.

A Did you study for the test today?
B Oops!
A **Don't tell me you didn't know.**

오늘 시험 볼 거 공부 좀 했어?
앗!
설마 몰랐던 거는 아니겠지?

 # Don't even think about...

~생각은 하지도 마 ▶ even은 말하고자 하는 내용을 강조하는 역할을 합니다. Don't even think about...은 '~할 생각은 아예 하지도 마'로 경고하는 느낌이 강해지죠.

도망갈 생각은 하지도 마.
Don't even think about running away.　　run away 달아나다

내 여동생이랑 사귈 생각은 하지도 마라, 알았지?
Don't even think about dating my sister, okay?

내 피자 먹을 생각은 아예 하지도 마.
Don't even think about eating my pizza.

거짓말 할 생각은 하지도 마.
Don't even think about lying.

이 일 끝낼 때까지 집에 갈 생각은 아예 하지도 마.
Don't even think about going home before you finish this up.　　finish up 끝내다

A Can I take today off?
B **Don't even think about it.**
A Why not?
B Because there's no one to cover for you.
　　cover (누구의 일을) 대신하다

오늘 하루 쉬어도 될까요?
꿈도 꾸지 마.
왜요?
너 대신 일할 사람이 없잖아.

 # Don't forget to...

~하는 거 잊지 마 ▶ Don't forget to...는 해야 할 일을 부드럽게 상기시켜주는 패턴이에요. Don't you forget to...라고 중간에 you를 넣으면 강하게 당부하는 말이 됩니다. 명령문에 you가 들어가면 어감 자체가 200% 강해지기 때문이죠. Remember to...(~하는 거 기억해)라고 말해도 같은 뜻입니다.

문 잠그는 거 잊지 마.
Don't forget to lock the door.   lock 잠그다

불 끄는 거 잊지 마.
Don't forget to turn off the lights.   turn off (전원 등을) 끄다

이따 저녁에 나한테 전화하는 거 잊지 마.
Don't forget to call me later tonight.

나한테 알려 주는 거 잊지 마.
Don't forget to let me know.

나중에 꼭 좀 다시 말해 줘.
Don't forget to give me a reminder.
reminder (잊고 있던 일을) 상기시키는 것

A I'm heading out now. **Don't forget to lock the door.**
B I won't. When are you coming back?*
A Before 7.

나 지금 나가. 문 잠그는 거 잊지 말고.
안 잊어. 언제 돌아올 거야?
7시 전에.

* be동사+ing는 '~하고 있는 중이다'라는 진행 의미를 나타내는데요. 간혹 will이나 be going to처럼 미래시제로 해석할 수도 있습니다. 문장에 미래를 나타내는 단어가 있거나, 상황 상 미래를 나타내는 내용일 경우에 말이죠.
I'm having dinner with James tomorrow.
나 내일 제임스랑 저녁 먹어.

 # Don't you think (that)...?

~라고 생각 안 해? ▶ 부정의문문을 활용한 패턴이에요. 그냥 질문하는 것보다 자신의 의견을 피력하며 질문하는 뉘앙스가 강합니다. 상대방의 동의를 얻고 싶을 때 이렇게 물어보세요.

너 지금 과민 반응 보인다고 생각 안 해?
Don't you think you're overreacting?
overreact 과민 반응을 보이다

너 지금 좀 무례한 거 아니야?
Don't you think you're being rude?

그 사람은 너한테 너무 나이가 많은 거 아니야?
Don't you think he's too old for you?

이게 더 나아 보이지 않아?
Don't you think this looks better?

너무 매운 것 같지 않냐?
Don't you think it's too spicy?

A Try my soup. **Don't you think it's too spicy?**
B Not for me. I actually like spicy food.
A You do? I didn't know that.

내 스프 좀 먹어 봐. 너무 매운 것 같지 않아?

난 안 매운데. 난 사실 매운 음식 좋아하거든.

그래? 그건 몰랐네.

★ 맛을 표현하는 형용사
sour 시큼한 bitter 쓴 sweet 달콤한 sugary 설탕 맛이 강한, 달콤한 hot (원래 그 자체로) 매운
spicy (향신료가 들어가서) 매운 bittersweet 달콤 쌉싸름한

연습문제 10
본문에 나온 예문을 모두 암기했나요? 무작위로 예문을 뽑아 대화를 만들었습니다. 외운 예문을 대화에 넣어서 말해 보세요. 효과적인 실전 연습이 됩니다.

01 A So what? I don't care. 그래서 뭐? 난 상관 안 해.
B _____ 나한테 그렇게 까칠하게 굴지 좀 마.

02 A _____ 너 지금 좀 무례한 거 아니야?
B Oops, I'm sorry. I didn't realize that. 앗, 미안. 그런지 몰랐어.

03 A _____ 내 피자 먹을 생각은 아예 하지도 마.
B But I'm hungry. Let me have a slice. 근데 배고프단 말이야. 한 조각만 줘.

04 A _____ 그녀한테 너무 못되게 굴지 마.
B Okay. I'll try not to. 알았어. 안 그러려고 노력할게.

05 A _____ 너무 매운 것 같지 않냐?
B Not for me. 난 괜찮아.

06 A What? Today is Jenny's birthday? 뭐? 오늘이 제니 생일이라고?
B _____ 너 설마 여자 친구 생일을 몰랐던 거야?

07 A Sorry I'm late. It won't happen again. 늦어서 미안. 다신 늦는 일 없을 거야.
B _____ 설마 너 또 늦잠 잔 거야?

08 A _____ 너 지금 과민 반응 보인다고 생각 안 해?
B You're the one making me overreact. 네가 지금 날 과민 반응을 하게 만드는 거잖아.

09 A _____ 불 끄는 거 잊지 마.
B You know I won't. 당연히 안 까먹지.

10 A _____ 설마 너 또 술 마신 거야?
B Can you smell it on my breath? 입에서 술 냄새나?

11 A _____ 도망갈 생각은 하지도 마.
   B Don't worry. I won't. 걱정 마. 도망 안 가.

12 A _____ 이 일 끝낼 때까지 집에 갈 생각은 아예 하지도 마.
   B Don't worry about it. 걱정 마.

13 A _____ 문 잠그는 거 잊지 마.
   B Don't worry. I won't. 걱정 마. 안 까먹어.

14 A _____ 이따 저녁에 나한테 전화하는 거 잊지 마.
   B Okay. What time should I call you? 알았어. 몇 시에 전화할까?

15 A _____ 나중에 꼭 좀 다시 말해줘.
   B You know you can count on me. 나만 믿어.

16 A You're not gonna like what I'm about to say. 내가 하려는 말을 네가 안 좋아할 거 같은데.
   B _____ 지갑을 까먹고 안 가져왔다는 말은 하지 마.

17 A _____ 거짓말 할 생각은 하지도 마.
   B How did you know I was lying? 내가 거짓말 하는 거 어떻게 알았어?

18 A I don't care what he says. 걔가 뭐라고 하든 난 상관 없어.
   B _____ 그렇게 이기적으로 굴지 좀 마.

19 A _____ 이게 더 나아 보이지 않아?
   B I think so. And it's cheaper. You should get it. 그런 거 같아. 가격도 더 싸고. 하나 사.

20 A _____ 나한테 알려 주는 거 잊지 마.
   B Sure. I'll make sure to keep you updated. 알았어. 진행 상황 꼭 알려 줄게.

⁰¹ Don't be so cranky to me. ⁰² Don't you think you're being rude? ⁰³ Don't even think about eating my pizza. ⁰⁴ Don't be so mean to her. ⁰⁵ Don't you think it's too spicy? ⁰⁶ Don't tell me you didn't know your girlfriend's birthday. ⁰⁷ Don't tell me you overslept again. ⁰⁸ Don't you think you're overreacting? ⁰⁹ Don't forget to turn off the lights. ¹⁰ Don't tell me you drank again. ¹¹ Don't even think about running away. ¹² Don't even think about going home before you finish this up. ¹³ Don't forget to lock the door. ¹⁴ Don't forget to call me later tonight. ¹⁵ Don't forget to give me a reminder. ¹⁶ Don't tell me you forgot to bring your wallet. ¹⁷ Don't even think about lying. ¹⁸ Don't be so selfish. ¹⁹ Don't you think this looks better? ²⁰ Don't forget to let me know.

Unit 7 I don't

055 **I don't think...** ~인 것 같지 않아
056 **I don't want to/wanna...** ~하고 싶지 않아
057 **I don't care...** ~는 신경 안 써
058 **I don't know if...** ~인지 아닌지 모르겠어
059 **I don't understand...** ~를 이해할 수가 없어

055 I don't think...

~인 것 같지 않아 ▶ I don't think...는 흔히 '~인 것 같지 않아'로 해석해서 완곡하게 반대 의사를 표현한다고 생각하기 쉽지만, 사실은 꽤 확실한 부정의 의사를 보여 주는 말입니다.

버터 발음 [아돈띵크] 번데기 발음 '띵'에 주의하세요.

안 돼.
I don't think so.

비 안 올 텐데.
I don't think it's going to rain.

난 그렇게 나쁜 거 같지 않은데.
I don't think it's that bad.

나 거기에 제시간에 도착 못할 거 같아.
I don't think I can make it there on time.
make it 가다, 도착하다   on time 제시간에

너 그 여자랑 그만 만나라.
I don't think you should see her anymore.

실전 대화

A **I don't think I can make it there on time.**
B What time can you come then?
A Around seven, give or take* ten minutes.
around ~쯤

나 거기 제시간에 못 갈 거 같아.
그럼 몇 시에 올 수 있는데?
7시쯤인데, 10분 정도 일찍 가거나 늦을 수도 있어.

★ 그럴 수도 있고, 아닐 수도 있어
give or take는 단어 그대로 '그럴 수도 있고, 안 그럴 수도 있다'라는 말입니다. 오차 가능성이 있을 때 쓰는 표현이죠. 뒤에는 시간이나 가격, 거리 등이 옵니다.

 I don't want to/wanna...

~하고 싶지 않아 ▶ 영어를 배우는 목적 중에 가장 중요한 것이 바로 자신의 의사를 전달하는 일일 텐데요. 호불호를 정확히 말할 수 있도록 I don't want to/wanna... 패턴을 열심히 반복해서 읽고 말해 봅시다.

버터 발음 [아(이)돈원투/아(이)워너] don't이 '돈/론'의 중간 정도로 발음됩니다.

난 이 영화는 보고 싶지 않아.
I don't want to see this movie.

난 가고 싶지 않아.
I don't want to go.

이번엔 늦고 싶지 않단 말이야.
I don't want to be late this time.

그 얘기는 하고 싶지 않아.
I don't want to talk about it.

난 이제 널 보고 싶지 않아.
I don't want to see you anymore.

실전 대화

A **I don't want to see you anymore.**
B Why not? What did I do wrong?
A You cheated on me.

    cheat on 바람을 피우다

이젠 네 얼굴 보고 싶지 않아.
왜? 내가 뭘 잘못했는데?
너 바람 피웠잖아.

057 I don't care...

~는 신경 안 써 ▶ 이 패턴은 살짝 까칠한 느낌이어서 자주 쓰면 매사에 무관심한 사람으로 보일 수도 있습니다. 미드에서 I don't give a damn(난 전혀 신경 안 써).이라는 표현을 들어본 적 있나요? 이는 I don't care.의 거친 버전이라고 볼 수 있어요.

네가 뭘 원하든 난 신경 안 써.
I don't care what you want.

네 생각은 상관없어.
I don't care what you think.

네가 아프든 말든 상관없어.
I don't care whether you're sick or not.

비싸도 상관 안 해.
I don't care if it's expensive.

오늘이 걔 생일이든 아니든 난 관심 없어.
I don't care if today is his birthday or not.

실전 대화

A Why not?
B It takes too much time. And it's gonna cost us a lot of* money.
A **I don't care if it's expensive.**

왜 싫은데?
시간이 너무 많이 걸려. 돈도 많이 들고.

비싼 건 상관 없어.

* 많은 수나 양 표현하기
  a lot of   lots of   a ton of   tons of

 # I don't know if...

~인지 아닌지 모르겠어 ▶ if 뒤로 이어지는 내용에 대해 확신이 없다는 것을 표현하는 말이죠. if 대신 whether or not을 써도 됩니다.

 [아론노(우)] '우'는 거의 생략됩니다.

그녀가 좋다고 할지 모르겠어.
I don't know if she would say yes.

내가 이걸 할 수 있을지 모르겠어.
I don't know if I can do this.

내가 가야 하는 건지 모르겠네.
I don't know if I should go.

내가 이걸 제대로 하고 있는 건지 모르겠네.
I don't know if I'm doing this right.

걔가 나랑 계속 친구하고 싶은지 모르겠어.
I don't know if she wants to be my friend anymore.

실전 대화

A **I don't know if I can do this.**
B Come on, don't say things like* that. You'll do just great.
A Thanks for saying that.

내가 이걸 할 수 있을지 모르겠네.
야, 그런 소리 하지 마. 넌 잘할 거야.
그렇게 얘기해 줘서 고마워.

> *like ~처럼
> like는 전치사로 '~와 같이', '~처럼'이라는 뜻이에요. like that이라고 하면 '그처럼', '그 같은'이란 뜻이 되죠. 이처럼 like는 '좋아하다'라는 동사 말고도 전치사로도 자주 씁니다.

 I don't understand...

~를 이해할 수가 없어 ▶ 어떤 내용에 대해 납득하기 힘들 때 이 패턴으로 말해 보세요. I don't know, I don't get과 더불어 네이티브가 자주 사용하는 말이에요.

 [아론언덜스탠(ㄷ)] 뒤에 단어가 오면 'ㄷ'는 생략하는 편이에요.

난 이젠 널 이해할 수가 없어.
I don't understand you anymore.

네가 어떻게 까먹을 수가 있는지 이해가 안 된다.
I don't understand how you could forget.

내가 왜 이걸 다시 해야 하는지 모르겠어.
I don't understand why I have to do this again.

네가 무슨 말을 하려는 건지 모르겠어.
I don't understand what you're trying to say.

네가 왜 내 얘기를 안 들으려고 하는지 이해가 안 가.
I don't understand why you wouldn't listen to me.

실전 대화

A **I don't understand how you could forget.**
B Sorry. It completely slipped my mind.
A That's not a good excuse.

네가 어떻게 까먹을 수가 있는지 이해가 안 된다.
미안해. 완전 깜빡하고 있었네.
그게 좋은 핑계 같지는 않다.

slip one's mind 깜빡 잊다 excuse 핑계

 연습문제 11 본문에 나온 예문을 모두 암기했나요? 무작위로 예문을 뽑아 대화를 만들었습니다.
외운 예문을 대화에 넣어서 말해 보세요. 효과적인 실전 연습이 됩니다.

01 A Can I hold on to your laptop until tomorrow? 내일까지 내가 네 노트북 써도 돼?
   B _____ 안 돼.

02 A _____ 나 거기에 제시간에 도착 못할 거 같아.
   B It's okay. I'm gonna be late, too. 괜찮아. 나도 늦을 거야.

03 A _____ 네가 어떻게 까먹을 수가 있는지 이해가 안 된다.
   B Sorry. That's all I can say. 미안해. 그 말밖에 할 말이 없네.

04 A _____ 난 이 영화는 보고 싶지 않아.
   B Why not? I heard it's pretty good. 왜? 꽤 재미있다고 하던데.

05 A _____ 내가 이걸 할 수 있을지 모르겠어.
   B Come on. Trust yourself a little more. 왜 그래. 네 자신을 좀 더 믿어 봐.

06 A It looks like it's going to rain. 비가 올 것 같네.
   B _____ 비 안 올 텐데.

07 A _____ 난 이제 널 보고 싶지 않아.
   B Right back at you, you jerk. 내가 할 말이야, 이 나쁜 놈아.

08 A _____ 네가 무슨 말을 하려는 건지 모르겠어.
   B That's because you're not paying attention. 네가 집중을 안 하니까 그렇지.

09 A Today's JD's birthday. 오늘 제이디 생일이야.
   B So? _____ 그래서? 오늘이 걔 생일이든 아니든 난 관심 없어.

10 A What about what I want? 내가 원하는 건 어떻게 할 건데?
   B _____ 네가 뭘 원하든 난 신경 안 써.

11 A I'm thinking about returning this shirt. 이 셔츠 환불하려고.
   B _____ Try it on. 그렇게 나쁜 거 같지 않은데. 입어 봐.

104

12 A I don't think it's a good idea. 좋은 생각 같지가 않아.
　　B _____ 네 생각은 상관 없어.

13 A It's just too expensive to buy it right now. 지금 그것을 사기에는 너무 비싸.
　　B _____ 비싸도 상관 안 해.

14 A _____ 난 가고 싶지 않아.
　　B Why not? Come on, let's go. 왜? 야, 가자.

15 A _____ 걔가 나랑 계속 친구하고 싶은지 모르겠네.
　　B Why not? Did you do something wrong to her? 왜? 걔한테 뭐 잘못이라도 한 거야?

16 A Give me five more minutes. 5분만 더 줘.
　　B Hurry up already. _____ 좀 서둘러. 이번엔 늦고 싶지 않단 말이야.

17 A _____ 내가 이걸 제대로 하고 있는 건지 모르겠네.
　　B You're doing just fine. Good job! 잘 하고 있네. 잘했어!

18 A _____ 난 이젠 널 이해할 수가 없어.
　　B I didn't expect you to understand me in the first place. 애초에 네가 날 이해하길 기대하지도 않았어.

19 A _____ 내가 가야 하는 건지 모르겠네.
　　B Why not? 왜?

20 A _____ 내가 왜 이걸 다시 해야 하는지 모르겠어.
　　B Why? Because I say so. 왜냐고? 내가 하라고 하니까.

⁰¹ I don't think so. ⁰² I don't think I can make it there on time. ⁰³ I don't understand how you could forget. ⁰⁴ I don't want to see this movie. ⁰⁵ I don't know if I can do this. ⁰⁶ I don't think it's going to rain. ⁰⁷ I don't want to see you anymore. ⁰⁸ I don't understand what you're trying to say. ⁰⁹ I don't care if today is his birthday or not. ¹⁰ I don't care what you want. ¹¹ I don't think it's that bad. ¹² I don't care what you think. ¹³ I don't care if it's expensive. ¹⁴ I don't want to go. ¹⁵ I don't know if she wants to be my friend anymore. ¹⁶ I don't want to be late this time. ¹⁷ I don't know if I'm doing this right. ¹⁸ I don't understand you anymore. ¹⁹ I don't know if I should go. ²⁰ I don't understand why I have to do this again.

105

Unit 8 It

060	**It's just that...** 그냥 ~일 뿐이야	
061	**It's time to...** ~할 때야	
062	**It's not like I...** 내가 ~한 건 아니야	
063	**Is it okay if I...?** 내가 ~해도 될까?	
064	**Is it true (that)...?** ~라는 게 정말이야?	
065	**Is it possible to...?** ~하는 게 가능할까?	
066	**Is it + 날씨 형용사 + outside?** 밖에 날씨가 ~해?	
067	**It doesn't matter...** ~하든 상관없어	
068	**It's way too...** 너무 ~해	
069	**It's good to...** ~해서 좋다	
070	**It's almost...** 그건 거의 ~해	

 It's just that...

그냥 ~일 뿐이야 ▶ 이 패턴은 어떤 피치 못할 이유가 있다는 뉘앙스를 풍기는 말입니다. that 뒤에는 그 '이유'가 오고요.

 [저스트댓] (X) [저슷댓] (O)

그냥 걷기에는 너무 멀어서 그래.
It's just that it's too far to walk.

그냥 너무 비싸네.
It's just that it's too expensive. expensive 비싼

그냥 나 오늘 몸이 많이 안 좋아서 그래.
It's just that I'm really sick today.

그냥 내가 지금 빈털터리라서.
It's just that I'm broke right now. broke 무일푼의, 빈털터리인

난 그냥 좀 걱정이 돼서.
It's just that I'm a little* worried.

실전 대화

A Can we do this some other time?
B Why?
A **It's just that I'm a little tired.**

이건 다음 번에 하면 안 될까?
왜?
그냥 내가 좀 피곤해서.

★ 적은 수나 상태 표현
a little 조금, 약간   a little bit 조금, 약간   a bit 조금, 약간

061 It's time to...

~할 때야 ▶ 이태리의 팝페라 가수 안드레아 보첼리의 Time to say Goodbye란 노래를 아시나요. 앞에 It's가 생략됐는데 '안녕이라는 말을 할 시간이다'란 뜻입니다. 이처럼 time to는 어떤 일을 해야 할 시기와 시간이 다가왔음을 표현하는 말이에요. 비슷한 뜻으로 It's time that...을 써도 괜찮습니다.

잘 시간이야.
It's time to go to bed.   go to bed 자러 가다

제대로 공부 좀 할 때가 됐어.
It's time to hit the books.   hit the books 맹렬히 공부하다

이제 다시 일하러 가볼까.
It's time to get back to work.   get back to[into] ~로 돌아가다

저녁 먹을 시간 됐어.
It's time to have dinner.

그녀에게 솔직히 말할 때가 됐어.
It's time to tell her the truth.

실전 대화

A **It's time to have dinner.** 　저녁 먹을 시간이야.
B What's for dinner? 　저녁 메뉴가 뭐야?
A Pizza with chicken wings. 　피자랑 치킨 윙.

 It's not like I...

내가 ~한 건 아니야 ▶ "나 거기 안 갈래. 별로 가고 싶었던 것도 아니고." 이런 말 흔하게 하죠? It's not like I...를 활용해서 약간의 여운을 남기는 말을 네이티브처럼 자연스럽게 해 봅시다. 패턴 앞뒤에 이유나 설명을 잊지 말고 넣어 주세요.

 버터 발음 [잇츠낫라잌/잇ㅅ낫라잌] '잇'을 강하게 발음하면 'ㅊ', 약하게 발음하면 'ㅅ'가 돼요.

내가 가기 싫은 건 아니야.
It's not like I don't want to go.

지금 내 자금 사정상 그걸 감당할 수가 없어.
It's not like I can afford it right now. afford (금전적) 여유가 되다

난 지금 그게 필요한 건 아니야.
It's not like I need it right now.

난 지금 엄청 배고픈 것도 아니니까.
It's not like I'm starving* right now.

내가 그 일을 아주 많이 원했던 것도 아닌데, 뭐.
It's not like I wanted that job badly. badly 매우, 몹시

실전 대화

A Aren't you gonna buy this?
B Nah, **it's not like I need it right now.**
A How about this one?
B I don't need it, either.

너 이거 안 사?
응, 지금 당장 필요한 것도 아니고.
이건?
그것도 필요 없어.

* I'm starving. vs. I'm starved.
  형태는 다르지만 둘 다 '배고파 죽겠어.'라는 의미로 씁니다.

063 Is it okay if I...?

내가 ~해도 될까? ▶ Can I...?라는 허락을 구하는 직접적인 말도 있지만 더 정중하게 표현할 때 이 패턴을 사용하세요. 조심스럽게 묻는다면 허락을 받을 가능성이 조금이라도 높아질지 모르니까요.

나중에 내가 다시 전화해도 될까?
Is it okay if I call you back later?

네 핸드폰 잠깐만 써도 될까?
Is it okay if I use your cell phone real quick?

내가 따라가도 돼?
Is it okay if I tag along?*

채널 돌려도 돼?
Is it okay if I change the channel?

100달러짜리 지폐로 지불해도 되나요?
Is it okay if I pay with a hundred dollar bill?
pay with ~로 지불하다

A I'm off to work.
B **Is it okay if I tag along?**
A To my work?
B Actually, there's a shopping mall I want to go to. It's nearby your work.

회사에 다녀올게.
나 따라가도 돼?
우리 회사에?
아니, 가고 싶은 쇼핑몰이 있어서. 그게 너희 회사 근처야.

* **tag along** 따라가다
물건에 늘 붙어있는 **tag**(가격표, 꼬리표)처럼 '따라 가다'라는 의미를 가진 구어체 표현이에요.

 # Is it true (that)...?

~라는 게 정말이야? ▶ 상대방에게 사실 여부를 확인할 때 주로 사용하는 패턴입니다. 뒤에 that이 나올 수도 있지만 강조 목적이 아니라면 생략하는 것이 일반적이에요.

 [이즈잇트루] (X) [이짓츄루] (O)

사실이야?
Is it true?

너희 둘 헤어진 게 사실이야?
Is it true you two broke up?   break up 끝나다, 헤어지다

너 회사 잘렸다는 게 정말이야?
Is it true you got fired?

너 진짜로 프러포즈한 거야?
Is it true you popped the question?*

너 진짜로 톰 크루즈랑 친구 사이야?
Is it true you're friends with Tom Cruise?
be friends with ~와 친하다

실전 대화

A: **Is it true you popped the question?**   너 진짜로 프러포즈한 거야?
B: I did.   응.
A: What did she say?   걔가 뭐래?
B: She said yes.   좋대.

* pop the question 청혼을 하다
이 표현은 pop(꺼내다, 터트리다)과 question(질문)이 합쳐져서 갑자기 질문을 한다는 뜻인데요, '일생일대의 중요한 질문=결혼'이란 비유에서 '청혼을 하다'라는 의미가 됐습니다.

 **연습문제 12** 본문에 나온 예문을 모두 암기했나요? 무작위로 예문을 뽑아 대화를 만들었습니다. 외운 예문을 대화에 넣어서 말해 보세요. 효과적인 실전 연습이 됩니다.

01 A _____ 다시 일하러 갈 시간이네.
    B Oh, it's already one o'clock? 아, 벌써 1시야?

02 A You don't like this? 이거 맘에 안 들어?
    B No, _____ 응, 그냥 너무 비싸네.

03 A You're not going? Why not? 안 갈 거야? 왜?
    B I want to go, but _____
    가고 싶은데 그냥 나 오늘 몸이 많이 안 좋아서 그래.

04 A Is something bothering you? 뭔가 걸리는 게 있어?
    B _____ That's all. 그냥 걱정이 좀 돼서. 그래서 그래.

05 A _____ 너희 둘 헤어진 게 사실이야?
    B Yeah, but how did you know? 응, 근데 어떻게 알았어?

06 A _____ 너 진짜로 프러포즈한 거야?
    B Yep, I finally did. 응, 드디어 했어.

07 A _____ 그냥 걷기에는 너무 멀어서 그래.
    B Then let's take a taxi. 그럼 택시 타자.

08 A _____ 잘 시간이야.
    B Already? But it's not even nine o'clock yet. 벌써요? 근데 아직 9시도 안 됐는데요.

09 A _____ 그녀에게 솔직히 말할 때가 됐어.
    B What if she hates me for telling the truth? 솔직히 말한다고 날 미워하면 어쩌지?

10 A _____ 내가 따라가도 돼?
    B I'll have to stop by the drugstore on the way back. Is that okay?
    나 오는 길에 약국 좀 들러야 해. 괜찮겠어?

112

11 A Oh, you're not buying this? 아, 너 이거 안 살 거야?
    B Nah. It's not like I can afford it right now. 응, 지금 내 자금 사정상 감당할 수가 없어.

12 A You can hold onto it if you want. It's not like I need it right now.
       원하면 그거 가지고 있어. 난 지금 그게 필요한 건 아니야.
    B Can I? Thanks. 그래도 돼? 고마워.

13 A Is it okay to have dinner after we finish this? 이거 끝낸 다음에 저녁 먹어도 될까?
    B Not a problem. It's not like I'm starving right now.
       괜찮아. 난 지금 엄청 배고픈 것도 아니니까.

14 A It's time to have dinner. 저녁 먹을 시간 됐어.
    B That's a good idea. I'm starving now. 좋은 생각이야. 나 지금 엄청 배고파.

15 A Is it okay if I call you back later? 나중에 다시 전화해도 될까?
    B Yeah, it's okay. You can call me anytime you want. 응, 괜찮아. 아무 때나 전화 줘.

16 A Is it okay if I pay with a hundred dollar bill? 100달러짜리 지폐로 지불해도 되나요?
    B Let me check if we have enough change. 잔돈이 충분한지 확인 좀 해볼게요.

17 A It's not like I don't want to go. 내가 가기 싫은 건 아니야.
    B Then what is it? 그럼 뭔데?

18 A Is it true? 사실이야?
    B You heard me. 네가 들은 대로야.

19 A Is it true you're friends with Tom Cruise? 너 진짜로 톰 크루즈랑 친구 사이야?
    B I am. If you want his autograph, I can get you one. 응, 사인 원하면 내가 하나 받아줄 수 있어.

20 A Is it okay if I change the channel? 채널 돌려도 돼?
    B Hello? I'm watching it now. 야, 나 이거 지금 보고 있거든.

---

01 It's time to get back to work. 02 it's just that it's too expensive. 03 it's just that I'm really sick today. 04 It's just that I'm a little worried. 05 Is it true you two broke up? 06 Is it true you popped the question? 07 It's just that it's too far to walk. 08 It's time to go to bed. 09 It's time to tell her the truth. 10 Is it okay if I tag along? 11 It's not like I can afford it right now. 12 It's not like I need it right now. 13 It's not like I'm starving right now. 14 It's time to have dinner. 15 Is it okay if I call you back later? 16 Is it okay if I pay with a hundred dollar bill? 17 It's not like I don't want to go. 18 Is it true? 19 Is it true you're friends with Tom Cruise? 20 Is it okay if I change the channel?

065 Is it possible to...?

~하는 게 가능할까? ▶ 영화 미션 임파서블(Mission Impossible) 덕분에 우리에게도 익숙한 단어 possible을 활용한 패턴입니다. to 뒤에는 동사원형을 써야 해요. 참고로 Mission Impossible은 '불가능한 임무'란 뜻입니다.

이 얘긴 나중에 해도 될까?
Is it possible to talk about this later?

이거 반품하고 다른 걸로 가져가도 될까요?
Is it possible to return this and get a different item? return 돌려주다, 반품하다

주문을 변경할 수 있을까요?
Is it possible to change my order?

시간을 하루 이틀 더 줄 수 있어?
Is it possible to give me an extra day or two?
extra 추가의

나중에 다시 와 줄 수 있을까?
Is it possible for you **to** come back later?

실전 대화

A **Is it possible for you to come back later this afternoon?**
B This afternoon is not good. I have a doctor's appointment.
A Oh... How about tomorrow morning then?

이따 오후에 다시 와 줄 수 있어?
이따 오후는 안 되는데. 병원 예약이 있어서.
어… 그럼 내일 아침은 어때?

 # Is it+날씨 형용사+outside?

밖에 날씨가 ~해? ▶ 날씨는 가짜 주어 it을 써서 말합니다. 만국 공통의 일상적인 대화 주제이니 입에 붙도록 자주 쓰는 날씨 표현 몇 가지를 꼭 외워두세요.

버터 발음 [이즈잇] (X) [이짓] (O)

밖에 추워?
Is it cold *outside*?

밖에 쌀쌀해?
Is it chilly *outside*?   chilly 쌀쌀한, 추운

밖에 아직도 바람 불고 많이 추워?
Is it still windy and freezing *outside*?   freezing 꽁꽁 얼게 추운

밖에 아직 더워?
Is it still hot *outside*?

밖에 아직 비 와?
Is it still raining *outside*?

 실전 대화

A **Is it cold outside?**   밖에 추워?
B A little, but it's not as bad as yesterday.   약간, 근데 어제만큼은 아니야.
A Cool.   잘됐네.

★ 날씨 표현
foggy 안개가 많이 낀   warm 따뜻한   sunny 화창한   cloudy 흐린, 구름이 많이 낀   overcast 흐린, 구름이 많이 낀
scorching hot 더워서 푹푹 찌는

 # It doesn't matter...

~하든 상관없어 ▶ 원래는 뒤에 to me가 붙지만 주로 생략하고 말해요. 주어가 I는 아니지만 난 별로 신경 쓰지 않는다는 뜻입니다. I don't care...처럼 쓰면 됩니다.

 [잇더즌매럴] not은 축약되면서 발음이 약해져요.

우리가 뭘 먹든 상관없어.
It doesn't matter what we eat.

가격은 상관없어.
It doesn't matter how much it costs.   cost (비용이) 들다

네가 어떻게 생각하든 상관없어.
It doesn't matter what you think.

몇 시든 상관없어.
It doesn't matter what time.

어디서 먹든 상관없어.
It doesn't matter where we eat.

실전 대화

A Where do you want to eat?
B I'm okay with any place.
A Any preference?
B Not really. I mean **it doesn't matter where we eat.**

어디에서 밥 먹고 싶어?
난 아무 데나 괜찮아.
선호하는 곳 있어?
딱히 없어. 어디에서 먹든 상관없다는 말이지.

preference 선호, 선호하는 것

068 It's way too...

너무 ~해 ▶ too 앞에 way를 붙이면 원래의 '너무 ~한'이란 의미를 한 번 더 강조하게 돼요. 여기서 way는 우리가 흔히 아는 '길', '방법'이라는 뜻의 명사가 아니라 '훨씬', '아주', '너무'란 뜻의 부사랍니다.

이거 너무 어렵다.
It's way too hard. <small>hard 단단한, 어려운</small>

나한텐 너무 비싸.
It's way too expensive for me.

내 입에는 너무 맵다.
It's way too spicy for my taste. <small>taste 맛, 입맛</small>

사과하기엔 너무 늦었어.
It's way too late to apologize. <small>apologize 사과하다</small>

오늘 날씨가 외출하기엔 너무 덥다.
It's way too hot to go out today.

실전 대화

A: I heard you're studying French. How's it going?
너 불어 공부한다고 하던데. 어떻게 되어 가?

B: It's not going anywhere*. **It's way too hard for me.**
전혀 진전이 없어. 나한텐 너무 어려워.

*go anywhere(어디든 가다)는 not을 붙여 부정형이 되면 '어디에도 못 가다', 즉 어떤 일이나 상황이 '진전이 없다'라고 해석할 수 있어요.

069 It's good to...

~해서 좋다 ▶ 반가운 마음을 표현하는 대표 패턴이에요. good 대신 nice나 great을 넣어서도 말해 보세요. 영어 인사로 처음 배우는 Nice to meet you.(만나서 반가워요)도 앞에 It's가 생략된 것입니다.

만나서 반가워.
It's good to meet you.

다시 보니 반갑다.
It's good to see you again.

집에 돌아오니 좋다.
It's good to be back home.

네 소식 들으니 반갑다.
It's good to hear from you.　　hear from ~로부터 연락을 받다, 소식을 듣다

목소리 들으니까 반갑다.
It's good to hear your voice.

실전 대화

A   James, this* is May. May, this is James.
B   Hi, James. **It's good to meet you.**
C   Hi, May. It's good to meet you, too.

제임스, 이쪽은 메이야. 메이, 이쪽은 제임스야.
안녕, 제임스. 만나서 반가워.
안녕, 메이. 나도 반가워.

> *** 사람을 가리키는 this**
> this는 '이쪽'이라고 해석할 수도 있습니다. 한국어에서 사람을 '이쪽'이라고 가리킬 수 있는 것처럼 영어도 마찬가지예요. this로 가까운 쪽에 있는 사람을 지목할 수 있습니다.

070 It's almost...

그건 거의 ~해 ▶ almost는 시간이나 현상, 상태가 무언가에 굉장히 가깝다는 뜻이에요. 약속 시간에 늦었을 때 하는 대표적 거짓말 "거의 다 왔어."는 I'm almost there.라고 하면 됩니다.

거의 12시 다 됐어.
It's almost noon.   noon 정오, 낮 12시

이제 거의 11월이다.
It's almost November.

거의 잘 시간이 됐어.
It's almost bedtime.

한 개에 거의 10달러야.
It's almost 10 dollars each.

거의 끝나가.
It's almost over.   over 끝이 난

실전 대화

A This movie is super boring.
B **It's almost over.**
A I don't think I can sit through this one.
B Hang in there* a little bit more.
    hang in there 버티다, 견디다

이 영화 너무 지루해.
거의 다 끝났어.
끝까지 앉아 있지 못할 거 같아.
조금만 더 버텨봐.

* hang in there 버티다
  hang은 '매달리다', in there은 '그 쪽에'라는 말로 해석하면 '그 쪽에 매달려라' 즉, '버텨라'라는 뜻입니다.

119

연습문제 13

본문에 나온 예문을 모두 암기했나요? 무작위로 예문을 뽑아 대화를 만들었습니다. 외운 예문을 대화에 넣어서 말해 보세요. 효과적인 실전 연습이 됩니다.

01 A _____ 이 얘긴 나중에 해도 될까?
　　 B Okay. Anytime you want. 그래. 네가 원할 때 하자.

02 A _____ 밖에 쌀쌀해?
　　 B It is. Make sure to wear your jacket. 응. 재킷 꼭 챙겨 입어.

03 A _____ 나한테 시간을 하루 이틀 더 주는 거 가능해?
　　 B I can do that. It's not like I'm in a hurry or anything. 가능해. 지금 급하거나 그런 것도 아니고.

04 A What do you wanna have for lunch? 점심 뭐 먹고 싶어?
　　 B _____ 우리가 뭘 먹든 상관 없어.

05 A _____ 밖에 아직 더워?
　　 B Yeah, it is. It's still around 90 degrees. 더워. 아직도 (화씨) 90도야.

06 A You're still stuck at this stage? 너 아직도 이 단계에서 막혀 있는 거야?
　　 B Yeah, still. _____ 응, 아직이야. 이거 너무 어렵다.

07 A _____ 밖에 아직 비 와?
　　 B Um-hmm. Don't forget your umbrella. 응. 우산 잊지 말고 가져가.

08 A What time is it? 몇 시야?
　　 B _____ 거의 12시(정오) 다 됐어.

09 A Are you sure you wanna buy this? It's kind of pricey. 이거 사고 싶은 거 확실해? 좀 비싼데.
　　 B _____ 가격이 얼마든 상관없어.

10 A _____ 너 나중에 다시 와주는 거 가능할까?
　　 B Sure. What time do you want me to come back? 그래. 몇 시에 다시 올까?

11 A What time should we meet tomorrow? 내일 몇 시에 볼까?
    B _____ 몇 시든 상관 없어.

12 A _____ 밖에 추워?
    B I don't know. I haven't been outside all day. 모르겠어. 하루 종일 밖에 나가지 않았거든.

13 A Welcome back! 잘 돌아왔어!
    B Thanks. _____ 고마워. 집에 돌아오니 좋다.

14 A _____ 제 주문을 변경할 수 있을까요?
    B Yep. What would you like to order instead? 네, 대신 어떤 걸 주문하시겠어요?

15 A How is it? Do you like it? 그거 어때? 맛있어?
    B I do, but _____ 맛있어. 근데 내 입에는 너무 맵다.

16 A _____ I'm John. 만나서 반가워. 난 존이야.
    B Hi, John. I'm Julie. It's good to meet you, too. 안녕, 존. 난 줄리야. 나도 만나서 반가워.

17 A _____ 오늘 날씨가 외출하기엔 너무 덥다.
    B Yeah, you're right. 그러게 말이야.

18 A Hey, Jane. Long time no talk. 야, 제인. 오랜만에 연락하네.
    B Hey, JD. _____ 안녕, 제이디. 목소리 들으니까 반갑다.

19 A _____ 다시 보니 반갑다.
    B You, too. How've you been? 나도 반가워. 어떻게 지냈어?

20 A _____ 이제 거의 11월이다.
    B Time flies by, don't you think? 시간 참 빠르다, 그치?

---

01 Is it possible to talk about this later? 02 Is it chilly outside? 03 Is it possible to give me an extra day or two? 04 It doesn't matter what we eat. 05 Is it still hot outside? 06 It's way too hard. 07 Is it still raining outside? 08 It's almost noon. 09 It doesn't matter how much it costs. 10 Is it possible for you to come back later? 11 It doesn't matter what time. 12 Is it cold outside? 13 It's good to be back home. 14 Is it possible to change my order? 15 It's way too spicy for my taste. 16 It's good to meet you. 17 It's way too hot to go out today. 18 It's good to hear your voice. 19 It's good to see you again. 20 It's almost November.

Unit 9 There

071	**There's no need to...** ~할 필요 없어
072	**There's nothing...** ~한 것은 없어
073	**There's no way...** ~하는 건 불가능해
074	**There're so many...** ~가 무척 많아
075	**Is there any way...?** 혹시 ~한 방법이 있어?
076	**Is there a + 장소?** ~가 있어요?
077	**Is there anything you want...?** ~하고 싶은 거 있어?

 # There's no need to...

~할 필요 없어 ▶ There's...는 '~가 있어'라고 해석하면 됩니다. 그러니 There's no...라고 하면 '~가 없다'는 말이 되겠죠. 따라서 There's no need to...는 '~를 할 필요가 없다'고 조언해 주는 말입니다.

걱정할 필요 없어.
There's no need to worry.

서두를 필요 없어.
There's no need to rush. <small>rush 서두르다</small>

그렇게 흥분할 필요 없어.
There's no need to get so mad. <small>mad 미친, 몹시 화가 난</small>

이걸 지금 당장 살 필요는 없어.
There's no need to buy this right now.

여기 있는 거 전부 기억할 필요는 없어.
There's no need to remember everything here.

A **There's no need to buy this right now.**
B I know, but I want it.
A Yeah, but you're almost broke.*

<small>broke 빈털터리인</small>

이걸 지금 당장 살 필요는 없어.
아는데, 그래도 갖고 싶어.
응, 근데 너 거의 빈털터리잖아.

* **broke와 broken 구별하기**
  broke 무일푼인, 빈털터리인   broken 깨진, 부서진

 # There's nothing...

~한 것은 없어 ▶ 어떤 것이 없다는 사실을 강조할 때 사용하는 패턴이에요. There isn't anything... 이라고 해도 같은 의미가 됩니다.

내가 할 수 있는 건 없어.
There's nothing I can do about it.

내가 널 도와줄 수 있는 건 없어.
There's nothing I can help you with.　　help...with ~를 돕다

하고 싶은 말이 있는 건 아냐.
There's nothing I want to talk about.

이것보다 더 좋은 건 없어.
There's nothing better than this.　　better 더 좋은, 더 나은

지금 이것보다 더 중요한 건 없어.
There's nothing more important than this right now.

A Is it important?
B Yeah, **there's nothing more important than this right now.**
A I see.

그거 중요한 거야?
응, 지금 이것보다 더 중요한 건 없어.
그렇구나.

 # There's no way...

~하는 건 불가능해 ▶ 해결할 방법이 없다는 것을 강조하는 패턴입니다. 참고로 no way 자체만으로도 딱 잘라 거절하는 의미가 있어요. 누가 곤란한 일을 강요하면 "No way!"라고 외치세요.

나 이거 도저히 못해.
There's no way I can do this.

이걸 다 먹는 건 불가능해.
There's no way I can eat all this.

20분 안에 거기 가는 건 불가능해.
There's no way I can get there in 20 minutes.

네가 이걸 몰랐을 리가 없어.
There's no way you didn't know about this.

요즘에는 20달러는 줘야 이거 살 수 있어.
There's no way you can get this for less than 20 bucks* these days. buck(=dollar) (구어체) 달러

A I made some dinner for you.
B Some? **There's no way I can eat all this.**
A Don't worry. I'll have some, too.

너 주려고 저녁을 좀 했어.
조금이라고? 내가 이걸 다 먹는 건 불가능해.
걱정 마. 나도 먹을 거야.

> ★ **화폐 단위 표현**
> buck은 dollar의 구어체 표현이니 문서나 공식적인 자리에서는 쓰지 않는 게 좋아요. 참고로 1달러는 **a buck**이라고 할 수도 있지만 **a dollar**라고 하는 게 더 일반적입니다.

 There're so many...

~가 무척 많아 ▶ There is가 아니라 There are로 쓰는 이유는 바로 many 때문입니다. 참고로 many는 숫자가 많다는 뜻으로 셀 수 있는 것이 많을 때 사용하고, much는 양이 많다는 뜻으로 셀 수 없는 것이 많을때 씁니다.

밖에 사람들이 무척 많아.
There're so many people outside.

상영 중인 영화 중에 괜찮은 게 아주 많아.
There're so many good movies out there.

선택할 게 정말 많아.
There're so many things to choose from.

오늘 할 일이 정말 많거든.
There're so many things to do today.

오늘 들러야 할 곳이 너무 많아.
There're so many places I need to stop by today. *stop by ~에 잠시 들르다*

 실전 대화

A You look busy today.
B Yeah, I'm really busy. **There're so many things to do today.**
A That sucks.

sucks (속이) 엉망이다, 형편없다; 짜증나다

너 오늘 바빠 보인다.
응, 무척 바빠. 오늘 할 일이 너무 많아.

짜증나겠네.

 # Is there any way...?

혹시 ~한 방법이 있어? ▶ Is there...?만으로도 뭔가가 있는지 물어보는 말이 되지만 any가 붙어서 '혹시', '하나라도'의 어감을 전달합니다. 어떤 방법이라도 꼭 하나 찾고 싶을 때 이렇게 물어본다면 누군가 도와줄 확률이 높아지겠죠.

혹시 방법이 있어?
Is there any way?

혹시 다른 방법 있어?
Is there any other **way?**

이번에 좀 봐줄 수 있어?
Is there any way you can look the other way this time? look the other 못 본 척하다, 그냥 넘어가다

단 2주 만에 10파운드를 뺄 방법이 있을까?
Is there any way to lose ten lbs* in just two weeks?

나를 걔랑 좀 연결해 줄 수 있어?
Is there any way you can hook me up with her?
hook up 연결하다

A **Is there any way you can lose ten lbs in just two weeks?**
B I doubt it. Why do you want to lose your weight all of a sudden?
A I have a blind date.
　　all of a sudden 갑자기　blind date 소개팅

단 2주 만에 10파운드를 뺄 방법이 있을까?

글쎄다. 갑자기 왜 살을 빼려는 건데?

소개팅이 있어서.

* lb는 무게 단위인 pound를 나타내는 기호이며 pound(파운드)라고 읽습니다. lbs는 lb의 복수형이므로 pounds(파운즈)라고 읽으면 됩니다.

 # Is there a + 장소?

~가 있어요? ▶ 무언가가 있는지 없는지 확인할 때 항상 등장하는 표현이 There is입니다. 반사적으로 튀어나와야 하는 말이죠. There is...의 의문형인 Is there...? 패턴을 활용해서 어떤 장소가 근처에 있는지 확인하세요.

근처에 우체국 있어요?
Is there a post office nearby?*

근처에 주유소 있어요?
Is there a gas station close by?

이 근처에 화장실 있어요?
Is there a restroom around here?

이 근처 어디에 버스정류장이 있나요?
Is there a bus stop somewhere around here?

이 동네에 빨래방 있어요?
Is there a Laundromat in this neighborhood?

Laundromat 자동 세탁기(상표명)   neighborhood 근처, 인근, 이웃

A **Is there a restroom around here?** 이 근처에 화장실 있어요?
B Yeah, it's all the way down this way. 네, 이쪽으로 끝까지 쭉 가시면 있어요.

* **nearby / close by** ~의 근처에
  nearby는 주로 붙여서 사용하지만 close by는 띄어쓴다는 차이점이 있습니다.

 Is there anything you want...?

~하고 싶은 거 있어? ▶ 상대방에게 하고 싶은 것을 묻는 패턴 중 자주 쓰는 말이에요. Do you have anything you want...?이라고 해도 되고요. 둘 다 anything you want를 외워야 쓸 수 있는 말이니 반복 연습하세요.

뭐 원하는 거 있어?
Is there anything you want?

뭐 사고 싶은 거 있어?
Is there anything you want to buy?

뭐 먹고 싶은 거 있어?
Is there anything you want to eat?

내가 해 줬으면 하는 거 있어?
Is there anything you want me to do?

가게에서 뭐 사다 줬으면 하는 거 있어?
Is there anything you want me to pick up from the store?   pick up ~를 사다

실전 대화

A **Is there anything you want to eat?**
B Not really. You know me. I'm fine with anything.
　be fine with ~는 좋다, 괜찮다

뭐 먹고 싶은 거 있어?
딱히 없어. 나 알잖아. 난 아무거나 괜찮아.

연습문제 14
본문에 나온 예문을 모두 암기했나요? 무작위로 예문을 뽑아 대화를 만들었습니다. 외운 예문을 대화에 넣어서 말해 보세요. 효과적인 실전 연습이 됩니다.

01 A   나 이거 도저히 못해.
    B I thought you said you could do it. 네가 할 수 있다고 말했던 거 같은데.

02 A   여기 있는 거 전부를 기억할 필요는 없어.
    B Oh, really? Thank God. 아, 정말? 다행이네.

03 A   이것보다 더 좋은 건 없어.
    B Amen to that. This is simply the best. 맞아. 완전 최고야. *Amen to that 동의하는 말

04 A   혹시 다른 방법 있어?
    B Nope. That's it. 없어. 그게 다야.

05 A   내가 이걸 다 먹는 건 불가능해.
    B You don't have to. We'll share them together. 다 먹을 필요 없어. 우리 함께 먹을 거야.

06 A   그렇게 흥분할 필요 없어.
    B How can I not? 어떻게 화를 안 내?

07 A   내가 널 도와줄 수 있는 건 없어.
    B Why not? Come on. Just this time. 왜 없어? 제발. 이번만.

08 A   뭐 사고 싶은 거 있어?
    B I'm not sure. I'll have to look around a little more. 모르겠네. 좀 더 돌아봐야겠어.

09 A   밖에 사람들이 무척 많아.
    B Hmm… I wonder what's going on. 흠… 무슨 일인지 궁금하네.

10 A Wanna go out and grab a burger? 나가서 햄버거 먹을래?
    B I'll pass.   난 패스할래. 오늘 할 일이 정말 많거든.

11 A _____ 혹시 방법이 있어?
　　B Not that I know of. 내가 알기론 없어.

12 A _____ 네가 나랑 그녀를 좀 연결해 줄 수 있을까?
　　B Fat chance. 턱도 없는 소리.

13 A _____ 오늘 들려야 할 곳이 너무 많아.
　　B You sound super-busy. 너 엄청 바빠 보인다.

14 A _____ 근처에 우체국 있어요?
　　B Not that I know of. 없는 걸로 아는데요.

15 A _____ 내가 하고 싶은 말이 있는 건 아냐.
　　B Then why did you call me? 그러면 나한테 왜 전화한 거야?

16 A _____ 뭐 먹고 싶은 거 있어?
　　B I want to eat some Sushi. 초밥 먹고 싶어.

17 A You're lying. _____ 거짓말이네. 네가 이걸 몰랐을 리가 없어.
　　B I'm not lying. I'm dead serious. 거짓말 아냐. 진짜라고.

18 A _____ 이 근처에 화장실 있어요?
　　B Yes, there is. I'll show you where it is. 네. 어딘지 가르쳐 드릴게요.

19 A _____ 내가 해 줬으면 하는 거 있어?
　　B I want you to do the dishes while I'm gone. 내가 나가 있는 동안에 설거지 좀 해 줘.

20 A _____ 근처에 주유소 있어요?
　　B If you take a right on that stop light, you'll see one. 저 신호등에서 우회전 하시면 보일 거예요.

---

01 There's no way I can do this.　02 There's no need to remember everything here.　03 There's nothing better than this.　04 Is there any other way?　05 There's no way I can eat all this.　06 There's no need to get so mad.　07 There's nothing I can help you with.　08 Is there anything you want to buy?　09 There're so many people outside.　10 There're so many things to do today.　11 Is there any way?　12 Is there any way you can hook me up with her?　13 There're so many places I need to stop by today.　14 Is there a post office nearby?　15 There's nothing I want to talk about.　16 Is there anything you want to eat?　17 There's no way you didn't know about this.　18 Is there a restroom around here?　19 Is there anything you want me to do?　20 Is there a gas station close by?

Chapter 2

매일 쓰는 핵심 패턴

Unit 10 Sorry/Thank

078 I'm sorry for/about... ~해서 미안해
079 I'm sorry to... ~해서 미안해
080 I'm sorry (that)... ~해서 미안해
081 I'm sorry, but... 죄송하지만 ~
082 Thanks for... ~해 줘서 고마워

078 I'm sorry for/about...

~해서 미안해 ▶ 이 패턴을 활용하면 매너있게 사과할 수 있어요. for나 about 뒤에는 항상 명사나 동명사가 옵니다. for에는 어떤 일을 책임지지 못해서 미안해하는 어감이 포함되어 있다는 것도 알아 두세요.

너무 이른 시간에 전화해서 미안해.
I'm sorry for calling so early.

기다리게 해서 미안해.
I'm sorry for keeping you waiting.

여기까지 오게 해서 미안해.
I'm sorry for making you come all the way here.

번거롭게 해서 미안해.
I'm sorry for the trouble.   trouble 수고, 폐

어제 일은 미안해.
I'm sorry about yesterday.

A **I'm sorry for calling so early.**
B It's all right. So, what's up?
A I was wondering if you wanted to have lunch with me today.

너무 이른 시간에 전화해서 미안해.
괜찮아. 그래, 무슨 일이야?
오늘 나랑 점심 같이 할 수 있나 해서.

079 I'm sorry to...

~해서 미안해 ▶ I'm sorry for/about...과 동일한 사과의 패턴으로 to 뒤에 동사원형이 옵니다. I'm sorry...는 사과뿐만 아니라 유감의 뜻을 나타낼 때도 사용해요.

깨워서 미안해.
I'm sorry to wake you.

이렇게 귀찮게 해서 미안해.
I'm sorry to bother you like this.   bother 신경 쓰이게 하다

이 시간에 전화해서 미안해.
I'm sorry to call you at this hour.

이렇게 불쑥 찾아와서 미안해.
I'm sorry to barge* in on you like this.
barge in on ~를 불쑥 찾아가다

그것참 안됐네.
I'm sorry to hear that.

실전 대화

A **I'm sorry to wake you.**   깨워서 미안해.
B It's okay. I needed to wake up anyway.   괜찮아. 어차피 일어나야 했어.

* **barge** 배; 밀치고 가다
barge는 명사로는 '배', 동사로는 '밀치고 가다'라는 뜻이 있어요. 파도를 헤치고 나아가는 배처럼 갑자기 어딘가로 불쑥 찾아간다는 뉘앙스로 해석하세요.

 # I'm sorry (that)...

~해서 미안해 ▶ I'm sorry 뒤에 문장이 올 때 원래는 그 사이에 that이 오지만 생략하는 경우가 많아요. 간혹 I'm도 생략하고 sorry부터 말하기도 합니다.

늦어서 미안해.
I'm sorry I'm late.

오늘 아침에 내가 그렇게 말해서 미안해.
I'm sorry I said what I said this morning.

너한테 못되게 굴어서 미안해.
I'm sorry I was being mean to you.

네 핸드폰 망가뜨려서 미안해.
I'm sorry I broke your cellphone.*

못 가서 미안해.
I'm sorry I didn't show up.   show up (예정된 곳에) 나타나다

A **I'm sorry I'm late.** 늦어서 미안해.
B **Don't be. I just came, too.** 미안해하지 않아도 돼. 나도 방금 막 왔어.

* **핸드폰은 콩글리시**
'핸드폰'의 제대로 된 한국어 번역은 '휴대전화'인데요. 콩글리시가 보편적으로 사용되면서 자리를 잡았습니다. 원어민들은 **cellular phone**의 줄임말인 **cellphone**이나 **mobilephone**을 많이 씁니다. 이마저도 줄여서 **cell, mobile, phone**이라고도 하고요. 스마트폰 또한 그냥 **cellphone**이라고 말하는 편입니다.

081 I'm sorry, but...

죄송하지만 ~ ▶ 상대방이 기대하는 것과 다른 내용을 전달할 때 조심스럽게 양해를 구하는 패턴이에요. but 다음이 본론이자 본심이 되겠죠.

죄송하지만 전화 잘못 거셨어요.
I'm sorry, but you have the wrong number.
wrong number 잘못 걸린 전화, 틀린 전화번호

죄송하지만 저를 다른 사람이랑 착각하셨네요.
I'm sorry, but you have me confused with someone else. confuse with ~와 혼동하다

미안하지만 내가 지금 좀 바쁘거든.
I'm sorry, but I'm kind of busy right now.

미안하지만 내가 뭐 좀 하고 있는 중이거든.
I'm sorry, but I'm in the middle of something.

미안하지만 선약이 있어.
I'm sorry, but I have a prior engagement. prior 사전의

실전 대화

A How about a movie tonight?
B I'm sorry, but I have a prior engagement.
A How about tomorrow night?
B I can do tomorrow night.

오늘 저녁에 영화 어때?
미안하지만 선약이 있어.
내일 저녁 시간은 어때?
내일 저녁은 시간 괜찮아.

082 Thanks for...

~해 줘서 고마워 ▶ 일상 대화에서는 Thank you보다는 Thanks를 써서 캐주얼하게 감사를 표현합니다. Thank you는 조금 더 정중한 느낌이거든요.

점심 사 줘서 고마워.
Thanks for the lunch.

도와줘서 고마워.
Thanks for the help.

태워 줘서 고마워.
Thanks for the ride. <small>ride (차량 등에) 타기, 태워 주기</small>

알려 줘서 고마워.
Thanks for letting me know.

날 위해 내 옆에 있어 줘서 고마워.
Thanks for being there for* me.

A **Thanks for letting me know.** 알려 줘서 고마워.
B Not a problem. I'll see you tomorrow then. 별거 아냐. 그럼 내일 보자.
A See you tomorrow. 내일 봐.

* **be there for** ~를 위해 그곳에 가다, 곁에 있어주다
머라이어 캐리의 히트곡 I'll be there라는 노래를 아시나요? 뒤에 for you가 생략되었지만 널 위해 달려가겠다는 뉘앙스를 담고 있어요. 참고로 이 노래는 원래 마이클 잭슨이 잭슨 파이브 시절에 앳된 목소리로 불러 크게 인기를 얻었습니다.

연습문제 15 본문에 나온 예문을 모두 암기했나요? 무작위로 예문을 뽑아 대화를 만들었습니다. 외운 예문을 대화에 넣어서 말해 보세요. 효과적인 실전 연습이 됩니다.

01 A _____ 도와줘서 고마워.
   B You're welcome. I'm glad I could help you. 천만에. 도울 수 있어서 기뻐.

02 A _____ Did I wake you?
   너무 이른 시간에 전화해서 미안해. 내가 너 깨운 거야? (for calling)
   B Kind of, but I was gonna wake up anyway. 좀 그렇긴 한데, 어차피 일어나려고 했어.

03 A _____ 번거롭게 해서 미안해. (the trouble)
   B Don't be. It's not a big deal. 미안해할 거 없어. 별일도 아닌데, 뭐.

04 A _____ 알려줘서 고마워.
   B No problem. 별거 아닌데, 뭐.

05 A _____ 이렇게 귀찮게 해서 미안해. (bother)
   B It's okay. What's up? 괜찮아. 무슨 일이야?

06 A I got fired from my job. 나 직장에서 잘렸어.
   B _____ 그것참 안됐네.

07 A _____ 이 시간에 전화해서 미안해. (to call)
   B It's all right. I was up anyway. 괜찮아. 나 안 자고 있었어.

08 A _____ 늦어서 미안해.
   B It's okay, but you'd better not be late next time. 괜찮아. 하지만 다음에는 늦지 마.

09 A _____ 기다리게 해서 미안해. (for keeping)
   B It's all right. I'm starved. Let's go eat something. 괜찮아. 나 너무 배고프다. 뭐 좀 먹으러 가자.

10 A _____ 오늘 아침에 내가 그렇게 말해서 미안해.
   B I'm sorry, too. 나도 미안해.

11 A Are you busy tonight? 오늘 밤에 바빠?
    B _____ 미안하지만 선약이 있어.

12 A _____ 너한테 못되게 굴어서 미안해.
    B No problem. Apology accepted. 괜찮아. 사과 받아 줄게.

13 A _____ 태워줘서 고마워.
    B Not a problem. 뭘, 그런 걸 가지고.

14 A _____ 네 핸드폰 망가뜨려서 미안해.
    B Sorry won't cut it. 미안하면 다야.

15 A _____ 네 잠을 깨워서 미안해. (to wake)
    B It's all right. 괜찮아.

16 A Is this 010-2049-3948? 010-2049-3948번인가요?
    B _____ 죄송하지만 전화 잘못 거셨어요.

17 A You look familiar. Haven't we met before? 낯이 익네요. 우리 전에 본 적 없나요?
    B _____ 죄송하지만 저를 다른 사람이랑 착각하셨네요.

18 A _____ 어제 일은 미안해.
    B Me, too. I'll be more careful from now on. 나도 미안해. 앞으로는 더 조심할게.

19 A Mind if I bother you for a sec? 잠깐 시간 있어?
    B _____ 미안하지만 내가 지금 좀 바쁘거든.

20 A _____ 점심 사줘서 고마워.
    B Anytime. 언제든지 사줄게.

---

01 Thanks for the help. 02 I'm sorry for calling so early. 03 I'm sorry for the trouble. 04 Thanks for letting me know. 05 I'm sorry to bother you like this. 06 I'm sorry to hear that. 07 I'm sorry to call you at this hour. 08 I'm sorry I'm late. 09 I'm sorry for keeping you waiting. 10 I'm sorry I said what I said this morning. 11 I'm sorry, but I have a prior engagement. 12 I'm sorry I was being mean to you. 13 Thanks for the ride. 14 I'm sorry I broke your cellphone. 15 I'm sorry to wake you. 16 I'm sorry, but you have the wrong number. 17 I'm sorry, but you have me confused with someone else. 18 I'm sorry about yesterday. 19 I'm sorry, but I'm kind of busy right now. 20 Thanks for the lunch.

Unit 11 What

083	**What did you...?**	무엇을 ~했어?
084	**What do you think of/about...?**	~에 대해 어떻게 생각해?
085	**What do you want to/wanna...?**	넌 뭘 ~하고 싶어?
086	**What about...?**	~ 어때?
087	**What do you mean...?**	~라니 무슨 말이야?
088	**What if...?**	만약에 ~하면 어쩌지?
089	**What kind of...?**	어떤 종류의 ~야?
090	**What's the best way to...?**	~하기에 가장 좋은 방법이 뭐야?
091	**What makes you...?**	넌 왜 ~해?
092	**What're you -ing...?**	너 무슨 ~를 하고 있어?
093	**What're you going to/gonna...?**	무엇을 ~할 거야?
094	**What time do you...?**	몇 시에 ~해?
095	**What took you so long (to)...?**	~하는 데 왜 이렇게 오래 걸렸어?
096	**What happened to...?**	~에 무슨 일 있어?
097	**What's wrong with...?**	~가 왜 그래?
098	**What should I...?**	내가 무엇을 ~해야 될까?
099	**What should we...?**	우리 뭘 ~해야 할까?
100	**What's your...?**	네 ~는 뭐야?
101	**That's not what...**	~한 건 그게 아니야

083 What did you...?

무엇을 ~했어? ▶ 과거의 일을 묻는 패턴으로, did 대신 do를 넣으면 현재의 일을 묻는 말이 됩니다.

버터 발음 [왓디드유] (X) [왓디쥬/와리쥬] (O)

뭐라고 말했어?
What did you say?

뭐 주문했어?
What did you order?   order 주문하다

점심 뭐 먹었어?
What did you have for lunch?

슈퍼에서 뭐 샀어?
What did you get from the grocery store?*

너 네 여동생한테 무슨 짓을 한 거야?
What did you do to your little sister?

실전 대화

A **What did you have for lunch?**   점심 뭐 먹었어?
B Just some leftovers from last night.   그냥 어제 저녁에 먹다 남은 음식 먹었어.

leftover 남은 음식

★ '장을 보다'는 영어로?
'장을 보다', '마트에 가다'라는 말은 영어로는 보통 장을 보는 특정 마트 이름을 말하는 것이 일반적입니다. 예를 들면 코스트코, 월마트같은 브랜드명을 말하는 거죠. 물론 I'm going grocery shopping.(나 지금 장 보러 가는 중이야.)라고 말하는 경우도 많아요.

 # What do you think of/about...?

~에 대해 어떻게 생각해? ▶ 이 패턴에서 of와 about은 같은 의미입니다. 일상 대화에서는 of보다는 about을 좀 더 많이 사용해요.

`버터 발음` [왓두유](X) [와르유](O) 끊어 읽지 말고 연결해서 부드럽게 발음하세요.

네 생각은 어때?
What do you think?

걔 어떻게 생각해?
What do you think about her?

새로 산 내 안경 어때?
What do you think about my new glasses?

이 스웨터 어떤 거 같아?
What do you think of this sweater?

이 차 어떤 거 같아?
What do you think of this car?

A **What do you think of this car?**
B I absolutely love it.
A Then buy it.
B I wish I could, but I can't afford* it.

absolutely 굉장히, 전적으로
afford (금전적, 시간적으로 뭔가 할) 형편이 되다

이 차 어떤 거 같아?
완전 마음에 들어.
그럼 사.
그러고는 싶지만 내가 감당할 수 없는 금액이야.

> * **afford ~할 수 있다**
> 일상생활에서 참 많이 쓰이는 단어예요. 시간이나 금전과 관련해 여력이 있는지를 나타내는 뉘앙스를 담고 있습니다.
> **I can't afford to take today off.** 나 오늘 쉴만한 여유가 없어.

 # What do you want to/wanna...?

넌 뭘 ~하고 싶어? ▶ 이 패턴을 이용해 상대방의 의사를 물어보세요. 같은 의미로 What do you feel like...?으로도 표현할 수 있습니다.

 want to를 빠르게 읽으면 wanna '워너'가 돼요.

내일 뭐 하고 싶어?
What do you want to do tomorrow?

뭐 보고 싶어?
What do you want to see?

네 생일에 뭐 하고 싶어?
What do you want to do for your birthday?

너 점심에 뭐 먹고 싶어?
What do you want to have for lunch?

넌 뭐 마시고 싶어?
What do you want to drink?

실전 대화

A **What do you want to drink?**
B I'll just have water.
A I have coffee, too.
B Nah, water's fine.

넌 뭐 마시고 싶어?
그냥 물 마실래.
커피도 있는데.
아니야, 물이면 돼.

145

086 What about...?

~ 어때? ▶ How about...?과 더불어 상대방에게 의견을 물을 때 많이 쓰는 패턴입니다. 일상 대화에서 자주 쓰니 입버릇이 되도록 연습하세요.

내일은 어때?
What about tomorrow?

나는 어쩌고?
What about me?

넌 어때?
What about you?

회의는 어떻게 하고?
What about the meeting?

이 소파는 어떻게 할까?
What about this couch?   couch 긴 의자

A   Let's hang out today.
B   I can't do today.
A   **What about tomorrow?**
B   Tomorrow works* for me.

오늘 만나서 놀자.
오늘은 안 돼.
내일은 어때?
내일은 가능해.

* **work의 다양한 의미**
work는 '일하다', '작동하다' 외에도 다양한 뜻이 있어요. Tomorrow works for me.처럼 '가능하다', '괜찮다'라는 의미로도 자주 씁니다. 친구가 중간 지점에서 만나자고 했을 때 It works for me.라고 하면 좋다고 승낙하는 말이 돼요.

What do you mean...?

~라니 무슨 말이야? ▶ 이 패턴은 상대방이 한 말의 의미를 묻는 용도로도 쓰고, 본인이 납득하지 못하는 것을 우회적으로 표현할 때도 씁니다.

무슨 말이야?
What do you mean?

그게 무슨 말이야?
What do you mean by that?

넌 안 간다니 무슨 말이야?
What do you mean you're not going?

남자 친구를 찼다니 무슨 말이야?
What do you mean you dumped your boyfriend?
dump 버리다, 애인을 차다

너무 늦었다는 게 무슨 소리야?
What do you mean it's too late?

실전 대화

A **What do you mean you're running late?**
B I slept through my alarm and I had a flat tire, so I took a cab here.
A I told you to be here on time. Oh, man...

flat tire 바람 빠진 타이어

늦는다니 무슨 말이야?
알람 소리도 못 듣고 계속 잔 데다가 타이어도 펑크 났어. 그래서 택시 탔어.
시간 맞춰 오라고 했잖아. 이런…

088 What if...?

만약에 ~하면 어쩌지? ▶ 만일의 상황에 대해 가정하는 패턴으로 우려의 뉘앙스가 담겨 있습니다. 수능시험 날에 택시를 탈지 지하철을 탈지 고민하고 있다고 가정해 봅시다. 편하게 택시를 타고 싶지만 차가 밀리면 어쩌나, 지각하면 어쩌나 고민될 때 what if...?로 말하면 돼요.

버터 발음 [와립(ㅍ)흐] '립'을 길게 끌면서 새어나가는 듯한 '흐'를 옅은 붙여요.

내일 비가 오면 어쩌지?
What if it rains tomorrow?

그녀가 싫다고 하면 어쩌지?
What if she says no?

늦으면 어쩌지?
What if I'm late?

내일도 계속 아프면 어쩌지?
What if I'm still sick tomorrow?

무슨 일이 생기면 어떻게 해?
What if something comes up?   come up 생기다, 발생하다

실전 대화

A Don't be late tomorrow.
B **What if I'm late?**
A Then you'll have to buy me lunch.

내일 늦으면 안 돼.
늦으면 어쩌지?
그럼 네가 점심 쏴야 돼.

What kind of...?

어떤 종류의 ~야? ▶ 어떤 종류인지 설명해달라고 할 때나 무엇을 좋아하는지 알려달라고 할 때 필요한 말입니다. kind of 자리에 sort of나 type of를 쓸 수도 있어요. 이 중 type of가 가장 격식을 차린 말이니 상황에 맞게 골라 쓰세요.

버터 발음 [왓카이덥] kind of가 키포인트. '덥'은 약하게 흘리는 식으로 발음하세요.

넌 어떤 영화 좋아해?
What kind of movies do you like?

넌 어떤 음악 들어?
What kind of music do you listen to?

넌 어떤 음식 좋아해?
What kind of food do you like?

넌 어떤 커피가 제일 좋아?
What kind of coffee do you like the most?
most 가장, 최고로

너 무슨 친구라는 게 그래?
What kind of friend are you?

실전 대화

A What kind of coffee do you like the most?
B I like chai latte the most. I'm a bit of a coffee snob.*

넌 어떤 커피가 제일 좋아?
난 차이 라떼가 제일 좋아. 난 커피 입맛이 좀 까다로워.

* snob 고상한 척하는 사람
snob을 음식과 연결지어 쓰면 자신이 먹는 음식이나 음료가 최고라고 생각하는 사람을 말합니다.
She's a wine snob. 걔는 와인을 가려 마시더라.
I'm a pizza snob. 난 피자 아무거나 안 먹어.

연습문제 16

본문에 나온 예문을 모두 암기했나요? 무작위로 예문을 뽑아 대화를 만들었습니다.
외운 예문을 대화에 넣어서 말해 보세요. 효과적인 실전 연습이 됩니다.

01 A _____ 뭐라고 말했어?
B Nothing. I was just talking to myself. 아무것도 아니야. 그냥 혼잣말한 거야.

02 A _____ 넌 어떤 종류의 음식을 좋아해?
B I like every kind. I'm not a picky eater at all. 다 좋아해. 편식은 전혀 안 해.

03 A _____ 점심 뭐 먹었어?
B I just skipped it. 그냥 안 먹었어.

04 A _____ 내일 비가 오면 어쩌지?
B We're still going whether it rains or not. 비가 오든 안 오든 우린 갈 거야.

05 A _____ 네 생각은 어때?
B I'm with you. It's a great idea. 너랑 같아. 정말 좋은 생각인데.

06 A _____ 이 스웨터 어떤 거 같아?
B I think it looks good on you. You should buy it. 너한테 잘 어울리는데. 너 그거 사라.

07 A _____ 이 차 어떤 거 같아?
B It looks awesome. 완전 멋져.

08 A _____ 넌 내일 뭐 하고 싶어?
B I don't know. Let's just play it by ear. 모르겠어. 그때 봐서 정하자.

09 A _____ 나 늦으면 어쩌지?
B Then we're going without you. 그러면 우린 너 없이 갈 거야.

10 A _____ 넌 뭐 주문했어?
B I ordered a cheese burger meal. 치즈버거세트 시켰어.

11 A [What do you want to drink?] 넌 뭐 마시고 싶어?
    B Whatever you're drinking. 네가 마시는 걸로.

12 A I'm going home. 나 집에 갈래.
    B What? [What about the meeting?] 뭐? 회의는 어떻게 하고?

13 A I'm quitting my job. Don't ask me why. 나 일 그만둘 거야. 이유는 묻지 마.
    B Huh? [What do you mean by that?] 뭐라고? 그게 무슨 말이야?

14 A [What do you want to do for your birthday?] 네 생일에 뭐 하고 싶어?
    B I don't know. 모르겠네.

15 A [What do you mean you dumped your boyfriend?] 네가 남자 친구를 찼다니 무슨 말이야?
    B He cheated on me, so I dumped him. 걔가 바람펴서 내가 찼어.

16 A Hey, how're you doing today? 어이, 오늘 어때?
    B Not bad. [What about you?] 나쁘지 않아. 넌 어때?

17 A Today is not good. 오늘은 시간이 안 돼.
    B [What about tomorrow?] 내일은 어때?

18 A [What if something comes up?] 무슨 일 생기면 어떻게 해?
    B Then we'll cancel our plans. 그럼 우리 계획을 취소해야지.

19 A [What do you mean it's too late?] 너무 늦었다는 게 무슨 소리야?
    B You heard me. 들은 그대로야.

20 A [What kind of movies do you like?] 넌 어떤 영화 좋아해?
    B I like all kinds of movies. 난 모든 종류의 영화를 다 좋아해.

---

01 What did you say? 02 What kind of food do you like? 03 What did you have for lunch? 04 What if it rains tomorrow? 05 What do you think? 06 What do you think of this sweater? 07 What do you think of this car? 08 What do you want to do tomorrow? 09 What if I'm late? 10 What did you order? 11 What do you want to drink? 12 What about the meeting? 13 What do you mean by that? 14 What do you want to do for your birthday? 15 What do you mean you dumped your boyfriend? 16 What about you? 17 What about tomorrow? 18 What if something comes up? 19 What do you mean it's too late? 20 What kind of movies do you like?

 # What's the best way to...?

~하기에 가장 좋은 방법이 뭐야? ▶ 사람은 누구나 빨리 문제를 해결할 수 있는 최선의 방법을 선택하고 싶어 하죠. What's the best way to...? 패턴으로 콕 찍어 가장 좋은 방법을 물어본다면 상대방에게서 조금 더 신경 쓴 답변을 들을 수 있을지 모릅니다.

버터 발음 [베스트웨이] (X) [베스웨이 / 베슷웨이] (O) '트'는 묵음이거나 '베슷'과 같이 받침으로 변해요.

살을 빼는 가장 좋은 방법이 뭐야?
What's the best way to lose weight?

거기 가는 가장 좋은 방법이 뭐야?
What's the best way to get there?

걔 마음을 돌릴 수 있는 가장 좋은 방법이 뭘까?
What's the best way to change her mind?

영어 공부하는 가장 좋은 방법이 뭐야?
What's the best way to study English?

돈 모으는 가장 좋은 방법이 뭘까?
What's the best way to save money?

실전 대화

A I need to go to the airport tomorrow.
B To the airport?
A Yeah. **What's the best way to get there?**
B Don't drive. Take the subway.*

내일 나 공항에 가야 해.
공항에?
응. 어떻게 가야 가장 좋을까?
차로 가지 마. 지하철 타고 가.

> ★ 교통 앞에 붙는 the, a
> 교통수단을 말할 때 the bus, the subway, a taxi라고 해요. the는 운행 노선이 딱 정해진 유일무이한 것을 말할 때 씁니다. 택시는 정해진 노선이 있는 게 아니라 손님이 원하는 곳을 가기 때문에 앞에 a가 붙습니다.

 # What makes you...?

넌 왜 ~해? ▶ 직역하면 '무엇이 너를 ~하게 만들어?'라는 뜻이니 어색하죠. '넌 왜 ~해?'로 자연스럽게 해석하면 됩니다. 그냥 Why do you...?로 묻는 것보다 강한 어조의 패턴이에요.

왜 그런 소릴 하는 거야?
What makes you say that?

그게 내 잘못이었다고 말하는 이유가 뭐야?
What makes you say it was my fault?

왜 그렇게 생각해?
What makes you think so?

왜 내가 너보다 나이 많을 거라 생각해?
What makes you think I'm older than you?

왜 이곳에서 일하고 싶은 건가요?
What makes you want to work here?

A **What makes you think you're better than me?**　　왜 네가 나보다 잘한다고 생각해?
B Well, I got an A and you got a D.　　글쎄, 난 A를 받았고, 넌 D를 받았잖아.

What're you -ing...?

너 무슨 ~를 하고 있어? ▶ 전화 통화를 할 때 상대에게 지금 뭐 하고 있었냐고 물을 때가 많죠. 동사에 ing를 붙여 현재진행형을 만들면 '지금' 상황을 묻는 말이 됩니다.

너 지금 뭐 해?
What're you doing now?

너 뭐 하고 있어?
What're you working on?

너 무슨 생각해?
What're you thinking about?

너 무슨 말을 하는 거야?
What're you saying?

너 무슨 소리 하고 있는 거야?
What're you talking about?

A **What're you doing now?**   너 지금 뭐 해?
B I'm just watching TV.   그냥 TV 보고 있어.
A Anything good?   재미있는 거 해?
B Not at all.   아니.

 # What're you going to/gonna...?

무엇을 ~할 거야? ▶ be going to는 미래에 무엇을 하겠다는 의지를 나타내는 표현이에요. be동사 자리는 주어에 따라 am, are, is 등으로 변할 수 있어요.

뭐 먹을 거야?
What're you going to eat?

넌 뭘 고를래?
What're you going to pick?

이번 주말에 뭐 할 거야?
What're you going to do this weekend?

한국에 가서 뭐 할 거야?
What're you going to do in Korea?

너 퇴근하고 뭐 할 거야?
What're you going to do after work?

A **What're you going to do after work?**   너 퇴근하고 뭐 할 거야?
B I'm having dinner with my girlfriend.   여자 친구랑 저녁 먹을 거야.
A Can I join* you guys?   나도 껴도 돼?
B Of course.   물론이지.

* **join** 함께 하다, 합류하다
'조인하다'라는 말은 콩글리시로도 자주 쓰는데 정작 영어로는 join을 제대로 못 쓰는 경우가 많아요. 한국어에서 조인을 쓸 수 있는 경우면 대부분 영어에서도 가능하다 보면 됩니다. 친구에서 저녁 같이 먹자고 할 때 Join us for dinner.라고 할 수 있고, 얘기 도중에 끼어도 되냐고 할 때 Can I join you guys?라고 할 수 있어요.

 # What time do you...?

몇 시에 ~해? ▶ 구체적으로 몇 시인지 답을 듣고 싶을 때는 when이 아니라 what time으로 질문합니다. 시간 약속을 잘 지키고 싶다면 이 패턴을 외워 두세요.

몇 시에 문 닫아요?
What time do you close?

수업 몇 시에 있어?
What time do you have a class?

몇 시에 데리러 갈까?
What time do you want me to pick you up?

너 오늘 몇 시에 퇴근해?
What time do you get off work today?   get off 떠나다, 출발하다

병원 몇 시에 예약했어?
What time do you have your doctor's appointment?

A **What time do you get off work today?**   너 오늘 몇 시에 퇴근해?
B Sometime between seven and seven thirty.   일곱 시에서 일곱 시 반 사이.

 # What took you so long (to)...?

~하는 데 왜 이렇게 오래 걸렸어? ▶ 미드 〈빅뱅이론〉을 보면 주인공 쉘든이 룸메이트 레너드에게 온갖 심부름을 시키고는 왜 이렇게 오래 걸렸냐고 불평하는 모습이 자주 나옵니다. 그때 등장하는 대사가 바로 What took you so long...?이죠.

뭐 때문에 이렇게 오래 걸렸어?
What took you so long?

여기 오는 데 왜 이렇게 오래 걸렸어?
What took you so long to get here?

준비하는 데 뭐가 이렇게 오래 걸렸어?
What took you so long to get ready?   get ready 준비를 하다

문자 답변 하는 데 뭐 이리 오래 걸렸어?
What took you so long to text* me back?   text 문자를 보내다

다시 나한테 전화하는 게 왜 이렇게 오래 걸렸어?
What took you so long to call me back?

A **What took you so long?**   뭐 때문에 이렇게 오래 걸렸어?
B Sorry, I got held up.   미안, 좀 잡혀 있었어.

★ **미국 사람들도 톡을 할까?**
한국에서는 카카오톡이나 라인 같은 무료 메시지 앱을 많이 쓰지만, 미국 사람들은 **WhatsApp**이라는 메시지 앱이나 페이스북, 구글에서 제공하는 메신저 또는 전화기 내에 있는 기본 문자메시지 기능을 주로 씁니다.

 **연습문제 17** 본문에 나온 예문을 모두 암기했나요? 무작위로 예문을 뽑아 대화를 만들었습니다.
외운 예문을 대화에 넣어서 말해 보세요. 효과적인 실전 연습이 됩니다.

01 A _____ 살 빼는 가장 좋은 방법이 뭐야?
B You have to watch what you eat. 네가 먹는 걸 잘 관찰해 봐.

02 A _____ 거기 가는 가장 좋은 방법이 뭐야?
B Grab a cab and go there. 택시 타고 가.

03 A _____ 그녀의 마음을 바꿀 수 있는 가장 좋은 방법이 뭘까?
B Buy her sweets. She has a sweet tooth. 단 거 사 줘. 걔 단 거 좋아해.

04 A Did I drink? _____ 술 마셨냐고? 왜 그런 소릴 하는 거야?
B I smell beer on your breath. 너한테서 맥주 냄새 나니까.

05 A _____ 그게 내 잘못이었다고 말하는 이유가 뭐야?
B I heard some things. 들은 얘기가 있어서 그래.

06 A I don't think she likes you. I can tell. 걔가 널 좋아하는 거 같지 않아. 알 수 있어.
B _____ 왜 그렇게 생각해?

07 A _____ 너 지금 뭐 해?
B Nothing much. I'm just relaxing at home. 별 거 없어. 그냥 집에서 쉬고 있거든.

08 A Did you eat my pizza? 내 피자 먹었어?
B _____ 너 무슨 소리 하고 있는 거야?

09 A _____ 넌 뭐 먹을 거야?
B What's good here? Any recommendations? 여기 뭐가 맛있어? 추천해 줄래?

10 A _____ 너 뭐 하고 있어? (work on)
B I'm working on my paper. It's due tomorrow. 보고서 작성 중이야. 내일까지 내야 하거든.

11 A _____ 너 이번 주말에 뭐 할 거야?
    B Maybe I'll just catch up on my sleep. 잠이나 보충하려고.

12 A _____ 너 나한테 다시 전화하는 게 왜 이렇게 오래 걸렸어?
    B I've been super busy lately. 요즘 굉장히 바빴어.

13 A _____ 넌 한국에 가서 뭐 할 거야?
    B I'm going to hang out with my friends. 친구들이랑 놀아야지.

14 A _____ 너 퇴근하고 뭐 할 거야?
    B I'll just head straight home and crash. 곧장 집에 가서 잘 거야. *crash (구어) 잠이 들다

15 A _____ 너 여기 오는 데 왜 이렇게 오래 걸렸어?
    B On my way over, I got stuck in traffic. 오는 길에 차가 밀려서 말이야.

16 A _____ 몇 시에 문 닫아요?
    B We usually close at around nine o'clock. 보통 9시쯤에 닫아요.

17 A _____ 너 오늘 몇 시에 퇴근해?
    B It depends on how fast I can finish up my work. 내가 일을 얼마나 빨리 끝내느냐에 달렸어.

18 A _____ 너 병원 몇 시에 예약했어?
    B I have it at half past two. 2시 반에. *half past ~시 (지나서) 반

19 A _____ 넌 뭐 때문에 이렇게 오래 걸렸어?
    B Sorry, I had to take care of some stuff. 미안, 처리해야 할 일들이 좀 있어서.

20 A _____ 넌 내 문자에 답변 하는 데 뭐 이리 오래 걸렸어?
    B I was talking on the phone. 통화 중이었거든.

01 What's the best way to lose weight? 02 What's the best way to get there? 03 What's the best way to change her mind? 04 What makes you say that? 05 What makes you say it was my fault? 06 What makes you think so? 07 What're you doing now? 08 What're you talking about? 09 What're you going to eat? 10 What're you working on? 11 What're you going to do this weekend? 12 What took you so long to call me back? 13 What're you going to do in Korea? 14 What're you going to do after work? 15 What took you so long to get here? 16 What time do you close? 17 What time do you get off work today? 18 What time do you have your doctor's appointment? 19 What took you so long? 20 What took you so long to text me back?

159

 # What happened to...?

~에 무슨 일 있어? ▶ happen은 '일어나다, 발생하다'라는 뜻으로 뭔가 벌어지고 있다는 뉘앙스가 단어 자체에 들어 있습니다. 지금 현재 일어나고 있는 일에 대해 묻고 싶다면 What's happening?이라고 하면 됩니다.

버터 발음 [왓해픈ㄷ/와랫픈ㄷ] '드'를 정직하게 발음하지 말고 아주 살짝 느낌만 주세요.

무슨 일이야?
What happened?

너 무슨 일 있어?
What happened to you?

네 차에 무슨 문제 생겼어?
What happened to your car?

너 얼굴이 왜 그래?
What happened to your face?

너 성적이 왜 이래?
What happened to your grade?

A **What happened to you last night?**
　Why didn't you come?
B 　I don't want to talk about it.
A 　You could've at least called me.*
B 　I'm sorry.

어젯밤에는 무슨 일이 있었던 거야?
왜 안 왔어?
말하고 싶지 않아.
적어도 나한테 전화는 해 줬어야지.
미안해.

> ★ 과거에 대한 후회를 나타낼 때
> could have p.p.는 어떤 일을 할 수도 있었는데 하지 않아서 후회하거나 상대에게 핀잔을 주는 뉘앙스가 있습니다.
> I could've done better. 더 잘 할 수도 있었는데.
> You could've asked. 물어 볼 수도 있던 거잖아.

 # What's wrong with...?

~가 왜 그래? ▶ wrong에 '잘못된', '이상한'이라는 뜻이 있기 때문에, 이 패턴에는 뭐가 잘못됐는지 묻는 뉘앙스가 담겨 있습니다. wrong을 발음할 때 long이 되지 않게 주의하세요. 천장에 혀가 닿지 않게 '뤙', 아시죠?

 [왓츠/왓스] '왓'을 강하게 발음하면 '왓츠'로, 약하게 하면 '왓스'로 소리가 나요.

가격이 왜 이래?
What's wrong with this price?

날씨 왜 이러냐?
What's wrong with this weather?

네 목소리 왜 그래?
What's wrong with your voice?

너 왜 그래?
What's wrong with you?

네 햄버거 뭐 이상해?
What's wrong with your burger?

실전 대화

A What? Is it raining now?
B It is.
A **What's wrong with this weather?**
B I know. It was supposed to be sunny today, you know.

뭐? 지금 비 오는 거야?
응.
날씨 왜 이러냐?
내 말이. 오늘 날씨 좋을 거라 했었는데.

 # What should I...?

내가 무엇을 ~해야 될까? ▶ should에는 가벼운 권유의 뉘앙스가 있습니다. 이 패턴처럼 나와 관련된 일에 대해 should를 쓰면 '내가 ~해야 할까?'라는 뜻이 되면서 상대방에게 조언을 구하는 어감을 갖게 됩니다.

 [왓슈라이/왓슈다이] should 발음이 까다로우니 뒷부분과 자연스럽게 연결하세요.

내가 뭐라고 말해야 하지?
What should I say?

오늘 저녁 뭐 만들지?
What should I cook tonight?

그녀의 졸업 선물로 뭘 사야 하지?
What should I buy for her graduation?   graduation 졸업

내가 뭘 먼저 해야 돼?
What should I do first?

이 상황에서 난 뭘 해야 하지?
What should I do in this situation?

A **What should I buy for her birthday?**
B I don't know. What does she like?
A She's really picky, so it's hard to pick a present for her.

picky 까다로운   pick 고르다

그녀의 생일 선물로 뭘 사야 하지?
모르겠네. 걘 뭘 좋아하는데?
걘 너무 까다로워서 선물 고르기가 힘들어.

 # What should we...?

우리 뭘 ~해야 할까? ▶ should 대신 shall을 쓸 수도 있습니다. 다만 춤을 청하는 표현 Shall we dance?에서처럼 shall은 정중한 느낌이 나기 때문에 친한 사이에서는 어색할 수 있어요.

우리 점심으로 뭐 먹을까?
What should we have for lunch?

우리 내일 뭐 할까?
What should we do tomorrow?

뭘 사야 할까?
What should we buy?

뭐 마실까?
What should we drink?

걔 생일에 뭘 선물해야 할까?
What should we give her for her birthday?

A **What should we have for lunch?**
B Hmm... I want to eat something light.
A Like what?
B Like a sandwich or something.

우리 점심으로 뭐 먹을까?
흠... 난 가벼운 거 먹고 싶어.
예를 들어 어떤 거?
샌드위치 같은 거.

 What's your...?

네 ~는 뭐야? ▶ 잘 모르는 사람이어도 서로에 대해 궁금한 점을 물으며 친해질 수 있겠죠. What's your...? 패턴 맨 뒤에 again을 붙이면 '네 ~는 뭐라고 했었지?'라고 확인하는 말이 됩니다.

네 취미가 뭐야?
What's your hobby?

이메일 주소가 뭐야?
What's your email address?

요점이 뭔데?
What's your point?   point 의견, 주장, 중요한 말

핸드폰 번호가 어떻게 되나요?
What's your cell number?

네 성이 뭐라고 했지?
What's your last name* again?

A **What's your hobby?**
B I like reading comics. What's yours?
A Mine? I have too many. I love shopping and traveling the best, though.

넌 취미가 뭐야?
난 만화책 읽는 걸 좋아해. 네 취미는?
나? 난 너무 많아. 그래도 쇼핑이랑 여행을 제일 좋아해.

★ 이름과 관련된 표현
성(姓)은 가족이 모두 같이 쓰니까 family name, 영어로는 이름 뒤에 오니까 last name이라고 기억하면 쉽습니다. 성씨는 정해져 있지만, 이름은 성보다 앞에 나오기 때문에 first name이라고 하고, 부모님에게서 선물 받는 것이니 given name이라고도 합니다.
last name[surname, family name] 성(姓)
first name[given name] 이름

 # That's not what...

~한 건 그게 아니야 ▶ 영어로 '그런 게 아니야'라고 잘못된 내용을 정정하기란 참 어려울 것 같죠? 하지만 이 패턴을 알면 내 생각을 정확히 전달하기가 한결 쉬워집니다.

내가 말한 건 그게 아닌데.
That's not what I told you.

그런 게 아니야.
That's not what happened.

그건 내가 원했던 게 아니야.
That's not what I wanted.

난 그러려고 여기 온 거 아니야.
That's not what I came here for.

내가 너한테 부탁했던 건 그게 아닌데.
That's not what I asked you to do.

A I heard you made Julie cry.
B How did you know?
A A little bird told me*.
B **That's not what happened.**

네가 줄리 울렸다며?
어떻게 알았어?
누가 그러더라고.
그런 게 아니야.

★ 새가 말해 줬다고?
누가 말해 줬는지 밝히고 싶지 않을 때 "그냥 누가 그러더라고."라고 말하잖아요. 영어에서는 이걸 '이름 모를 새가 말해 주고 날아갔다'고 표현합니다.

연습문제 18

본문에 나온 예문을 모두 암기했나요? 무작위로 예문을 뽑아 대화를 만들었습니다.
외운 예문을 대화에 넣어서 말해 보세요. 효과적인 실전 연습이 됩니다.

01 A _____ 네 차에 무슨 문제 생겼어?
B I'm so pissed. Someone keyed my car. 완전 열 받아. 누가 내 차 긁어놨어. *key 열쇠로 긁다

02 A _____ 그녀의 졸업 선물로 뭘 사야 하지?
B Pick something meaningful. 뭔가 의미 있는 걸로 골라.

03 A _____ 너 얼굴이 왜 그래?
B My cat scratched it. 우리 고양이가 할퀴었어.

04 A _____ 가격이 왜 이래? (wrong)
B That's what I'm saying. It's way too expensive, you know? 내 말이. 너무 비싸지?

05 A Are you here to pick a fight with me? 나한테 싸움 걸려고 여기 왔어?
B No, _____ 아니야. 난 그러려고 여기 온 거 아니야.

06 A _____ 너 왜 그래? (wrong)
B Nothing. I'm just tired. 아니야. 그냥 좀 피곤해서.

07 A _____ 네 성적 왜 이래?
B I know, I'm shocked too. 알아, 나도 쇼크 받았어.

08 A _____ 날씨 왜 이러냐? (wrong)
B I hear you. It's so unpredictable. 그러게 말이야. 너무 예측불허야.

09 A _____ 내가 뭐라고 말해야 하지?
B Don't say anything. You'll just make things worse. 아무 말도 하지 마. 상황만 악화시킬 뿐이야.

10 A _____ 너 무슨 일 있어?
B I don't want to talk about it. 말하고 싶지 않아.

11 A _____ 네 목소리 왜 그래? (wrong)
B I have a cold. 나 감기 걸렸어.

12　A　[What should I cook tonight?]　오늘 저녁 뭐 만들지?
　　B　Let's just eat something light. 그냥 가볍게 먹자.

13　A　[That's not what I wanted.]　그건 내가 원했던 게 아니야.
　　B　Then what did you want? Be more specific. 그러면 뭘 원한 거야? 구체적으로 말해 봐.

14　A　[What's wrong with your burger?]　네 햄버거 뭐 이상해?
　　B　Try it. It tastes like shit. 먹어 봐. 더럽게 맛없어.

15　A　[What should I do first?]　내가 뭘 먼저 해야 돼?
　　B　Why don't you empty the trash can first? 우선 쓰레기통부터 비우는 게 어때?

16　A　[What should I do in this situation?]　이 상황에서 난 뭘 해야 하지?
　　B　You should first calm yourself. 일단 진정부터 해야지.

17　A　[What happened?]　무슨 일이야?
　　B　My girlfriend dumped me. 여자 친구한테 차였어.

18　A　You said I could come half an hour late. 네가 30분 늦게 와도 된다고 했잖아.
　　B　No, [that's not what I told you.] 아니, 내가 너한테 말한 건 그게 아니야.

19　A　I heard you made her upset. 네가 그녀를 화나게 했다며?
　　B　No, [that's not what happened.] 아니, 그런 게 아니야.

20　A　[That's not what I asked you to do.]　내가 너한테 해 달라고 부탁했던 건 이게 아닌데.
　　B　Yes, you did. 맞거든.

21　A　[What's your cell number?]　핸드폰 번호가 어떻게 되나요?
　　B　It's 608-291-2039. 608-291-2039입니다.

22　A　[What should we do tomorrow?]　우리 내일 뭐 할까?
　　B　I don't know. We'll play it by ear. 모르겠네. 상황 봐서 정하자.

01 What happened to your car? 02 What should I buy for her graduation? 03 What happened to your face? 04 What's wrong with this price? 05 that's not what I came here for. 06 What's wrong with you? 07 What happened to your grade? 08 What's wrong with this weather? 09 What should I say? 10 What happened to you? 11 What's wrong with your voice? 12 What should I cook tonight? 13 That's not what I wanted. 14 What's wrong with your burger? 15 What should I do first? 16 What should I do in this situation? 17 What happened? 18 that's not what I told you. 19 that's not what happened. 20 That's not what I asked you to do. 21 What's your cell number? 22 What should we do tomorrow?

167

Unit 12 Where/When

- **102** Where did you...? 너 어디서 ~했어?
- **103** Where can I...? 어디서 ~할 수 있어?
- **104** Where's the best place to...? 어디가 ~하기 제일 좋아?
- **105** Where's the nearest...? 가장 가까운 ~는 어디에 있어요?
- **106** Where do you...? 너 어디서 ~해?
- **107** Where do you want to/wanna go...? 어디에 가고 싶어?
- **108** When did you...? 언제 ~했어?
- **109** Since when do/are you...? 네가 언제부터 ~했는데?
- **110** When was the last time you...? 너 마지막으로 ~한 게 언제야?

 Where did you...?

너 어디서 ~했어? ▶ 의문사 where를 활용한 패턴으로, 쓰임새가 많습니다. 친구에게 예쁜 옷을 어디서 샀는지 물어볼 수도 있고, 맛있는 식당을 물어볼 수도 있죠. 어떤 일이 '어디'에서 일어난 것인지 묻고 싶을 때 바로 떠오르도록 연습해 봅시다.

 [웨얼디드유] (X) [웨얼디쥬/웰디쥬] (O)

너 그 얘기 어디서 들었어?
Where did you hear that?

너 그거 어디서 났어?
Where did you get it?

내 USB 메모리 어디서 찾았어?
Where did you find my USB flash drive?
USB flash drive 이동 가능한 저장 장치

너 어디서 다친 거야?
Where did you get hurt?

넌 제임스를 어디서 마주친 거야?
Where did you bump into James? bump into ~와 마주치다

A **Where did you get it?**
B Frank got it for me for my birthday.

너 그거 어디서 샀어?
프랭크가 내 생일에 사 줬어.

103 Where can I...?

어디서 ~할 수 있어? ▶ 이 패턴은 Where is...?보다 약간 더 정중한 느낌을 주면서 장소를 묻는 말입니다.

 [웨얼캔아이](X) [웨얼캐나이/웰케나이] (O) 단어마다 정직하게 발음하면 안 돼요.

화장실이 어디에 있죠?
Where can I find the restroom?

그거 어디서 살 수 있어?
Where can I buy it?

줄리 어디 있어?
Where can I find Julie?

이 쿠폰은 어디에서 얻을 수 있어?
Where can I get this coupon?*

그 게임은 어디에서 다운로드 받을 수 있어?
Where can I download that game?

A **Where can I buy it?**
B You can't buy it anymore. It's sold out everywhere.

그거 어디서 살 수 있어?
이젠 못 사. 모든 곳에서 다 매진됐어.

★ '쿠판'과 '큐판'은 매한가지!
coupon은 [쿠판], [큐판] 이렇게 두 가지로 발음하기 때문에 들을 때 서로 다른 단어로 오해하기 쉬우니 주의하세요. 다른 예로 often 또한 [어(ㅎ)픈]이나 [어(ㅎ)튼]이라고 두 가지로 발음합니다.

Where's the best place to...?

어디가 ~하기 제일 좋아? ▶ 식당, 카페, 관광지 등 어떤 곳이든 가장 좋은 장소를 추천받을 수 있는 패턴입니다. 가장 좋은 곳은 아니더라도 적당히 괜찮은 장소를 알고 싶다면 Where is a good place to...? 라고 물어보세요.

이 근처에서 어디가 밥 먹기 제일 좋아?
Where's the best place to eat around here?

어디가 쇼핑하기 제일 좋아?
Where's the best place to shop?

어디가 놀기 제일 좋아?
Where's the best place to hang out?

데이트하기 제일 좋은 데가 어디야?
Where's the best place to go on a date?

어디가 야경 보기에 제일 좋아?
Where's the best place to go for night view?

실전 대화

A **Where's the best place to eat around here?** 이 근처에서 어디가 밥 먹기 제일 좋아?
B Try Red Lobster. You're gonna love it there. 레드 랍스터에 가 봐. 분명 마음에 들 거야.

105 Where's the nearest...?

가장 가까운 ~는 어디에 있어요? ▶ the nearest는 near의 최상급으로 '가장 가까운'이란 뜻입니다. 지금 있는 곳에서 가장 가까운 곳을 찾는 말이죠.

이 근처에서 가장 가까운 주유소는 어디에 있어요?
Where's the nearest gas station around here?
gas station 주유소

이 근처에서 가장 가까운 한국 식당은 어디에 있어요?
Where's the nearest Korean restaurant around here?

이 근처에서 가장 가까운 버스정류장은 어디인가요?
Where's the nearest bus station around here?

이 근처에 가장 가까운 마트는 어디에 있나요?
Where's the nearest grocery store around here?

여기서 가장 가까운 공항은 어디인가요?
Where's the nearest airport from here?　airport 공항

A **Where's the nearest grocery store around here?**
B There's one down the street. It's only two minutes away.

이 근처에 가장 가까운 마트는 어디에 있나요?

길을 따라 내려가면 하나 있어요.
2분 정도면 가요.

Where do you...?

너 어디서 ~해? ▶ 이 패턴은 장소를 묻는 대표적인 패턴입니다. Where do you 뒤에 여러 동사를 넣어 말해 보세요.

너 어디 살아?
Where do you live?

너 어디서 일해?
Where do you work?

너 학교 어디 다녀?
Where do you go to school?

쇼핑은 주로 어디서 해?
Where do you usually shop?

외식은 주로 어디서 해?
Where do you usually go when eating out?
eat out 외식하다

A **Where do you work?**　　　　　너 어디서 일해?
B I work at Samsung.　　　　　　삼성에서 일해.
A You do? Cool!　　　　　　　　그래? 멋진데.

 **연습문제 19** 본문에 나온 예문을 모두 암기했나요? 무작위로 예문을 뽑아 대화를 만들었습니다. 외운 예문을 대화에 넣어서 말해 보세요. 효과적인 실전 연습이 됩니다.

01 A _____ 어디가 놀기 제일 좋아?
B JD's Theme Park would be the best. JD 테마파크가 제일 좋을 것 같아.

02 A _____ 화장실은 어디에서 찾을 수 있죠?
B Second floor, last door on the left. 2층 왼쪽 끝에 있어요.

03 A _____ 여기서 가장 가까운 공항은 어디인가요?
B That would be O'Hare Airport. 오해어 공항이요.

04 A _____ 너 그 얘기 어디서 들었어?
B A little bird told me. 누가 얘기해 줬어.

05 A _____ 너 어디서 다친 거야?
B In my room. 내 방에서.

06 A _____ 내가 그 게임을 어디에서 다운로드 받을 수 있을까?
B Just go to the app store and search for Chocolate Crush.
앱스토어에 가서 Chocolate Crush를 찾아 봐.

07 A _____ 너 그거 어디서 났어? (get)
B I got it online. 온라인으로 샀어.

08 A _____ 너 학교 어디 다녀?
B I'm a freshman at University of WI. 위스콘신 주립대 신입생이야.

09 A _____ 이 근처에서 어디가 밥 먹기 제일 좋아?
B Try JD's Pasta House. JD 파스타 하우스 한번 가 봐.

10 A _____ 어디가 쇼핑하기 제일 좋아?
B I think Dongdaemun Market would be the best. 내 생각엔 동대문 시장이 제일 좋을 것 같아.

11 A _____ 이 쿠폰은 어디에서 얻을 수 있어?
    B Just go online and google it. 인터넷 들어가서 구글로 찾아 봐.

12 A _____ 어디가 야경 보기에 제일 좋아?
    B Try Seoul Tower. 서울 타워 한번 가 봐.

13 A _____ 이 근처에서 가장 가까운 주유소는 어디에 있어요?
    B It's just two blocks away from here. 여기서 두 블록 떨어져 있어요.

14 A _____ 너 어디서 일해?
    B I don't work right now. 나 지금 일 안 해.

15 A _____ 이 근처에서 가장 가까운 버스정류장은 어디인가요?
    B I don't know. You'll have to ask someone else. 전 모르겠네요. 다른 사람한테 물어보세요.

16 A _____ 넌 제임스를 어디서 마주친 거야?
    B I ran into him at the mall. He was shoe shopping.
       쇼핑몰에서 우연히 만났어. 신발 사고 있더라고.

17 A _____ 그거 내가 어디서 살 수 있을까?
    B I don't know. I mean I didn't buy it. 모르겠네. 내가 산 게 아니거든.

18 A _____ 이 근처에 가장 가까운 마트는 어디에 있나요?
    B It's about a couple of blocks from here. 여기서 몇 블록만 더 가면 있어요.

19 A _____ 너 어디 살아?
    B I live in New York. 난 뉴욕에 살아.

20 A _____ 넌 쇼핑을 주로 어디서 해?
    B I usually shop online. 난 보통 인터넷으로 쇼핑해.

01 Where's the best place to hang out? 02 Where can I find the restroom? 03 Where's the nearest airport from here? 04 Where did you hear that? 05 Where did you get hurt? 06 Where can I download that game? 07 Where did you get it? 08 Where do you go to school? 09 Where's the best place to eat around here? 10 Where's the best place to shop? 11 Where can I get this coupon? 12 Where's the best place to go for night view? 13 Where's the nearest gas station around here? 14 Where do you work? 15 Where's the nearest bus station around here? 16 Where did you bump into James? 17 Where can I buy it? 18 Where's the nearest grocery store around here? 19 Where do you live? 20 Where do you usually shop?

 # Where do you want to/wanna go...?

어디에 가고 싶어? ▶ 한국에 놀러 온 외국인 친구에게 보통 가장 먼저 물어보는 말은 '뭘 하고 싶은지', '어디에 가보고 싶은지' 이 두 가지일 거예요. do를 did로 바꾸면 과거에 어디로 가고 싶었던 건지 묻는 말이 되니 상황에 맞게 활용하세요.

어디 가고 싶어?
Where do you want to go?

밥 어디 가서 먹고 싶어?
Where do you want to go eat?

쇼핑 어디로 갈까?
Where do you want to go shopping?

너 내일 어디 가고 싶어?
Where do you want to go tomorrow?

학교 끝나고 어디 가고 싶어?
Where do you want to go after school?

A   **Where do you want to go tomorrow?**
B   I don't know. Let's just play it by ear.*
A   Sounds good.

내일 어디 가고 싶어?
모르겠네. 그냥 상황 봐서 정하자.
좋아.

> ★ **play it by ear** 어떤 것에 귀를 기울이다
> 지금 결정하기 힘들거나 귀찮을 때 '그때 상황을 봐서 결정하자'는 뜻이에요.

 # When did you...?

네가 언제 ~했어? ▶ 과거에 발생한 일의 시점을 물어보는 말입니다. when 자리에 what이나 where를 넣어 응용할 수도 있어요.

 [웬디쥬] 연음에 주의하세요.

너 여긴 언제 왔어?
When did you get here? get (장소, 위치에) 도착하다

너 언제 일어났어?
When did you wake up?

너 이 차 언제 샀어?
When did you buy this car?

네가 그런 말을 언제 했어?
When did you say that?

너희 둘 처음 만난 게 언제야?
When did you two* first meet? you two 너희 둘

A You're late.
B What do you mean?
A I told you to be here by seven.
B **When did you say that?**

너 늦었잖아.
그게 무슨 소리야?
여기에 일곱 시까지 오라고 했잖아.
네가 그런 말을 언제 했어?

* you two 너희 둘
  you는 '너'는 물론 '너희'도 가리킵니다. 뒤에 two, three 같이 숫자를 붙이면 '너희 (몇) 명'이라는 뜻이 됩니다.

 # Since when do/are you...?

네가 언제부터 ~했는데? ▶ 상대방의 말에 의아한 부분이 있을 때, 말싸움으로 지고 싶지 않을 때 이 패턴이 필요합니다. 약간의 오버를 담아 말하면 뉘앙스가 더 잘 사니까 과장된 제스처와 함께 소리 내어 말해 보세요.

네가 언제부터 나를 신경 썼다고 그래?
Since when do you care about me?
care about ~에 마음을 쓰다, 관심을 가지다

네가 언제부터 운동을 했다고 그래?
Since when do you work out?   work out 운동하다

언제부터 네가 몸무게에 신경 썼다고 그래?
Since when do you care about your weight?

언제부터 네가 공부를 했다고?
Since when do you study?

언제부터 네가 내 친구였지?
Since when are you my friend?

A I'm in the mood for some pizza.
B Not me. I'm actually on a diet.
A You? **Since when do you care about your weight?**

나 왠지 피자가 먹고 싶네.
난 별로. 실은 나 지금 다이어트 중이야.
네가? 언제부터 네가 몸무게에 신경 썼다고 그래?

 # When was the last time you...?

너 마지막으로 ~한 게 언제야? ▶ last time은 어떤 일이 일어난 마지막 시점을 나타내는 표현입니다. 수사 영화나 드라마에서 실종자를 마지막으로 본 게 언제냐고 묻는 장면을 떠올리면서 반복해서 말해 보세요.

너 마지막으로 제이디랑 얘기한 게 언제야?
When was the last time you talked to JD?

너 마지막으로 크리스틴을 본 게 언제야?
When was the last time you saw Christine?

너 마지막으로 여기 온 게 언제야?
When was the last time you came here?

너 마지막으로 피자 먹은 게 언제야?
When was the last time you had pizza?

너 마지막으로 맥주 마신 게 언제야?
When was the last time you drank beer?

A **When was the last time you saw Christine?**
너 마지막으로 크리스틴을 본 게 언제야?

B If my memory serves me right, it was last Christmas. I haven't seen her since.
내 기억이 맞다면, 지난 크리스마스 때였어. 그 이후론 보질 못했네.

serve 도움이 되다; 제공하다

연습문제 20   본문에 나온 예문을 모두 암기했나요? 무작위로 예문을 뽑아 대화를 만들었습니다.
외운 예문을 대화에 넣어서 말해 보세요. 효과적인 실전 연습이 됩니다.

01   A   Why am I doing this? Because you're my friend. 내가 이거 왜 하고 있냐고? 넌 내 친구잖아.
       B   Hello? _____ 엥? 언제부터 네가 내 친구였지?

02   A   _____ 어디 가고 싶어?
       B   Let's go to the mall. 쇼핑몰 가자.

03   A   I said you should come here by noon. 정오까지는 여기 와야 한다고 했잖아.
       B   Huh? _____ 뭐? 네가 그런 말을 언제 했어?

04   A   _____ 너 여긴 언제 왔어?
       B   Just now. Did you just come here, too? 방금 전에. 너도 방금 온 거야?

05   A   _____ 너 쇼핑 어디로 가고 싶어?
       B   How about the usual spot? 맨날 가던 데 어때?

06   A   _____ 너 언제 일어났어?
       B   I just woke up. I think I'm going back to sleep. 방금 일어났어. 다시 잘 거 같아.

07   A   I need to study for my finals. 기말고사 때문에 공부해야 해.
       B   _____ 언제부터 네가 공부를 했다고?

08   A   _____ 너희 둘 처음 만난 게 언제야?
       B   If my memory serves me right, it was back in 1992. 내 기억이 맞다면 1992년이지.

09   A   _____ 너 마지막으로 여기 온 게 언제야?
       B   It's been a while. 한참 됐어.

10   A   _____ 밥 어디 가서 먹고 싶어?
       B   It doesn't matter to me. Why don't you decide? 난 상관없어. 네가 정해.

11 A _____ 너 마지막으로 크리스틴을 본 게 언제야?
    B It was last Christmas. 지난 크리스마스 때였어.

12 A _____ I mean where did you get the money to buy this? 너 이 차 언제 샀어? 내 말은 돈이 어디서 나서 이 차를 샀냐고.
    B I took out a loan. 대출 받았어.

13 A _____ 너 내일 어디 가고 싶어?
    B I want to go see the ocean. 바다 보러 가고 싶어.

14 A _____ 학교 끝나고 어디 가고 싶어?
    B I don't know. 모르겠어.

15 A _____ 너 마지막으로 제이디랑 얘기한 게 언제야?
    B It was a couple of months ago. 몇 달 전이야.

16 A Oh, no, you're constipated? I'm worried. 오, 저런. 너 변비 걸렸어? 걱정된다.
    B _____ 네가 언제부터 나를 신경 썼다고 그래?

17 A _____ 너 마지막으로 맥주 마신 게 언제야?
    B Ages ago. 엄청 오래 전이야.

18 A I should watch what I eat. 먹는 거 신경 써야겠어.
    B _____ 언제부터 네가 몸무게에 신경 썼다고 그래?

19 A _____ 너 마지막으로 피자 먹은 게 언제야?
    B Just last night, but I don't mind eating again. 어젯밤에 먹었는데 또 먹어도 상관없어.

20 A I can't go. I need to hit the gym. 난 못 가. 헬스장에 가야 해. *hit (장소에) 닿다
    B _____ 네가 언제부터 운동을 했다고 그래?

---

01 Since when are you my friend? 02 Where do you want to go? 03 When did you say that? 04 When did you get here? 05 Where do you want to go shopping? 06 When did you wake up? 07 Since when do you study? 08 When did you two first meet? 09 When was the last time you came here? 10 Where do you want to go eat? 11 When was the last time you saw Christine? 12 When did you buy this car? 13 Where do you want to go tomorrow? 14 Where do you want to go after school? 15 When was the last time you talked to JD? 16 Since when do you care about me? 17 When was the last time you drank beer? 18 Since when do you care about your weight? 19 When was the last time you had pizza? 20 Since when do you work out?

Unit 13 Why

- 111 **Why did you...?** 왜 ~했어?
- 112 **Why don't you...?** ~하지그래?
- 113 **Why don't I...?** 내가 ~해 줄게
- 114 **Why are you so...?** 넌 왜 그렇게 ~해?
- 115 **That's why...** 그래서 ~한 거야

111 Why did you...?

왜 ~했어? ▶ 상대방이 왜 그런 행동을 했는지 알고 싶을 때가 있을 거예요. why라는 의문사를 활용해서 '이유'를 물어봅시다. 유사 패턴으로 How come you...?가 있습니다.

일을 왜 그만둔 거야?
Why did you quit your job?　　quit 그만두다, 끊다

술을 왜 그렇게 많이 마셨어?
Why did you drink so much?

왜 이렇게 일찍 왔어?
Why did you come so early?

오늘 아침에 왜 전화했어?
Why did you call me this morning?

왜 이렇게 늦게 퇴근했어?
Why did you get off work so late?

A **Why did you get off work so late?**　　왜 이렇게 늦게 퇴근했어?
B I needed to draft a contract.　　계약서를 하나 작성해야 했거든.
A I see.　　그렇구나.

draft 초안을 작성하다　contract 계약서

 # Why don't you...?

~하지그래? ▶ 직역하면 '너 왜 ~안 하는 거야?'가 되지만, 실제로는 '~하지그래?', '~하면 어때?' 정도의 권유하는 말이에요. 자신의 의견을 전달하는 표현으로도 많이 씁니다.

 [와이돈트유] (X) [와이돈츄/와론츄] (O) 연음을 잘 살리는 게 포인트예요.

여기서 있다가 저녁 먹지그래?
Why don't you stay here for dinner?

나랑 같이 가는 게 어때?
Why don't you come with me?

한번 해 보지그래?
Why don't you give it a shot?   give a shot ~를 시도해 보다

이 번호로 전화 걸어 볼래?
Why don't you try this number?

먼저 가서 먹지그래?
Why don't you go ahead and eat first?   go ahead 앞서 가다

실전 대화

A **Why don't you stay here for dinner?**
B Nah, I don't wanna overstay my welcome.
A What're you talking about? Come on, stay! I insist.
B Okay, if you insist.

overstay one's welcome 너무 오래 머물다   insist 고집하다; 주장하다

여기서 있다가 저녁 먹지그래?
아니야, 염치 없게 너무 오래 있고 싶지는 않아.
무슨 소리야? 야, 있다가 가! 그렇게 해.
알았어, 정 그렇다면.

 # Why don't I...?

내가 ~해 줄게 ▶ 이 패턴도 직역보다 의역을 해야 자연스러워요. '내가 ~하면 왜 안 돼?'로 해석되지만, '내가 ~해 줄게'로 받아들이면 됩니다. 정말로 이유를 묻는 말이라기보다는 자신의 의견을 제시하는 것에 가까워요.

내가 나중에 다시 연락할게.
Why don't I get back* to you later?
get back to~ ~에게 다시 연락하다

그거 내가 들어 줄게.
Why don't I carry it for you?   carry 들고 있다, 나르다

내가 여기서 기다릴게.
Why don't I wait for you here?

내가 금방 다시 전화할게.
Why don't I call you back in a second?

내가 회사로 (차로) 데리러 갈게.
Why don't I pick you up at work?

A What time are you getting off work today?
B Around seven.
A Me, too. **Why don't I pick you up at work then?**

너 오늘 몇 시에 퇴근해?
7시 정도.
나도 그런데. 그럼 내가 회사로 (차로) 데리러 갈게.

* **get back** (다시) 되돌려 ~하다
  get back은 상황에 따라 여러 가지 의미로 해석할 수 있습니다. '다시 연락하다'뿐 아니라 '되돌아가다', '복수하다(다시 되돌려주다)'의 의미도 갖고 있죠.

 # Why are you so...?

넌 왜 그렇게 ~해? ▶ 상대방의 행동이나 말투가 거슬릴 때가 있죠. 그럴 때 도대체 왜 그러는지 살짝 따지듯이 묻는 패턴이에요. so는 콕 찍어 말하는 느낌을 더해 줍니다.

넌 왜 그렇게 고집이 세?
Why are you so stubborn?   stubborn 고집스러운, 완강한

나한테 왜 그렇게 화가 난 거야?
Why are you so mad at me?

너 왜 그렇게 부루퉁해?
Why are you so sulky?   sulky 부루퉁한, 샐쭉한

오늘 왜 그렇게 예민해?
Why are you so cranky today?

갑자기 나한테 왜 이리 친절해?
Why are you so nice to me all of a sudden?

A **Why are you so mad at me?** What did I do wrong?
B Why did you talk behind my back?
A What're you talking about? Be more specific.

나한테 왜 그렇게 화가 난 거야? 내가 뭘 잘못 했는데 그래?
너 왜 내 험담하고 다녀?
그게 무슨 소리야? 더 구체적으로 얘기해 봐.

talk behind one's back ~의 험담을 하다   specific 구체적인, 명확한

> ★ 성격에 관한 표현
> picky 까다로운   grumpy 짜증을 잘 부리는   selfish 이기적인   greedy 욕심이 많은   nosy 남의 일에 간섭을 잘하는
> honest 솔직한   considerate 배려심이 있는

115 That's why...

그래서 ~한 거야 ▶ 이 패턴을 직역하면 '그게 ~한 이유야'라는 뜻인데, 의역하면 '그래서 ~한 거야'가 됩니다. 뒤에는 '주어+동사' 즉, 절이 옵니다.

그게 이유야.
That's why.

그래서 내가 전화했던 거야.
That's why I called.

그래서 오늘 일찍 왔어.
That's why I came here early.

그래서 내가 못 간 거야.
That's why I couldn't make it.

그러니까 우리는 이걸 두 번씩 봐야 돼.
That's why we should see it twice. twice 두 번, 두 배로

실전 대화

A Let's go see a movie.
B Sorry, but maybe some other time.
A Why not?
B I have tons of things to do today. **That's why.**

tons of 다수의

우리 영화 보러 가자.
미안하지만 다음에.
왜?
오늘 할 일이 너무 많아서 그래. 그게 이유야.

 **연습문제 21** 본문에 나온 예문을 모두 암기했나요? 무작위로 예문을 뽑아 대화를 만들었습니다. 외운 예문을 대화에 넣어서 말해 보세요. 효과적인 실전 연습이 됩니다.

01 A _____ 나랑 같이 가는 게 어때?
　 B Sure. I don't have anything to do anyway. 그래. 어차피 할 일도 없어.

02 A _____ 넌 왜 그렇게 고집이 세?
　 B Look who's talking. 누가 할 소리.

03 A _____ 왜 그렇게 술을 많이 마셨어?
　 B I just felt like getting drunk. 그냥 취하고 싶었어.

04 A _____ 한번 해 보지 그래?
　 B What the heck! Yeah, I'll give it a shot. 까짓것! 그래, 한번 해 볼 거야.

05 A _____ 내가 금방 다시 전화할게.
　 B Sure. I'll talk to you later then. 그래. 그럼 그때 얘기하자.

06 A _____ 왜 일을 그만둔 거야?
　 B It was my boss. He was too demanding. 직장 상사 때문이지. 요구하는 게 너무 많았어.

07 A _____ 오늘 아침에 왜 나한테 전화했어?
　 B I just wanted to say what's up. That's all. 그냥 안부 전화 한 거야. 그게 다야.

08 A _____ 여기서 있다가 저녁 먹지 그래?
　 B I wish I could, but I can't. I have some stuff to do. 그러고 싶지만 안 되겠어. 할 일이 있거든.

09 A Why didn't you come last night? 어젯밤에 왜 안 왔어?
　 B I had a terrible migraine. _____
　 　 편두통이 심했어. 그래서 못 간 거야.　　*migraine 편두통

10 A _____ 왜 이렇게 일찍 왔어?
　 B I left home early to beat the traffic. 차 막힐까 봐 집에서 일찍 나왔어.

11 A _____ 내가 회사로 너를 (차로) 데리러 가면 어때?
    B Really? Cool! Thanks a lot. 정말? 좋아! 정말 고마워.

12 A _____ 너 왜 그렇게 부루퉁해?
    B It's because of you, you jerk. 너 때문이잖아, 이 나쁜 놈아.

13 A _____ 먼저 가서 먹지 그래?
    B Nah, I'll just wait for you. 아니야. 그냥 너 기다릴래.

14 A _____ 내가 여기서 널 기다리면 어때?
    B Okay, I won't be too long. 좋아, 오래 안 걸릴 거야.

15 A _____ 나한테 왜 그렇게 화난 거야?
    B Don't you know? 몰라서 물어?

16 A This movie is the bomb. It's worth every penny. 이 영화 죽인다. 돈이 아깝지 않아.
    B I know. _____ 그러게. 그러니까 우리는 이걸 두 번씩 봐야 돼.

17 A _____ 그거 내가 널 위해 들어 주면 어때?
    B Really? Thank you. 정말? 고마워.

18 A _____ 오늘 왜 그렇게 예민해?
    B I didn't get much sleep last night. 어젯밤에 잠을 많이 못 잤거든.

19 A Why can't you come? 너 왜 못 와?
    B I have tons of things to do today. _____
       오늘 할 일이 너무 많아. 그게 이유야.

20 A Why did you call? 왜 전화했어?
    B I wanted to ask you something. _____
       뭐 좀 물어보고 싶었거든. 그래서 전화했던 거야.

---

01 Why don't you come with me? 02 Why are you so stubborn? 03 Why did you drink so much? 04 Why don't you give it a shot? 05 Why don't I call you back in a second? 06 Why did you quit your job? 07 Why did you call me this morning? 08 Why don't you stay here for dinner? 09 That's why I couldn't make it. 10 Why did you come so early? 11 Why don't I pick you up at work? 12 Why are you so sulky? 13 Why don't you go ahead and eat first? 14 Why don't I wait for you here? 15 Why are you so mad at me? 16 That's why we should see it twice. 17 Why don't I carry it for you? 18 Why are you so cranky today? 19 That's why. 20 That's why I called.

Unit 14 How

116	How about...?	~어때?
117	How do you...?	어떻게 ~하는 거야?
118	How did you...?	어떻게 ~했어?
119	How do you like...?	~ 맘에 들어?
120	How could you...?	어떻게 ~할 수 있어?
121	How come...?	왜 ~야?
122	How do you know...?	넌 ~를 어떻게 알아?
123	How was your...?	네 ~는 어땠어?
124	How many...?	얼마나 ~해?
125	How much...?	얼마나 ~해?
126	How long is...?	~는 얼마나 길어?
127	How long does it take to...?	~하려면 얼마나 걸려?
128	How often do you...?	얼마나 자주 ~해?
129	I don't know how to...	나 어떻게 ~하는지 몰라

116 How about...?

~ 어때? ▶ 앞서 나온 What about...?과 같은 의미로, 상대방에게 어떤 것을 권하는 말이에요. What about...? 보다 How about...?이 좀 더 가벼운 느낌이죠.

오늘 저녁 식사 어때?
How about dinner tonight?

내일 7시 어때?
How about tomorrow at seven?

오른쪽에 있는 거 어때?
How about the one on the right?

퇴근하고 맥주 한 잔 어때?
How about a beer after work?

커피 한 잔 어때?
How about a cup of coffee? a cup of ~ 한 잔

실전 대화

A: Long time no see. How've you been?
B: Just same old, same old. **How about you?**

오랜만이다. 잘 지냈어?
그냥 맨날 똑같지 뭐. 넌 어때?

same old, same old 늘 똑같다

 # How do you...?

어떻게 ~하는 거야? ▶ How에는 여러 가지 뜻이 있지만 여기서는 방법을 묻는 의문사로 썼어요. How do you...? 뒤에는 항상 동사원형이 따라와야 합니다.

 [하우두유] (X) [하우르유/하르유] (O) do 발음을 정직하게 하면 안 돼요.

걔를 어떻게 알아?
How do you know him?

이거 어떻게 사용하는 거야?
How do you use this?

'Tag' 철자가 어떻게 돼?
How do you spell "Tag"?   spell 철자를 말하다[쓰다]

여기서 거기까지 어떻게 가는 거야?
How do you get there from here?

"너 밥맛이다."를 영어로 어떻게 말해?
How do you say "너 밥맛이다." in English?

A **How do you know him?** 걔를 어떻게 알아?
B We used to live in the same neighborhood. 예전에 같은 동네에 살았어.
A When? 언제?
B About five years ago. 5년쯤 전에.

118 How did you...?

어떻게 ~했어? ▶ How do you...?의 과거형이에요. 과거에 어떻게 한 건지 방법을 묻는 표현입니다.

 [하우디쥬/하디쥬/하리쥬] did와 you를 잘 연결하는 게 포인트~!

그거 어떻게 했어?
How did you do it?

어떻게 알아냈어?
How did you find out?   find out ~를 알아내다

그 아이디어 어떻게 생각해냈어?
How did you come up with that idea?
come up with 찾아내다, 생각해내다

너희 둘은 처음에 어떻게 만났어?
How did you two first meet?

너희 둘은 서로 어떻게 알게 됐어?
How did you two get to know each other?
each other 서로

실전 대화

A **How did you do it?**   그거 어떻게 했어?
B Peter helped me out.*   피터가 도와줬어.
A Great.   잘됐네.

* help out 돕다
help(돕다)에 out이 붙은 help out은 힘든 일을 돕는다는 뉘앙스가 있습니다.

 # How do you like...?

~ 맘에 들어? ▶ 새로운 환경에 놓인 친구가 잘 적응하고 있는지 궁금해서 연락했다고 상상해 보세요. 이런 상황에서 상대방의 근황이나 생각이 궁금할 때 쓰는 말입니다.

여기 날씨 맘에 들어?
How do you like the weather here?

새로 한 헤어스타일 맘에 들어?
How do you like your new hair?

새로운 직장은 맘에 들어?
How do you like your new job?

지금까지는 그거 맘에 들어?
How do you like it so far?   so far 지금까지

여기서 지낼 만해?
How do you like it here?

A **How do you like the weather here?**   여기 날씨 맘에 들어?
B I love it. It's my kind of weather.   정말 맘에 들어. 딱 내 스타일이야.
A Cool.   잘됐네.

120 How could you...?

어떻게 ~할 수 있어? ▶ 어이가 없다는 감정이 담긴 말이에요. 원망의 뉘앙스가 강하죠.

버터 발음 [하우쿠쥬/하쿠쥬] 좀 세게 발음해야 감정을 잘 보여줄 수 있어요.

어떻게 알았어?
How could you tell?

어떻게 그런 말을 할 수가 있어?
How could you say that?

어떻게 나한테 이럴 수 있어?
How could you do this to me?

어떻게 이 문제를 틀릴 수가 있어?
How could you get this question wrong?

어떻게 내 생일을 까먹을 수 있어?
How could you forget my birthday?

실전 대화

A I'm really sorry I forgot your birthday.
B You're unbelievable.
A Again, I'm sorry.
B **How could you forget my birthday?**
　I'm your girlfriend, you know?

네 생일을 잊어서 정말 미안해.
너 정말 대단하다.
다시 한 번 사과할게.
어떻게 내 생일을 까먹을 수가 있어?
난 네 여자 친구라고.

121 How come...?

왜 ~야? ▶ Why와 바꿔 쓸 수 있는 말로, How come 뒤에는 '주어+동사'가 옵니다. 참고로 How come은 구어체에서만 사용하는 표현이라는 것도 알아 두세요.

이 문제 왜 이렇게 어려운 거야?
How come this question is so hard?

왜 이제 나한테 전화 안 하는 거야?
How come you don't call me anymore?

이거 왜 이렇게 비싼 거야?
How come this is so expensive?

너 왜 그렇게 피곤해 보여?
How come you look so tired?

왜 마음을 바꾼 거야?
How come you changed your mind?

실전 대화

A She's so mad at me right now.
B **How come?**
A I did something wrong.
B Again? What did you do this time?

걔 지금 나한테 엄청 화나 있어.
어째서?
좀 잘못한 게 있어서.
또? 이번엔 무슨 짓을 한 건데?

 # How do you know...?

넌 ~를 어떻게 알아? ▶ 상대방이 알고 있는 정보를 어떻게 알게 된 건지 묻는 말입니다.

네가 어떻게 알아?
How do you know?

넌 걔를 어떻게 알아?
How do you know him?

내 비밀을 네가 어떻게 알아?
How do you know my secret?

걔가 안 온다는 거 어떻게 알아?
How do you know she's not coming?

그게 내 거가 아니고 앤지 거라는 걸 네가 어떻게 알아?
How do you know it's Angie's*, not mine?   mine 나의 것

 실전 대화

A **How do you know Justin?**   넌 저스틴을 어떻게 알아?
B We used to work together.   예전에 같이 일했었어.
A Really? I didn't know that.   정말? 그건 몰랐네.

* **Angie's** 앤지의 것
특정인의 이름에 's를 붙이면 '누구의 것'이라는 말이 됩니다. '어떤 것'인지는 앞에서 언급했거나 서로 알고 있는 상황인 거죠. I went to my mother's.처럼 소유한 게 무엇인지 따로 언급이 없는 경우에는 '누구의 집'을 나타낼 때가 많습니다. 참고로 대명사로 '누구의 것'을 말할 때는 소유격 대명사 **mine**(나의 것), **yours**(너의 것), **his**(그의 것), **her**(그녀의 것), **its**(그것의), **ours**(우리의 것), **theirs**(그들의 것)를 씁니다.

연습문제 22

본문에 나온 예문을 모두 암기했나요? 무작위로 예문을 뽑아 대화를 만들었습니다. 외운 예문을 대화에 넣어서 말해 보세요. 효과적인 실전 연습이 됩니다.

01 A   넌 걔를 어떻게 알아?
    B We went to the same high school together. 같은 고등학교 나왔어.

02 A What time do you want to get together? 몇 시에 만날까?
    B   내일 7시 어때?

03 A   오른쪽에 있는 거 어때?
    B Which one? 어떤 거?

04 A   너 그거 어떻게 했어?
    B I don't know. I just did it somehow. 몰라. 그냥 어떻게 하다 보니까 됐어.

05 A   그 아이디어 어떻게 생각해냈어?
    B It just hit me. 그냥 갑자기 떠올랐어. *hit (생각이 갑자기) 떠오르다

06 A   오늘 저녁 식사 어때?
    B Sounds good to me. What time? 난 좋아. 몇 시에?

07 A   너희 둘은 서로 어떻게 알게 됐어?
    B Through the internet. 인터넷 통해서.

08 A   이거 왜 이렇게 비싼 거야?
    B Because it's made in France. 프랑스 산이라서 그래.

09 A   너 지금까지는 그거 맘에 들어?
    B This is so cool. 정말 최고야.

10 A   너 이거 어떻게 사용해?
    B It's simple. Let me show you how. 간단해. 내가 보여 줄게.

11 A 너 어떻게 알았어?
B I just took a wild guess. 그냥 찍은 거야. *take a guess 어림짐작하다

12 A 네가 어떻게 그런 말을 할 수가 있어?
B I was just being honest with you. 난 그냥 솔직히 얘기한 것 뿐인데.

13 A 네가 어떻게 나한테 이럴 수 있어?
B Don't kill the messenger. Blame James. 엄한 사람 잡지 마. 제임스한테 뭐라 그래.

14 A "너 밥맛이다."를 영어로 어떻게 말해?
B We say "You Suck." "You suck."이라고 해.

15 A 너 퇴근하고 맥주 한 잔 어때?
B Sounds good to me. You're buying, right? 난 좋지. 네가 사는 거지?

16 A 너 여기 날씨 맘에 들어?
B I hate it. It's just way too cold. 정말 싫어. 인간적으로 너무 추워.

17 A 너 왜 마음을 바꾼 거야?
B No special reason. 특별한 이유는 없어.

18 A 네가 어떻게 알아?
B I just know. 그냥 알아.

19 A 내 비밀을 네가 어떻게 알아?
B A little bird told me. 누가 얘기해 줬어.

20 A 너 왜 그렇게 피곤해 보여?
B I was up all night drinking. 술 마시느라 밤 샜어.

---

01 How do you know him? **02** How about tomorrow at seven? **03** How about the one on the right? **04** How did you do it? **05** How did you come up with that idea? **06** How about dinner tonight? **07** How did you two get to know each other? **08** How come this is so expensive? **09** How do you like it so far? **10** How do you use this? **11** How could you tell? **12** How could you say that? **13** How could you do this to me? **14** How do you say "너 밥맛이다." in English? **15** How about a beer after work? **16** How do you like the weather here? **17** How come you changed your mind? **18** How do you know? **19** How do you know my secret? **20** How come you look so tired?

 # How was your...?

네 ~는 어땠어? ▶ 학교에서 돌아온 아이에게 오늘 학교 생활은 어땠는지 묻는 경우가 많죠. How was ...?를 써서 가까운 사람의 하루 일과나 여행 등이 어땠는지 물어보세요.

 [하워륄] 극단적으로 연결해서 발음해야 돼요.

오늘 하루 어땠어?
How was your day?

여행은 어땠어?
How was your trip?

데이트 어땠어?
How was your date?

시험 어땠어?
How was your exam? exam(=examination) 시험

주말은 어땠어?
How was your weekend?

A **How was your day?**
B It was a long day. How was yours?
A It was terrible. I got a parking ticket.

parking ticket 주차 위반 딱지

오늘 하루 어땠어?
긴 하루였어. 넌 어땠어?
최악이었어. 나 주차 딱지 떼였어.

★ 교통 법규 위반에 관련된 표현
speeding ticket 과속 딱지   parking ticket 주차 딱지   traffic ticket (일반) 교통 위반 딱지
run a red light 빨간 불인데도 지나가다   get stopped for speeding 과속으로 경찰에게 붙잡히다

124 How many...?

얼마나 ~해? ▶ How many...?는 사람이나 사물을 막론하고 수를 확인하는 패턴입니다. How many 뒤에 명사는 셀 수 있는 명사만 오고 복수형으로 써요.

형제자매가 **몇**이야?
How many siblings do you have? sibling 형제 자매

몇 조각 먹은 거야?
How many slices did you have? slice 얇게 썬 조각

몇 개나 샀어?
How many did you buy?

샌프란시스코에 **며칠** 있었어?
How many days did you stay in San Francisco?
stay 머무르다

하루에 **몇** 시간 자?
How many hours do you sleep a day?

실전 대화

A **How many siblings do you have?**
B I have two younger sisters and one older brother. How about you?
A I have one older sister.

형제 자매가 몇이야?
여동생 둘이랑 형 한 명 있어. 넌?

난 언니 한 명 있어.

125 How much...?

얼마나 ~해? ▶ 양이 얼마나 되는지, 가격이 얼마인지, 어떤 일을 얼마나 했는지 묻는 말이에요. How many...?와 쓰임새가 같지만 뒤에 명사가 올 때는 셀 수 없는 명사만 나온다는 점이 다르다고 생각하시면 돼요.

얼마예요?
How much is it?

어젯밤에 얼마나 마신 거야?
How much did you drink last night?

내가 너한테 얼마 주면 되지?
How much money* do I owe you?   owe (돈 등을) 빚지고 있다

너 몸무게가 얼마나 나가?
How much do you weigh?   weigh 무게가 ~이다

얼마나 먹은 거야?
How much did you eat?

실전 대화

A **How much is that hat over there?**
B It's $29.99.
A Hmm… What to do, what to do.
B If you buy it now, I'll give you a 10% discount.

저기에 있는 저 모자 얼마예요?
29달러 99센트예요.
흠… 어쩐다, 어쩔까나.
지금 사시면 제가 10% 할인해 드릴게요.

* 셀 수 없는 명사
music, love, advice, information, work 같은 추상적 개념이나 water, milk, coffee 같은 모양이 일정하지 않은 물질은 셀 수 없는 것으로 봅니다. 또 money, fruit, food 같이 형태를 가진 물질의 대표 개념도 셀 수 없는 것으로 봅니다. cent나 dollar 같은 화폐는 셀 수 있지만, '돈' 자체는 추상적인 개념이니까요.

126 How long is...?

~는 얼마나 길어? ▶ How long은 물건의 길이뿐 아니라 시간이 얼마나 오래 걸리는지 물을 때도 자주 씁니다. 뒤에 명사 주어를 붙여서 문장을 만들어 보세요.

 '하우롱'이 아니고 '하울롱'으로 발음하세요.

비행시간이 얼마나 돼?
How long is your flight? _{flight 여행, 비행, 항공편}

출퇴근하는 데 얼마나 걸려?
How long is your commute? _{commute 통근 (거리); 통근하다}

여름 방학 기간이 얼마나 돼?
How long is your summer vacation?

이 영화 얼마나 길어?
How long is this movie?

여기서 거기까지 운전해서 가면 얼마나 걸려?
How long is the drive from here to there? _{drive 자동차 주행}

A **How long is this movie?**   이 영화 얼마나 길어?
B Almost two hours.   거의 2시간.
A It's a pretty long movie.   꽤 긴 영화네.
B Yeah, it is.   응. 맞아.

 How long does it take to...?

~하려면 얼마나 걸려? ▶ 여행이나 출장을 가서 어떤 일을 볼 때 시간이 얼마나 걸릴지 알아야 계획을 세울 수 있겠죠. 참고로 does 자리에 did를 넣으면 과거형이 되어 '~하는 데 얼마나 걸렸어?'라는 뜻을 나타낼 수 있습니다.

이 리포트 다 쓰려면 얼마나 걸려?
How long does it take to finish writing this paper? _{paper 서류, 문서, 과제물}

거기 가려면 얼마나 걸려?
How long does it take to go there?

기타 배우는 데 보통 얼마나 걸려?
How long does it usually take to learn guitar?

이 책 다 읽는 데 얼마나 걸려?
How long does it take to finish reading this book?

여기서 공항까지 가는 데 얼마나 걸리나요?
How long does it take to get to the airport from here?

A **How long does it take to get to the airport from here?**
B It depends on how you get there.
A I'm taking a taxi.
B Then it'll only take about ten minutes.

여기서 공항까지 가는 데 얼마나 걸리나요?
뭘 타고 가는지에 따라 달라요.
택시 탈 거예요.
그럼 10분 정도밖에 안 걸려요.

 # How often do you...?

얼마나 자주 ~해? ▶ 빈도를 물을 때는 How often을 써요. 어떤 행동을 얼마나 자주 하는지 묻는 말입니다.

 [오(ㅍ)흔/오(ㅍ)흐튼] 미국에서는 주로 '오흔'이라고 해요.

걔 얼마나 자주 만나?
How often do you see her?

제임스랑 얼마나 자주 얘기해?
How often do you talk to James?

여기서 얼마나 자주 먹어?
How often do you eat here?

술 마시러 얼마나 자주 나가?
How often do you go out to drink?

헬스클럽엔 얼마나 자주 가?
How often do you go to the gym?*   gym 체육관, 헬스클럽

A **How often do you see her?**   걔 얼마나 자주 만나?
B Almost every day.   거의 매일.
A That often?   그렇게 자주?
B Yep. I think I like her.   응. 나 걔 좋아하는 거 같아.

★ **go to the gym** 헬스장에 가다
구어체 영어에서는 go to 대신 hit을 써서 hit the gym이라고도 해요. 참고로 우리에게 익숙한 health club, fitness center도 gym의 의미로 못 쓰는 건 아니지만 '헬스장'을 뜻하는 가장 일반적인 용어는 gym입니다.

 # I don't know how to...

나 어떻게 ~하는지 몰라 ▶ '방법'을 모를 때 쓰는 말로, to 다음에는 항상 동사원형이 옵니다.

 [아론노하우투/아론노하우루] 연음을 신경 써서 발음하세요.

나 운전할 줄 몰라.
I don't know how to drive.

나 요리할 줄 몰라.
I don't know how to cook.

나 거기 어떻게 가는지 몰라.
I don't know how to get there.

나 이 전자레인지 어떻게 사용하는지 모르겠어.
I don't know how to use this microwave.*
microwave 전자레인지

나 변기 어떻게 고치는지 몰라.
I don't know how to fix the toilet. fix 수리하다, 고정시키다

A **I don't know how to get there.** 나 거기 어떻게 가는지 몰라.
B Me, neither. 나도.
A Then let's just grab a cab. 그럼 그냥 택시 타고 가자.
B Yeah, that's a good idea. 응, 그게 좋겠다.

> ★ 주방 가전제품
> 영어로 가스레인지는 gas range가 아닌 stove라고 하고, 전자레인지는 microwave (oven)라고 해요. 극초단파(microwave)를 이용하는 오븐이라는 뜻이죠. 참고로 Microwave it for two minutes.(2분 동안 전자렌지에 돌려.)처럼 microwave를 동사로도 쓸 수 있어요.

 **연습문제 23** 본문에 나온 예문을 모두 암기했나요? 무작위로 예문을 뽑아 대화를 만들었습니다. 외운 예문을 대화에 넣어서 말해 보세요. 효과적인 실전 연습이 됩니다.

01 A ▢ 헬스클럽엔 얼마나 자주 가?
  B I'm trying to hit the gym as often as possible. 웬만하면 자주 가려고 해.

02 A ▢ 나 운전할 줄 몰라.
  B Let me teach you how to drive then. 그럼 내가 운전하는 법을 가르쳐 줄게.

03 A ▢ 이 책 다 읽는 데 얼마나 걸려?
  B I'm a slow reader, so it took me almost a month. 난 책 읽는 속도가 느려서 거의 한 달 걸렸어.

04 A ▢ 나 요리할 줄 몰라.
  B If you keep trying, you'll get better at it. 계속 하다 보면 늘 거야.

05 A ▢ 너 몇 조각 먹었어?
  B I think I had about five slices. 다섯 조각 정도 먹은 거 같은데.

06 A ▢ 너 하루에 몇 시간 자?
  B About six to seven hours on average. 평균 6~7시간 정도.

07 A ▢ 너 어젯밤에 얼마나 마신 거야?
  B I lost track of how much I drank. 얼마나 마셨는지 모르겠어. *lose track of ~를 놓치다

08 A ▢ 그녀를 얼마나 자주 만나?
  B Not as often as I want. 내가 원하는 만큼 자주 만나진 않아.

09 A ▢ 너 얼마나 먹었어?
  B A lot. I'm stuffed now. 많이 먹었어. 지금 배 터져.

10 A ▢ 여행은 어땠어?
  B It was awesome. I had a blast. 굉장했어. 완전 재미있었어. *blast 신나는 경험

11. A _____ 나 거기 어떻게 가는지 몰라.
    B **Then I'll drive you there.** 그럼 내가 태워다 줄게.

12. A _____ 너 출퇴근하는 데 얼마나 걸려?
    B **It's about 40 minutes long.** 40분 정도 걸려.

13. A _____ 너 샌프란시스코에 며칠 머물렀어?
    B **About five days. I wish I could've stayed more.** 5일 정도. 좀 더 있고 싶었는데.

14. A _____ 이 영화 얼마나 길어?
    B **If I'm not mistaken, it's about two hours long.** 내가 틀리지 않다면, 2시간 정도야.

15. A _____ 너 몸무게가 얼마나 나가?
    B **I weigh around 150 pounds.** 150파운드 정도 나가.

16. A _____ 거기 가려면 얼마나 걸려?
    B **I'm not sure, but I'm thinking it'll take about two minutes.**
    확실하지는 않지만 2분 정도 걸릴 것 같아.

17. A _____ 기타 배우는 데 보통 얼마나 걸려?
    B **It usually takes about five to six months to play basic songs.**
    기본적인 곡을 연주하는 건 보통 5~6개월 정도 걸려.

18. A _____ 제임스랑 얼마나 자주 얘기해?
    B **Once or twice a week.** 일주일에 한두 번 정도.

19. A _____ 형제 자매가 몇이야?
    B **I don't have any. I'm the only child in the family.** 없어. 나 외동이거든.

20. A _____ 네 여름 방학 기간 얼마나 돼?
    B **That I'm not sure, but it should be for about 2 months.** 확실하진 않지만, 두 달 정도 될 거야.

21. A _____ 나 변기 어떻게 고치는 지 몰라.
    B **Then bring me a plunger. I'll fix it for you.** 뚫어뻥 가져와. 내가 고쳐 줄게.

22. A _____ 여기서 거기까지 운전해서 가면 얼마나 걸려?
    B **I'd say 3 hours long.** 3시간 정도 걸려.

23 A _____ 너 술 마시러 얼마나 자주 나가?
    B Not very often. 자주 안 마셔.

24 A _____ 얼마예요?
    B It's on sale right now, so it's only ten dollars. 지금 세일 중이라서 10달러밖에 안 해요.

25 A _____ 네 데이트는 어땠어?
    B It was not too bad for a first date. 처음 데이트치고는 나쁘지 않았어.

26 A _____ 네 오늘 하루는 어땠어?
    B It was pretty good. How was yours? 꽤 괜찮았어. 넌 어땠어?

27 A _____ 너 몇 개나 샀어?
    B Only a couple. 두 개밖에 못 샀어.

28 A _____ 너 여기서 얼마나 자주 먹어?
    B At least twice or three times a month. 한 달에 최소 두세 번 정도.

29 A _____ 내가 너한테 얼마 주면 되지?
    B You owe me 72 dollars. 72달러 주면 돼.

30 A _____ 네 주말은 어땠어?
    B Not bad. How was yours? 나쁘지 않았어. 넌 어땠어?

---

01 How often do you go to the gym? 02 I don't know how to drive. 03 How long does it take to finish reading this book? 04 I don't know how to cook. 05 How many slices did you have? 06 How many hours do you sleep a day? 07 How much did you drink last night? 08 How often do you see her? 09 How much did you eat? 10 How was your trip? 11 I don't know how to get there. 12 How long is your commute? 13 How many days did you stay in San Francisco? 14 How long is this movie? 15 How much do you weigh? 16 How long does it take to go there? 17 How long does it usually take to learn guitar? 18 How often do you talk to James? 19 How many siblings do you have? 20 How long is your summer vacation? 21 I don't know how to fix the toilet. 22 How long is the drive from here to there? 23 How often do you go out to drink? 24 How much is it? 25 How was your date? 26 How was your day? 27 How many did you buy? 28 How often do you eat here? 29 How much money do I owe you? 30 How was your weekend?

Unit 15 Who/Which

130 Who cares...? ~를 누가 신경 써?
131 Who wants to...? ~할 사람?
132 Which way is...? ~는 어느 쪽인가요?
133 Which one do you...? 넌 어느 쪽을 ~해?

130 Who cares...?

~를 누가 신경 써? ▶ 내가 신경 쓰지 않는다는 것을 까칠하게 표현하는 말이에요. 듣는 상대방이 기분 나빠할 수도 있으니 가까운 사이에서만 쓰시길 권합니다.

누가 신경이나 쓰겠어?
Who cares?

남들이 뭐라 생각하든 무슨 상관이야?
Who cares what anybody thinks?

거리가 얼마나 되든 무슨 상관이야?
Who cares how far it is?

네가 뭘 먹고 싶은지 누가 신경이나 쓴대?
Who cares what you want to eat?

가격이 얼마든 무슨 상관이야?
Who cares how expensive it is?

실전 대화

A Paul is getting married this March.
B **Who cares?**
A I thought you two were close to each other.
B We were, but not anymore.

폴이 이번 3월에 결혼해.
무슨 상관이야?
너희 둘이 친한 줄 알았더니.
친했는데 지금은 안 친해.

★ '친구'임을 나타내는 표현
be friends with 사람 ~와 친구인
BFF(=best friend forever) 영원히 가장 친한 친구
friend from... ~에서 알게 된 친구
bestie(=best friend) 가장 친한 친구

 # Who wants to...?

~할 사람? ▶ 피자 박스를 들고 Who wants to have the last slice?(마지막 조각 먹을 사람?)라고 말하는 장면, 미드에서 종종 보셨죠? 이때 to 뒤에는 항상 동사원형이 옵니다.

이 외장 하드 가질 사람?
Who wants to have this external hard drive?
external hard drive 외장 하드 드라이브

나랑 영화 보러 갈 사람?
Who wants to go see a movie with me?

누가 먼저 할래?
Who wants to go first?

이거 해 볼 사람?
Who wants to give this a try? give a try 한번 해 보다

마지막 조각 먹을 사람?
Who wants to have the last slice?

A **Who wants to go first?**   누가 먼저 할래?
B I'll go first.   내가 먼저 할게.
C I'll go next then.   그럼 난 그 다음에 할게.

 # Which way is...?

~는 어느 쪽인가요? ▶ way는 길, 방향, 방법 등 다양한 의미를 갖고 있는데, 이 패턴에서는 '방향'의 의미예요. 여행을 가거나 출장을 갔을 때 길을 헤매지 않기 위해서 꼭 입에 붙여두어야 하는 말입니다.

어느 쪽인가요?
Which way is it?

북쪽이 어느 쪽인가요?
Which way is north?

출구가 어느 쪽인가요?
Which way is the exit?

현관은 어느 쪽인가요?
Which way is the front door?   front door 현관; 정문

지하철역은 어느 쪽인가요?
Which way is the subway station?

 실전 대화

A **Which way is the subway station?**
B It's two blocks that way.
A Thanks.

지하철역은 어느 쪽인가요?
저쪽으로 두 블럭 가시면 돼요.
감사합니다.

★ 콕 집어 길 물어보기
 Which way is 뒤에 실제 지명이나 장소 이름을 붙이면 길안내를 받을 수 있어요.
 Which way is to Barnes and Noble?
 반스앤노블(미국의 유명 서점)은 어느 쪽인가요?

 # Which one do you...?

넌 어느 쪽을 ~해? ▶ 여러 개 중 하나를 고르라고 할 때 사용하는 패턴입니다. Which를 쓰면 콕 찍어 좀 더 구체적으로 묻는 느낌을 주죠. 여기서 one은 생략이 가능합니다.

넌 어느 쪽을 원해?
Which one do you want?

넌 어느 쪽이 더 마음에 들어?
Which one do you like better?

어느 쪽이 나한테 더 잘 어울리는 것 같아?
Which one do you think looks better on me?

넌 어떤 걸 사고 싶어?
Which one do you want to buy?

넌 어떤 걸 먼저 먹고 싶어?
Which one do you want to eat first?

A **Which one do you like better?** 넌 어느 게 더 마음에 들어?
B I like this one better. It's smaller and lighter. 난 이게 더 마음에 들어. 더 작고 가볍거든.

 **연습문제 24** 본문에 나온 예문을 모두 암기했나요? 무작위로 예문을 뽑아 대화를 만들었습니다. 외운 예문을 대화에 넣어서 말해 보세요. 효과적인 실전 연습이 됩니다.

01 A _____ 북쪽이 어느 쪽인가요?
    B That way is south, so north is this way. 저쪽이 남쪽이니까 북쪽은 이쪽이에요.

02 A _____ 어느 쪽을 원해?
    B I want this one. Of course if that's okay with you. 난 이게 좋아. 물론 네가 괜찮다면.

03 A They might not agree with you. 걔들은 네 생각에 동의 안 할지도 몰라.
    B _____ 남들이 뭐라 생각하든 무슨 상관이야?

04 A _____ 누가 신경이나 쓰겠어?
    B I do. Because I'm your friend. 내가 신경 쓰지. 난 네 친구잖아.

05 A _____ 어느 쪽인가요?
    B It's that way. 저쪽이에요.

06 A _____ 나랑 영화 보러 갈 사람?
    B It depends on what we're watching. 무슨 영화를 보느냐에 달렸지.

07 A _____ 넌 어떤 걸 사고 싶어?
    B I don't know. I'm still deciding. 모르겠어. 아직 고민 중이야.

08 A _____ 출구가 어느 쪽인가요?
    B This way. 이쪽이에요.

09 A _____ 마지막 조각 먹을 사람?
    B Can I? I'm still hungry. 내가 먹어도 돼? 아직 배고파.

10 A _____ 넌 어떤 걸 먼저 먹고 싶어?
    B It doesn't matter. You decide. 상관없어. 네가 정해.

01 Which way is north? 02 Which one do you want? 03 Who cares what anybody thinks? 04 Who cares? 05 Which way is it? 06 Who wants to go see a movie with me? 07 Which one do you want to buy? 08 Which way is the exit? 09 Who wants to have the last slice? 10 Which one do you want to eat first?

Unit 16 Let

- **134** **Let's...** ~하자
- **135** **Let's not...** ~하지 말자
- **136** **Let me...** 내가 ~할게
- **137** **Let me know when...** ~가 언제인지 알려 줘
- **138** **I'll let you know...** ~를 알려 줄게

134 Let's...

~하자 ▶ Let's는 Let us가 합쳐진 말로 어떤 일을 함께 하자는 뜻입니다. 뒤에는 항상 동사원형이 옵니다.

 [렛츠/렛스] '츠'라고 모음까지 정직하게 소리내지 말고 'ㅊ', 'ㅅ' 정도로 흘리며 살짝 발음하세요.

여기서 나가자.
Let's get out of here.

영화 보러 가자.
Let's go catch a flick. catch a flick 영화를 보다

뭐 좀 먹으러 가자.
Let's go grab a bite to eat. grab a bite (간단히) 먹다

오늘 밤은 그만 정리하자.
Let's call it a night. call it a night (그날 밤의 일을) 끝내다

그때 봐서 정하자.
Let's play it by ear. play it by ear 상황을 보고 결정하다

A What should we do after this?
B I don't know. **Let's play it by ear.**
A Sounds good.

이거 한 다음에 우리 뭐 하지?
몰라. 그때 봐서 정하자.
그러자.

135 Let's not...

~하지 말자 ▶ Let's의 부정형으로, 뒤에는 동사원형이 옵니다. 어떤 일을 하지 말자고 부드럽게 권하는 말이죠. 예전에는 Don't let's...라고도 했지만 요즘은 거의 쓰지 않아요.

지금 헬스클럽에 가지 말자.
Let's not go to the gym right now.

그 얘기는 하지 말자.
Let's not talk about it.

너무 많이 마시지 말자.
Let's not drink too much.

너무 깊이 생각하지 말자.
Let's not think too deeply. think deeply 깊게 생각하다

이 노트북은 지금 사지 말자.
Let's not buy this laptop right now. laptop 휴대용 컴퓨터

A **Let's not drink too much.**
B Why not? I thought you wanted to get drunk.
A I wanted to, but I'm too tired now. I wanna go home.

너무 많이 마시지 말자.
왜? 취하고 싶은 줄 알았더니.
그러고 싶었는데 지금 너무 피곤하네. 집에 가고 싶어.

136 Let me...

내가 ~할게 ▶ Let(~하게 해 주다)에 me를 붙여 '내가 ~하게 해 줘'라는 표현이에요. '내가 ~할게'로 해석하세요.

나도 한번 보자.
Let me take a look. *take a look (한번) 보다*

5분 후에 내가 다시 전화할게.
Let me get back to you in five minutes.

내가 도와줄게.
Let me give you a hand.* *give a hand 거들어 주다*

커피 한잔 갖다 줄게.
Let me get you a cup of coffee.

확인하기 위해 제가 다시 읽어 볼게요.
Let me read it back to you just to make sure.

실전 대화

A What're you doing now?
B I'm washing my car.
A **Let me give you a hand.**
B Thanks.

너 지금 뭐 해?
세차하고 있어.
내가 도와줄게.
고마워.

도움의 표현
'돕다'라는 의미로 give a hand, help 외에도 help out, pitch in도 씁니다. help out은 힘든 일을 돕는다는 뉘앙스고, pitch in은 힘들거나 아니거나를 떠나서 그냥 돕는다는 의미예요.

 Let me know when...

~가 언제인지 알려 줘 ▶ when이 나오면 시간이나 시기를 묻는다는 것은 이제 눈치채셨죠? 패턴 뒤에는 날짜나 약속 시간 등을 나타내는 표현이 옵니다.

언제인지 알려 줘.
Let me know when.

네 생일이 언제인지 알려 줘.
Let me know when your birthday is.

나갈 준비되면 알려 줘.
Let me know when you're ready to go out.

점심 먹고 싶을 때 알려 줘.
Let me know when you want to have lunch.

시간 날 때 알려 줘.
Let me know when you have time.

A How've you been these days?
B Busy as usual. How about you?
A Just same old. We should get together one of these days.
B We should. **Let me know when you have time.**

these days 요즘   as usual 평상시처럼   one of these days 조만간

요즘 어떻게 지내?
늘 바쁘지, 뭐. 넌?
늘 똑같아. 조만간 얼굴이나 보자.

그러자. 시간 날 때 알려 줘.

 # I'll let you know...

~를 알려 줄게 ▶ know 뒤에 알려줄 내용이나 알려 줄 시기를 붙여서 문장을 만들어 보세요. you 대신에 him, her, Jack과 같이 정보를 알려 주고 싶은 사람을 넣어도 됩니다.

버터 발음 [아일렛츄노/알렛츄노] I'll처럼 줄임말 발음에 주의하세요.

나중에 알려 줄게.
I'll let you know later.

제임스가 내일 시간이 언제 되는지 알려 줄게.
I'll let you know when James is free tomorrow.

내일 아침에 바로 알려 줄게.
I'll let you know first thing tomorrow* morning.

집에 도착하면 시간 알려 줄게.
I'll let you know the time when I get home.

뭐 생각나는 거 있으면 알려 줄게.
I'll let you know if I think of anything.

A What time should we go?
B I don't know. I need to think about it first.
A Take your time.
B Okay. **I'll let you know later.**

몇 시에 가야 할까?
모르겠네. 일단 생각 좀 해 봐야 할 것 같아.
천천히 생각해.
알았어. 내가 나중에 알려 줄게.

> * **first thing tomorrow** 내일 맨 먼저
> 내일이 되면 가장 먼저 처리하겠다는 표현입니다. 단어가 여러 개 나열되어 있어서 어색해 보여도 네이티브는 자주 쓰는 표현이에요.

221

연습문제 25 본문에 나온 예문을 모두 암기했나요? 무작위로 예문을 뽑아 대화를 만들었습니다.
외운 예문을 대화에 넣어서 말해 보세요. 효과적인 실전 연습이 됩니다.

01 A _____ 영화 보러 가자.
   B Why not! Should we bring Mario, too? 그래! 마리오도 데려갈까?

02 A _____ 너 점심 먹고 싶을 때 나한테 알려 줘.
   B Okay. 그래.

03 A What is it? _____ 뭐야? 나도 한번 보자.
   B It's just a picture of James. 제임스 사진이야.

04 A _____ 5분 후에 내가 전화 할게.
   B Sure, not a problem. Just call me anytime. 그래. 알았어. 언제든지 전화해.

05 A I need to know if you can come. 너 갈 수 있는지 알려 줘.
   B Okay, _____ 응, 내일 아침에 바로 알려 줄게.

06 A _____ 여기서 나가자.
   B That's a good idea. 좋은 생각이야.

07 A _____ 너무 많이 마시지 말자.
   B Yeah, we have an early morning tomorrow. 그래, 내일 아침에 일찍 일어나야 하니까.

08 A _____ 뭐 좀 먹으러 가자.
   B Yeah, let's do that. It's almost lunch time anyway. 그래, 그러자. 어차피 점심 시간이 다 됐네.

09 A _____ 지금 헬스장 가지 말자.
   B Yeah. 응.

10 A _____ 너무 깊이 생각하지 말자.
   B I guess you're right. 네 말이 맞는 것 같아.

222

11 A _____ 제임스가 내일 시간이 언제 되는지 너한테 알려 줄게.
    B Okay. Thanks a lot. 응, 고마워.

12 A _____ 이 노트북은 지금 사지 말자.
    B Okay. It's not like we need it right now. 그래. 지금 당장 필요한 것도 아닌데.

13 A _____ 내가 널 도와줄게.
    B Thanks a lot. I appreciate it. 고마워, 정말.

14 A _____ 네 생일이 언제인지 알려 줘.
    B Are you going to buy me a present or something? 선물이라도 사주게?

15 A _____ 내가 너한테 커피 한 잔 갖다 줄게.
    B How did you know I wanted to drink some coffee? 내가 커피 마시고 싶어한 건 어떻게 알았어?

16 A _____ 오늘 밤은 그만 정리하자.
    B Good idea. 좋은 생각이야.

17 A _____ 나한테 언제인지 알려 줘.
    B Sure. I'll call you as soon as I find out. 그래. 알게 되면 바로 연락 줄게.

18 A _____ 너 시간 날 때 나한테 알려 줘.
    B Got it. Do you still have the same phone number? 알았어. 전화번호는 예전이랑 같아?

19 A _____ 내가 너한테 나중에 알려 줄게.
    B Thanks. I'll be waiting. 알았어. 기다리고 있을게.

20 A What do you wanna eat tomorrow? 내일 뭐 먹고 싶어?
    B I don't know yet. _____ 아직은 모르겠어. 뭐 생각나는 거 있으면 너한테 알려 줄게.

---

01 Let's go catch a flick. 02 Let me know when you want to have lunch. 03 Let me take a look. 04 Let me get back to you in five minutes. 05 I'll let you know first thing tomorrow morning. 06 Let's get out of here. 07 Let's not drink too much. 08 Let's go grab a bite to eat. 09 Let's not go to the gym right now. 10 Let's not think too deeply. 11 I'll let you know when James is free tomorrow. 12 Let's not buy this laptop right now. 13 Let me give you a hand. 14 Let me know when your birthday is. 15 Let me get you a cup of coffee. 16 Let's call it a night. 17 Let me know when. 18 Let me know when you have time. 19 I'll let you know later. 20 I'll let you know if I think of anything.

Unit 17 Want

139	**I want to/wanna...**	난 ~하고 싶어
140	**I want you to...**	네가 ~해 주면 좋겠어
141	**I just wanted to...**	난 단지 ~하고 싶었을 뿐이야
142	**Do you want to/wanna...?**	~할래?
143	**Do you want me to...?**	내가 ~해 줄까?

139 I want to/wanna...

난 ~하고 싶어 ▶ 어떤 일을 하고 싶을 때 꼭 필요한 패턴입니다. 아주 기초적인 표현이지만 그만큼 자주 쓰는 말이니 꼭 외워두세요.

버터 발음 [아워나]

낮잠 자고 싶어.
I want to take a nap.   nap 낮잠

좀 더 생각해 보고 싶어.
I want to think about it some more.

커피 좀 마시고 싶어.
I want to drink some coffee.

난 다른 거 먹어보고 싶어.
I want to try something else.

난 그냥 집에 있으면서 쉬고 싶어.
I just want to stay home and relax.

실전 대화

A **I want to drink some coffee.**
B Same here. I need some caffeine to stay awake.
A I hear you.

커피 좀 마시고 싶어.
나도. 깨어 있으려면 카페인이 좀 필요해.
내 말이.

225

140 I want you to...

네가 ~해 주면 좋겠어 ▶ 내가 원하는 것이 아니라, 상대방이 해 주기를 원하는 것을 말하는 표현이에요. I want you to 뒤에 동사원형을 붙여서 상대방에게 부탁이나 요청사항을 말해 보세요.

 [아이원트유투] (X)　[아이원츄투/아원츄루] (O)

네가 부탁 하나 들어줬으면 해.
I want you to do me a favor.

그거 비밀로 해 줬으면 해.
I want you to keep it a secret.*

집에 9시까지 와 줘.
I want you to come home by nine o'clock.

내 돈 갚아 줬으면 좋겠어.
I want you to give me my money back.

전화 걸고 싶으면 아무 때나 편하게 걸어.
I want you to feel free to call me anytime.
feel free to ~하는 데 편하게 느끼다

A Do you have a sec?
B Sure. What's up?
A **I want you to do me a favor.**
B Okay. Let me hear it first.

잠깐 시간 있어?
응. 뭔데?
네가 부탁 하나 들어줬으면 해서.
그래. 일단 들어보고.

> ★ 비밀을 유지하다
> keep it a secret 외에도 keep it between us(둘만 알고 있다)나 keep it to yourself(너 혼자만 알고 있어라)도 비밀을 유지한다는 뜻입니다.

141 I just wanted to...

난 단지 ~하고 싶었을 뿐이야 ▶ just는 문장 속에서 자연스럽게 '단지'나 '그저'라고 해석할 수 있습니다. 대수로운 일은 아니라는 어감을 풍기는 역할을 하죠.

 [아(이)저슷워니트] 발음이 어려운 단어가 많으니 주의하세요.

난 그냥 집에 가서 쉬고 싶었어.
I just wanted to go home and get some rest.
rest 휴식

그냥 확인하려고 했던 거야.
I just wanted to check.

난 그냥 이유를 알고 싶었을 뿐이야.
I just wanted to know why.

도와줘서 고맙다고 말하고 싶었어.
I just wanted to thank you for your help.

인사나 하려고 들렀어.
I just wanted to stop by and say what's up.

실전 대화

A Why do you ask?
B **I just wanted to know why.**
A I'm sorry, but it's a secret.

왜 물어보는 건데?
난 그냥 이유를 알고 싶었을 뿐이야.
미안하지만 비밀이야.

 # Do you want to/wanna...?

~할래? ▶ 어떤 것을 권하거나 제시하는 말로, Would you like to의 구어체 버전이라고 보면 됩니다.

버터 발음 [듀워나]

더 먹을래?
Do you want to have some more?

내 아이스크림 먹어 볼래?
Do you want to try my ice cream?

이 색깔로 할래?
Do you want to go with this color?

포켓볼 치러 갈래?
Do you want to go shoot some pool?   pool 포켓볼

나랑 한잔하러 갈래?
Do you want to go have a drink with me?

A **Do you want to go have a drink with me?**   나랑 한잔하러 갈래?
B Not tonight. I think I'm coming down with a cold.   오늘 밤은 안 돼. 감기 기운이 있는 것 같아.

come down with (가벼운 병에) 걸리다

 # Do you want me to...?

내가 ~해 줄까? ▶ 내가 상대방에게 해 줄 수 있는 일을 제안할 때 쓰는 패턴입니다. want 대신 need를 사용하면 꼭 해야 한다는 뉘앙스가 된다는 것도 알아 두세요.

내가 거기 같이 가 줄까?
Do you want me to go there with you?

내가 그거 너 대신 해 줄까?
Do you want me to do it for you instead?   instead 대신에

내가 이 반지 사 줄까?
Do you want me to buy this ring for you?

내가 집에 태워다 줄까?
Do you want me to give you a ride home?
give~a ride ~를 태워 주다

내가 방 청소하는 거 도와줄까?
Do you want me to help you clean your room?

A **Do you want me to give you a ride home?**   집에 태워다 줄까?
B Thanks, but no thanks. My place* is only five   고맙지만 사양할게. 우리 집은 여기서
  minutes away from here.   5분 거리거든.
A I see. I'll see you tomorrow then.   그렇구나. 그럼 내일 보자.
B See ya!   잘 가!
   ya=you

> ***home, house 말고 집이 또 있다?**
> my place는 '내 장소'라는 말로 자신이 살고 있는 집을 가리키는 표현이에요. 집이 아닌 더 작은 공간이라도 자신이 아끼고 있다는 어감의 말로 친근감 있는 표현인 동시에 주로 나이가 젊은 사람들이 많이 씁니다.

연습문제 26 본문에 나온 예문을 모두 암기했나요? 무작위로 예문을 뽑아 대화를 만들었습니다.
외운 예문을 대화에 넣어서 말해 보세요. 효과적인 실전 연습이 됩니다.

01 A _____ 나 낮잠 자고 싶어.
    B Get some sleep. 좀 자.

02 A Have you made up your mind yet? 네 마음 결정했어?
    B _____ 나 좀 더 생각해 보고 싶어.

03 A _____ 나 커피 좀 마시고 싶어.
    B Same here. I haven't had my morning coffee yet. 나도. 모닝커피를 아직 못 마셨어.

04 A Are you ordering this mushroom burger again? 이 버섯버거 또 시킬 거야?
    B Not this time. _____ 이번엔 아니야. 나 다른 거 시도해 보고 싶어.

05 A _____ 네가 내 부탁 하나 들어줬으면 해.
    B Sure. What kind of favor is that? 그래. 어떤 부탁인데?

06 A _____ 난 네가 그거 비밀로 해줬으면 해.
    B Okay. I'll take it to my grave. 알았어. 무덤까지 가져갈게.

07 A _____ 난 네가 집에 9시까지 와 줬으면 해.
    B Why? What's at nine? 왜? 9시에 무슨 일 있어?

08 A _____ 너 나한테 전화 걸고 싶으면 아무 때나 편하게 걸어.
    B Why are you being so nice to me all of a sudden? 갑자기 왜 그렇게 친절하게 구는 거야?

09 A _____ 난 너한테 도와줘서 고맙다고 말하고 싶었어.
    B Don't mention it. 별것도 아닌데.

10 A Why did you leave so early? 왜 그렇게 일찍 갔어?
    B _____ 난 그냥 집에 가서 쉬고 싶었어.

11 A Why do you ask? 왜 묻는 건데?
    B _____ 난 그냥 확인하려고 했던 거야.

12 A _____ 난 그냥 이유를 알고 싶었을 뿐이야.
    B Mind your own business. 네 일이나 신경 써.

13 A _____ 너 좀 더 먹을래?
    B No, I'm good. I'm full. 아니, 괜찮아. 배불러.

14 A _____ 너 내 아이스크림 먹어 볼래?
    B Sure. Why don't you try mine too? 응. 너도 내 거 먹어 봐.

15 A _____ 너 포켓볼 치러 갈래?
    B I'm game. 좋지. *game ~할 의지가 있는, ~하기를 원하는

16 A _____ 너 나랑 한잔하러 갈래?
    B I'll pass. I still have a hangover from last night. 다음에. 어젯밤 마신 술이 아직 덜 깼어.

17 A _____ 내가 거기 너랑 같이 가 줄까?
    B No, I'll be fine. Don't worry about me. 아니, 괜찮을 거야. 걱정하지 마.

18 A _____ 내가 이 반지 너한테 사 줄까?
    B That would be great, but aren't you broke? 그러면 좋지만, 너 돈 없다며?

19 A _____ 내가 너 집에 태워다 줄까?
    B If that's okay with you. 네가 괜찮다면.

20 A _____ 내가 너 네 방 청소하는 거 도와줄까?
    B If you're not too busy. 네가 바쁘지 않으면.

---

01 I want to take a nap. 02 I want to think about it some more. 03 I want to drink some coffee. 04 I want to try something else. 05 I want you to do me a favor. 06 I want you to keep it a secret. 07 I want you to come home by 9 o'clock. 08 I want you to feel free to call me anytime. 09 I just wanted to thank you for your help. 10 I just wanted to go home and get some rest. 11 I just wanted to check. 12 I just wanted to know why. 13 Do you want to have some more? 14 Do you want to try my ice cream? 15 Do you want to go shoot some pool? 16 Do you want to go have a drink with me? 17 Do you want me to go there with you? 18 Do you want me to buy this ring for you? 19 Do you want me to give you a ride home? 20 Do you want me to help you clean your room?

Chapter 3

자주 쓰는 **필수 패턴**

Unit 18 Know

144	**I know...**	~를 알아
145	**I knew...**	~를 알고 있었어
146	**Do you know what...?**	너 ~가 뭔지 알아?
147	**Do you know how...?**	너 어떻게 ~하는지 알아?
148	**Do you know where...?**	너 어디서 ~하는지 알아?

144 I know...

~를 알아 ▶ '~란 걸 알아', '~ 하는 거 다 알아' 등으로 자연스럽게 해석하면 돼요. 비슷한 패턴으로는 I'm sure...가 있어요. 참고로 I see...도 안다는 뜻으로 쓰지만 이때는 몰랐던 사실을 방금 듣고 알게 되었다는 뜻이니 헷갈리지 마세요.

너 지금 거짓말하는 거 **다 알아**.
I know you're lying.

이 책 **분명히** 네 마음에 들 거야.
I know you'll love this book.

피곤한 건 **알겠는데** 우리 오늘 이거 끝내야 해.
I know you're tired, but we have to finish this today.

네가 열심히 하는 건 **아는데** 더 열심히 해야 돼.
I know you're trying hard, but you need to try harder.

나 여기서 거기 어떻게 가는지 **알아**.
I know how to get there from here.

실전 대화

A I don't think I can do it.
B Don't say that.
A This is too hard.
B **I know you can do it.** Try harder.

난 못할 거 같아.
그런 말 하지 마.
이거 너무 어려워.
넌 분명히 할 수 있을 거야. 좀 더 열심히 해 봐.

235

145 I knew...

~를 알고 있었어 ▶ I know의 과거형으로, I knew 뒤에 나오는 일을 미리 짐작했다는 어감이 잘 나타나는 말이에요.

그럴 줄 알았어.
I knew it.

그렇게 될 줄 알았어.
I knew that was going to happen.

네가 해낼 줄 알고 있었다니까.
I knew you could do it.

널 믿어도 된다는 거 알고 있었다니까.
I knew I could trust you.

난 네가 후회할 줄 알았어.
I knew you would regret.   regret 후회하다

A I heard Julie has a boyfriend.
B **I knew it.**
A How?
B Just a hunch.
   hunch 예감

줄리한테 남자 친구가 있다더라.
그럴 줄 알았어.
어떻게?
그냥 감으로.

 # Do you know what...?

너 ~가 뭔지 알아? ▶ Do you know 뒤에 what, how, where, why, when, who 등 의문사를 붙여서 질문을 해봅시다. 먼저 what을 붙여 문장을 만들어 보세요.

너 이게 뭔지 알아?
Do you know what this is?

지금 몇 시인지 알아?
Do you know what time it is now?

넌 뭐 주문할 거야?
Do you know what you want to get?

쟤 왜 저러는지 알아?
Do you know what his problem is?

우리 시험공부 뭐 해야 하는지 알아?
Do you know what we need to study for our exam?

A **Do you know what time it is now?**
B It's half past nine*.
A Already? We lost track of time.

지금 몇 시인지 알아?
9시 30분.
벌써? 시간 가는 줄 몰랐네.

half 절반(30분)   past 시간이 정각에서 ~가 지난
lose track of ~를 놓치다

★ **시간 말하기**
시간을 말할 때 미국과 영국의 경우가 약간 다릅니다. 9시 5분을 말할 때 It's five after nine.은 미국식이고, It's five past nine.은 영국식이에요. 단 30분은 미국에서도 It's half past nine.라고 합니다.

 # Do you know how...?

너 어떻게 ~하는지 알아? ▶ Do you know 뒤에 how를 붙이면 방법이나 정도, 수량, 비용 등을 물어보는 말이 됩니다. how much, how long, how to + 동사원형 같은 형태로 올 수 있어요.

이거 얼마인지 알아?
Do you know how much it is?

그분이 해외에 얼마나 나가 있을지 아세요?
Do you know how long he will be out of the country?

너 요리할 줄 알아?
Do you know how to cook?

너 이 게임 어떻게 하는지 알아?
Do you know how to play this game?

시청에 어떻게 가는지 알아?
Do you know how to get to the city hall?   city hall 시청

A **Do you know how to cook?**
B Of course. I'm not a good cook, though.
A Me, neither.

너 요리할 줄 알아?
당연하지. 근데 잘은 못해.
나도.

though (문장 끝에서) 그렇지만, 하지만

 # Do you know where...?

너 어디서 ~하는지 알아? ▶ Do you know 의문사 시리즈의 마지막 패턴입니다. 장소를 물어볼 때 많이 쓰는 말이죠.

너 제이디 어디 사는지 알아?
Do you know where JD lives?

너 제이디 어디 갔는지 알아?
Do you know where I can find JD?

어디가 파스타 맛있게 하는지 알아?
Do you know where to go for* some good pasta?

시티 은행이 어디에 있는지 아세요?
Do you know where the Citibank is?

화장실이 어디에 있는지 알아?
Do you know where the restroom is?

A **Do you know where I can find JD?**
B I wish I knew. When you find him, have him call me.
A Okay.

너 제이디 어디 갔는지 알아?
나도 알았으면 좋겠다. 찾으면 나한테 전화 좀 하라고 해 줘.
알았어.

> *** go for** 하러 가자
> go for는 '뭔가를 하러 간다'는 뜻으로서 일상적으로 쓰는 말이에요. **Do you wanna go for some pizza?**라고 하면 '피자 먹으러 갈래?'라는 의미가 되죠.

 **연습문제 27** 본문에 나온 예문을 모두 암기했나요? 무작위로 예문을 뽑아 대화를 만들었습니다. 외운 예문을 대화에 넣어서 말해 보세요. 효과적인 실전 연습이 됩니다.

01 A _____ 난 너 거짓말하는 거 다 알아.
B Take that back. 그 말 취소해.

02 A _____ 너 이거 얼마인지 알아?
B Let me check the price tag. It says ten dollars. 가격표 확인해 볼게. 10달러라고 돼 있네.

03 A _____ 나도 네가 열심히 하는 건 아는데 더 열심히 해야 돼.
B Okay. I'll try my best. 알았어. 최선을 다할게.

04 A _____ 네가 해낼 줄 알고 있었다니까.
B It's all thanks to you. Thank you very much. 다 네 덕분이야. 정말 고마워.

05 A _____ 나 여기서 거기 어떻게 가는지 알아.
B Then why don't you give me the directions? 그럼 길 좀 알려 줘.

06 A _____ 넌 뭐 주문할 거야?
B Just a slice of pizza. What about you? 그냥 피자나 한 조각 시키려고. 넌?

07 A _____ 난 그럴 줄 알았어.
B How did you know? 어떻게 알았어?

08 A _____ 난 이 책이 분명히 네 마음에 들 거란 걸 알아.
B It's good, huh? Then I've gotta read it. 재미있단 말이지? 그럼 봐야지.

09 A _____ 너 화장실이 어디에 있는지 알아?
B Second floor, first door to the right. 2층 오른쪽 첫 번째 문이야.

10 A _____ 너 시청에 어떻게 가는지 알아?
B Not really, because I've only been there once. 한 번밖에 안 가 봐서 잘 모르겠어.

11 A _____ 너 제이디 어디 사는지 알아?
    B He lives right next door. 걔 우리 바로 옆집에 살아.

12 A _____ 널 믿어도 된다는 거 난 알고 있었다니까.
    B What did I tell you? 내가 뭐랬어?

13 A _____ 어디가 파스타 맛있게 하는지 너 알아?
    B Try the Pasta Home. They're the best. 파스타홈에 가 봐. 최고야.

14 A _____ 너 이게 뭔지 알아?
    B I'm not sure, but I think I've seen it somewhere before.
       확실하진 않은데, 전에 어디선가 본 것 같긴 해.

15 A _____ 난 그렇게 될 줄 알았어.
    B I guess I should've listened to you. 네 말을 들었어야 하는 건데.

16 A _____ 너 지금 몇 시인지 알아?
    B It's quarter before noon. 12시 15분 전이야.

17 A _____ 쟤(그) 왜 저러는지 넌 알아?
    B How should I know? 내가 어떻게 알아?

18 A _____ 너 요리할 줄 알아?
    B No, I've never cooked anything in my entire life. 아니, 태어나서 한 번도 요리해 본 적 없어.

19 A _____ 너 이 게임 어떻게 하는지 알아?
    B Not at all. I've never played it before. 전혀 몰라. 한 번도 해 본 적 없어.

20 A _____ 시티 은행이 어디에 있는지 아세요?
    B It's down that way. Just keep going straight. 저쪽 아래에 있어요. 그냥 곧장 쭉 가세요.

01 I know you're lying. 02 Do you know how much it is? 03 I know you're trying hard, but you need to try harder. 04 I knew you could do it. 05 I know how to get there from here. 06 Do you know what you want to get? 07 I knew it. 08 I know you'll love this book. 09 Do you know where the restroom is? 10 Do you know how to get to the city hall? 11 Do you know where JD lives? 12 I knew I could trust you. 13 Do you know where to go for some good pasta? 14 Do you know what this is? 15 I knew that was going to happen. 16 Do you know what time it is now? 17 Do you know what his problem is? 18 Do you know how to cook? 19 Do you know how to play this game? 20 Do you know where the Citibank is?

Unit 19 Have p.p.

149	**I've been...**	난 쭉 ~했어
150	**I've been -ing...**	난 ~해오고 있어
151	**Have you p.p.?**	~해 본 적 있어?
152	**I should've p.p.**	~했어야 했는데
153	**I shouldn't have p.p.**	~하지 말았어야 했는데
154	**I would've p.p.**	~했을 텐데
155	**How long have you p.p.?**	~한 지 얼마나 됐어?

149 I've been...

난 쭉 ~했어 ▶ 현재완료(have p.p)의 계속적 용법은 예전부터 지금까지 쭉 어떤 일을 해왔다는 의미를 담고 있어요. I've는 I have를 줄인 말입니다.

버터 발음 [아이브빈] (X) [아입빈/아빈] (O) 've는 분명하게 발음하지 않아요.

내가 요즘 계속 많이 바빴어.
I've been pretty busy lately. pretty 꽤, 어느 정도

몸이 계속 안 좋았어.
I've been sick.

요즘 스트레스를 좀 받았어.
I've been a little stressed out these days.

내가 너한테 좋은 남자 친구가 아니었던 거 같아.
I haven't been a nice boyfriend to you.

요즘 내가 제정신이(내 자신이) 아닌 것 같아.
I haven't been myself lately.

실전 대화

A Why haven't you returned my texts?
B Sorry. **I've been pretty busy lately.**

text(=text message) 문자 메시지

너 왜 내 문자에 답장 안 했어?
미안. 내가 요즘 계속 많이 바빴어.

150 I've been -ing...

난 ~해오고 있어 ▶ have p.p+ing는 한국어에는 없는 '현재완료진행'의 의미를 나타내요. 예전부터 쭉 해왔고 지금도 그렇게 하고 있다는 걸 강조하는 경우에 쓰죠.

나 요즘 운동하고 있어.
I've been working out lately.

난 5년 정도 영어를 공부했어.
I've been studying English for about five years.

책을 많이 읽고 있어.
I've been reading a lot.

난 스무 살 때부터 골프를 쳤어.
I've been playing golf since I was 20.

요즘 일만 정말 엄청나게 많이 했어.
I've been working my butt off* these days.

A Your English is pretty good.
B Thanks.
A How long have you studied English?
B **I've been studying English for about five years.**

너 영어 꽤 잘하네.
고마워.
영어는 얼마나 공부했어?
5년 정도 공부했어.

* work one's butt off 뼈 빠지게 일하다
구어체로 자주 쓰는 표현입니다. butt(엉덩이) 자리에 ass, behind(가장 순화한 표현), tail(꼬리)를 쓰기도 해요.

151 Have you p.p.?

~해 본 적 있어? ▶ 현재완료 시제를 나타내는 have p.p의 의문문 형태를 활용해 과거의 경험을 물어보세요.

전에 이 음식 먹어 본 적 있어?
Have you tried this dish before? dish 음식; 접시

최근에 걔 본 적 있어?
Have you seen him lately?

전에 이 영화 본 적 있어?
Have you seen this movie before?

전에 여기 와 본 적 있어?
Have you been to* this place before?

전에 테니스 쳐 본 적 있어?
Have you played tennis before?

A **Have you tried this dish before?** 전에 이 음식 먹어 본 적 있어?
B No, this is my first time. 아니, 처음 먹는 거야.
A How do you like it? 어떤 거 같아?
B It's really good. 정말 맛있는데.

> ★ '가 본 적이 있다'는 '있어본 적이 있다(been to)'로!
> 영어로 어딘가에 가 본 적이 있다고 할 때는 **been to**를 써요. 한국어 그대로 번역해서 **gone to**를 쓰면 '어딘가에 가고 없다'라는 의미가 되기 때문이죠.

 # I should've p.p.

~했어야 했는데 ▶ 어떤 일을 했어야 했는데 안 했거나 하지 못했을 때 후회나 아쉬움을 표현하는 말입니다. should've는 should have의 줄임말이에요.

 [아이슈드해브] (X) [아이슈릅/아슈릅] (O)

더 조심했어야 했는데.
I should've been more careful.

그거 샀어야 했는데.
I should've bought it.

그런 일이 일어날 걸 알았어야 했는데.
I should've seen* it coming.

네 말을 들었어야 했는데.
I should've listened to you.

너랑 같이 시카고에 갔어야 했는데.
I should've gone to Chicago with you.

A I lost my job.
B I told you so.
A I guess **I should've listened to you.**

나 직장 잃어.
내가 뭐랬냐.
네 말을 들었어야 했나 봐.

---

* 보면 알 수 있는 see
see는 '보다'라는 뜻 외에도 '알다, 이해하다, 생각하다, 판단하다'라는 뜻을 가지고 있습니다.
눈으로 보고, 이해하고, 알게 되는 거라고 생각하면 자연스럽게 외우게 될 거예요.

 # I shouldn't have p.p.

~하지 말았어야 했는데 ▶ 간혹 시험에 shouldn't have p.p. 형태의 문장을 주면서 주인공이 어떤 행동을 했는지 안 했는지 묻는 문제가 나오기도 합니다. 이미 한 행동을 후회하는 표현이란 걸 알면 쉽게 정답을 맞출 수 있겠죠.

이 중고차 사지 말았어야 했는데.
I shouldn't have bought this used car.   used car 중고차

그런 말을 하지 말았어야 했는데.
I shouldn't have said that.

충동구매 하지 말았어야 했는데.
I shouldn't have made an impulse purchase.
impulse 충동

이 햄버거 시키는 게 아니었는데.
I shouldn't have ordered this burger.

그 사람 말을 듣지 말았어야 했는데.
I shouldn't have listened to him.

 실전 대화

A **I shouldn't have ordered this burger.**
B You don't like it?
A Not at all. **I shouldn't have listened to you.**
B Too late.

이 햄버거 시키는 게 아니었는데.
입에 안 맞아?
전혀. 네 말을 듣지 말았어야 했는데.
늦었어.

154 I would've p.p.

~했을 텐데 ▶ 이 패턴도 지난 일에 대해 후회나 아쉬움을 나타내요. 다만 하지 않은 것을 크게 후회하는 I should've p.p보다 좀 더 단순한 유감을 표현한다는 차이가 있습니다.

버터 발음 [아이우드해브] (X) [아이우릅/아우릅] (O)

네가 오는 줄 알았으면 음식 좀 남겨 뒀을 텐데.
I would've saved you some food if I had known you were coming. *save 남겨 두다*

이렇게 더울 줄 알았으면 반팔 입고 나왔을 텐데.
I would've worn short sleeves if I had known it was going to be this hot.

미리 알려 줬으면 너랑 같이 거기 갔을 텐데.
I would've gone there with you if you had told me ahead of time. *ahead of time 미리, 사전에*

오늘이 네 생일인 걸 알았다면 선물 사 줬을 텐데.
I would've bought you a present if I had known today was your birthday.

오늘 비 올 줄 알았으면 그냥 집에 있었을 텐데.
I would've just stayed home if I had known it was going to rain today.

실전 대화

A **I would've just stayed home if I had known it was going to rain today.**
B Tell me about it.

오늘 비 올 줄 알았으면 난 그냥 집에 있었을 거야.
내 말이.

★ 조동사의 과거 표현
would have p.p.(~했을 텐데) … 단순한 유감과 후회
could have p.p.(~할 수 있었을 거야) … 과거의 가능성에 대한 후회
might have p.p.(아마 ~했을 거야) … 과거에 대한 약한 추측
should have p.p.(~해야 했어) … 과거에 대한 강한 후회

 # How long have you p.p.?

~한 지 얼마나 됐어? ▶현재완료 시제의 '계속 용법'에 해당하는 패턴으로, 과거부터 지금까지 계속 이어지고 있는 일이 얼마나 됐는지 물어볼 때 씁니다. 이 개념이 익숙해지도록 동사를 바꿔 넣어 가며 계속 연습하세요.

여기 산 지 얼마나 됐어?
How long have you lived here?

너희 둘은 서로 알고 지낸 지 얼마나 됐어?
How long have you two known each other?

영어 공부한 지 얼마나 됐어?
How long have you studied English?

너희 결혼한 지 얼마나 됐어?
How long have you guys been married?

얼마나 기다렸어?
How long have you been waiting?

A Sorry I'm late.
How long have you been waiting?
B Only about five minutes.

늦어서 미안해.
얼마나 기다렸어?
한 5분밖에 안 돼.

 **연습문제 28** 본문에 나온 예문을 모두 암기했나요? 무작위로 예문을 뽑아 대화를 만들었습니다.
외운 예문을 대화에 넣어서 말해 보세요. 효과적인 실전 연습이 됩니다.

01 A _____ 나 몸이 계속 안 좋았어.
    B That's why I haven't seen you around for a while. 그래서 한동안 안 보였구나.

02 A _____ 내가 더 조심했어야 했는데.
    B You should have. 그랬어야지.

03 A _____ 내가 요즘 계속 많이 바빴어.
    B Doing what? 뭐 하느라?

04 A _____ 충동구매 하지 말았어야 했는데.
    B I told you not to. You're completely broke. 내가 그러지 말랬지. 너 완전 빈털터리잖아.

05 A _____ 너 전에 테니스 쳐 본 적 있어?
    B Nope. Not even once. 아니. 한 번도 없어.

06 A _____ 나한테 미리 알려 줬으면 너랑 같이 거기 갔을 텐데.
    B I was going to, but it just slipped my mind. 그러려고 했는데 깜빡했어.

07 A How long have you been studying English? 영어는 얼마나 공부했어?
    B _____ 난 5년 정도 영어를 공부했어.

08 A _____ 너 최근에 걔 본 적 있어?
    B No, I haven't seen him for a while. 아니, 못 본 지 꽤 됐어.

09 A What have you been doing in your free time? 요즘 시간 날 때는 뭐 해?
    B _____ 난 책을 많이 읽고 있어.

10 A _____ 난 스무 살 때부터 골프를 쳤어.
    B No wonder you're super-good. 그래서 그렇게 잘하는구나.

250

11 A ⬚ 나 그거 샀어야 했는데.
    B It's too late to regret. 후회해도 이미 늦었어.

12 A ⬚ 나 아침밥 이후로 아무것도 못 먹었어.
    B You must be starving. Let's go eat something. 엄청 배고프겠다. 우리 가서 뭐 좀 먹자.

13 A ⬚ 너 전에 이 음식 먹어 본 적 있어?
    B No, I haven't. How is it? 아니. 그거 맛 어때?

14 A ⬚ 그런 일이 일어날 걸 알았어야 했는데.
    B It's not your fault. Nobody saw it coming. 네 잘못이 아니야. 아무도 예측 못했잖아.

15 A Sorry I'm late. ⬚ 늦어서 미안해. 너 얼마나 기다렸어?
    B Not too much. I actually got here, too. 얼마 안 기다렸어. 나도 방금 왔어.

16 A ⬚ 넌 여기 산 지 얼마나 됐어?
    B Good five years. 족히 5년은 됐지.

17 A ⬚ 난 그런 말을 하지 말아야 했어.
    B Don't you think it's a little too late to regret? 후회하기엔 좀 늦었다고 생각하지 않아?

18 A ⬚ 이 햄버거 시키는 게 아니었는데.
    B Me, neither. This burger tastes like crap. 나도. 맛 정말 더럽게 없네.

19 A ⬚ 내가 오늘 비 올 줄 알았으면 그냥 집에 있었을 텐데.
    B I know. 그러게.

20 A ⬚ 너희 둘은 서로 알고 지낸 지 얼마나 됐어?
    B We go way back. We've known each other for about 20 years.
       한참 됐지. 20년 정도 됐어.

---

01 I've been sick. 02 I should've been more careful. 03 I've been pretty busy lately. 04 I shouldn't have made an impulse purchase. 05 Have you played tennis before? 06 I would've gone there with you if you had told me ahead of time. 07 I've been studying English for about five years. 08 Have you seen him lately? 09 I've been reading a lot. 10 I've been playing golf since I was 20. 11 I should've bought it. 12 I haven't had anything since breakfast. 13 Have you tried this dish before? 14 I should've seen it coming. 15 How long have you been waiting? 16 How long have you lived here? 17 I shouldn't have said that. 18 I shouldn't have ordered this burger. 19 I would've just stayed home if I had known it was going to rain today. 20 How long have you two known each other?

Unit 20 Need/Mean

156	**I need to...** 나 ~해야 돼
157	**I need you to...** ~해 줘
158	**You don't need to...** 넌 ~할 필요 없어
159	**I mean, ...** 그러니까 내 말은 ~
160	**I didn't mean to...** ~하려는 의도는 아니었어
161	**You mean...?** ~라는 말이야?
162	**I've been meaning to...** 계속 ~하려고 했었어

I need to...

나 ~해야 돼 ▶ need(필요하다)라는 동사의 기본 뜻이 녹아 있는 패턴입니다. '~할 필요가 있어', '~해야 돼' 등으로 해석하세요.

버터 발음 [아이니드투] (X) [아이닛투/아닛투] (O)

핸드폰 수리 맡기러 가야 돼.
I need to go get my cell phone fixed.

잠깐 실례 좀 할게요.
I need to bother you for a moment. bother 귀찮게 하다

난 먹는 걸 조심해야 돼.
I need to watch what I eat. watch 주시하다; 조심하다

나 어디 좀 가 봐야 돼.
I need to go somewhere.

나 이제 가야 돼.
I need to get going.

A **I need to go get my cell phone fixed.** 핸드폰 수리 맡기러 가야 돼.
B Why? What's wrong? 왜? 뭐가 문제인데?
A My phone calls go straight to voicemail. 전화가 오면 바로 음성으로 넘어가.
B Hmm… I wonder why. 흠… 왜 그럴까.

wonder 궁금해하다

253

157 I need you to...

~해 줘 ▶ 이 패턴을 직역하면 '당신이 ~해 주는 게 필요하다'는 뜻입니다. 이처럼 대놓고 '~해 줘'라고 하지 않고도 상대방에게 특정 행동을 요구하는 말을 할 수 있어요.

좀 조용히 해 줘.
I need you to keep it down a little.   keep it down 조용히 하다

여기에 좀 들러 줬으면 해.
I need you to stop by here.

내 차 세차 좀 도와줘.
I need you to help me wash my car.

공항에 나 좀 데리러 와 줘.
I need you to pick me up at the airport.

내 부탁 하나 들어줘.
I need you to do me a favor.   do 사람 a favor 누구의 부탁을 들어주다

A **I need you to stop by here.**
B When?
A This afternoon around three p.m.
B I have a dentist appointment at three. Can I come by around four instead?

여기에 좀 들러 줬으면 해.
언제?
이따 오후 3시쯤에.
3시에는 치과 예약이 있는데. 대신 4시쯤 들러도 돼?

 # You don't need to...

넌 ~할 필요 없어 ▶ 그럴 필요 없다며 듣는 사람의 부담을 덜어주는 말입니다. You don't have to도 비슷한 상황에서 쓰는 말이에요.

 [유론닛투] don't 을 부드럽게 바꿔서 발음합니다.

넌 사과할 필요 없어.
You don't need to apologize.

넌 내일 안 와도 돼.
You don't need to come tomorrow.

넌 그거 돈 낼 필요 없어.
You don't need to pay for it.

그거 지금 안 해도 돼.
You don't need to do it right now.

그거 살 필요 없어.
You don't need to buy it.

A I'm really sorry.
B No, **you don't need to apologize.**
　　You didn't do anything wrong.

정말 미안해.
아니야, 넌 사과할 필요 없어.
넌 잘못한 거 하나도 없어.

159 I mean, ...

그러니까 내 말은 ~ ▶ 자신이 한 말을 설명하거나 번복할 때 쓰는 패턴입니다. 번복할 때는 I mean 앞뒤로 반대되는 내용이 오겠죠. 상황에 따라 자연스럽게 '내 말은', '아니', '그러니까' 등으로 해석하세요.

내 말은 네가 맞다는 뜻이야.
I mean, you're right.

내가 오늘 일을 얼마나 할 수 있는지에 달려 있다는 말이지.
I mean, it depends on how much work I can get done today.   depend on ~에 달려 있다

그러니까 제 말은 스무 살같이 보여요.
I mean, you look like you're 20.   look like ~인 것처럼 보이다

아니. 그러니까 내 말은 맞다고.
No. **I mean,** yes.

그거 입으니까 뚱뚱해 보여. 아니 내 말은 괜찮아 보인다고.
You look fat in it. **I mean,** you look good.

 실전 대화

A Are you busy tomorrow?
B **No. I mean, yes.**
　I have some stuff to do.

너 내일 바빠?
아니. 그러니까 내 말은 나 바빠.
할 일이 좀 있어서.

★ mean의 또 다른 뜻
mean에는 '진심으로 말하다'라는 뉘앙스도 있습니다.
A: Do you really mean that? 너 그 말 진심이야?
B: I really mean it. 나 정말 진심이야.

 # I didn't mean to...

~하려는 의도는 아니었어 ▶ 살다 보면 자신이 한 행동에 대해 해명해야 하는 경우가 생기죠. 이 패턴을 이용해 의도치 않았던 일이란 것을 설명하고 본래의 의도를 말한다면 오해가 자연스럽게 풀릴 거예요.

버터 발음 [아이디든트민투](X) [아(이)디른민투] (O)

그런 의도는 아니었어.
I didn't mean it that way.

널 화나게 하려고 했던 건 아니었어.
I didn't mean to upset you.

너한테 상처 주려고 했던 건 아니었어.
I didn't mean to hurt your feelings.

네 몸무게 가지고 놀리려고 했던 건 아니었어.
I didn't mean to make fun of your weight.
make fun of ~를 놀리다

거짓말하려는 의도는 아니었어.
I didn't mean to lie.

A I'm sorry. **I didn't mean to upset you.**   미안해. 널 화나게 하려고 했던 건 아니었어.
B I'm sorry, too. I think I overreacted a little.   나도 미안해. 내가 좀 과민 반응을 보였던 거 같아.
   overreact 과하게 반응하다

161 You mean...?

~라는 말이야? ▶ Can you say that again?처럼 상대방이 한 말을 확인하는 패턴이에요. 원래 Do you mean...?인데 보통 do를 생략해요. 제대로 들은 건지 확실하지 않다면 긴말 하지 말고 You mean...?으로 다시 물어 보세요.

그러니까 마음이 바뀌었다는 거야?
You mean you changed your mind?

너 오늘 못 온다는 말이야?
You mean you can't come today?

나를 우리 회사에 내려줄 수 있다는 말이지?
You mean you can drop me off at my work?

네가 나보다 나이가 많다고?
You mean you're older than me?

네가 앤지를 좋아한다는 거야?
You mean you have a thing* for Angie?

실전 대화

A Where's your paper?
B What paper?
A **You mean you didn't do it?**

네 리포트 어디에 있어?
무슨 리포트?
그 말은 안 썼다는 뜻이야?

> *have a thing 몹시 좋아하다/ 몹시 싫어하다
> '뭔가 있다'는 말은 좋아한다는 뜻일 수도 있고, 싫어한다는 뜻일 수도 있어요. 대화 상황에 따라 어느 쪽인지 자연스럽게 알게 됩니다.

 # I've been meaning to...

계속 ~하려고 했었어 ▶ 현재완료진행 시제 패턴으로, 이전부터 어떤 일을 하려고 계속 생각했다는 말입니다. 여기에서 mean은 '의도하다'라는 의미로 쓰였어요.

전부터 너한테 뭐 좀 물어보려고 했었어.
I've been meaning to ask you something.

전부터 사과하려고 했었어.
I've been meaning to apologize.

전부터 너한테 말하려고 한 게 있었는데.
I've been meaning to tell you something.

전부터 네가 해 준 일에 대해 고맙다는 말을 하려고 했었어.
I've been meaning to thank you for what you did for me.

그녀에게 전화하려고 계속 생각은 했는데 내가 바빴어.
I've been meaning to call her, but I've been busy.

A **I've been meaning to ask you something.** 전부터 너한테 뭐 좀 물어보려고 했었어.
B What is it? 뭔데?
A Are you seeing someone right now? 지금 누구 만나는 사람 있어?

★ 함께 할 운명인 mean
mean에는 다양한 뜻이 있어요. 참고로 알아두면 좋은 표현으로 be meant to be(~할 운명이다)가 있습니다.
우린 함께 할 운명이야. We're meant to be together.

연습문제 29
본문에 나온 예문을 모두 암기했나요? 무작위로 예문을 뽑아 대화를 만들었습니다. 외운 예문을 대화에 넣어서 말해 보세요. 효과적인 실전 연습이 됩니다.

01　A _____ 넌 그거 돈 낼 필요 없어.
　　B Why not? Don't tell me you're paying. 왜? 설마 네가 낸다는 건 아니지?

02　A _____ 네 말은 네가 앤지를 좋아한다는 거야?
　　B I do, but don't tell anybody, okay? 응, 근데 아무한테도 말하면 안 돼, 알았지?

03　A _____ 나 핸드폰 수리 맡기러 가야 돼.
　　B Why? Is it not working again? 왜? 또 고장 났어?

04　A _____ 난 네가 좀 조용히 해 줬으면 해.
　　B Oops. I'm sorry. Was I being too loud? 앗, 미안해. 내가 너무 크게 떠들었나?

05　A _____ 난 네가 여기에 좀 들러 줬으면 해.
　　B Can I ask what this is about? 뭐 때문에 그러는지 물어봐도 돼?

06　A _____ 너 내 부탁 하나 들어줘.
　　B Let me hear it first. 일단 들어 보고.

07　A _____ 네가 나보다 나이가 많다고?
　　B I am. I'm two years older. 응. 두 살 위야.

08　A _____ 전부터 너한테 말하려고 한 게 있었는데.
　　B Same here. You go ahead first. What is it? 나도 그랬는데. 네가 먼저 말해. 뭔데?

09　A What do you think of this shirt? 이 셔츠 어떤 거 같아?
　　B You look fat in it. _____
　　　그거 입으니까 뚱뚱해 보여. 아니 내 말은 괜찮아 보인다고.

10　A _____ 넌 사과할 필요 없어.
　　B I have to. It was all my fault. 해야 돼. 전적으로 내 잘못이야.

11 A _____ 넌 내일 안 와도 돼.
    B Why not? I thought you needed my help. 왜? 내 도움 필요한 거 아니었나.

12 A _____ 널 화나게 하려고 했던 건 아니었어.
    B I know you meant well. 좋은 의도로 그런 거 알아.

13 A _____ 잠깐 당신에게 실례 좀 할게요.
    B Sure, no problem. What do you need? 네, 괜찮아요. 뭐가 필요하세요?

14 A What do you mean? 그게 무슨 말이야?
    B _____ 내 말은 네가 맞다는 뜻이야.

15 A _____ 나 어디 좀 가 봐야 돼.
    B Can't you stay here a little longer? 조금만 더 있다 가면 안 돼?

16 A Are you hungry? 너 배고파?
    B No. _____ 아니. 그러니까 내 말은 배고프다고.

17 A _____ 네 몸무게 가지고 놀리려고 했던 건 아니었어.
    B Yes, you did, you jerk. Get out of my face. 그랬잖아, 이 나쁜 놈아. 꺼져 버려.

18 A Sorry, _____ 미안, 거짓말하려는 의도는 아니었어.
    B But you did anyway. 하지만 어쨌든 거짓말한 거잖아.

19 A _____ 너 오늘 못 온다는 말이야?
    B Nope. Something came up. 응. 일이 좀 생겨서.

20 A _____ 나 전부터 너한테 뭐 좀 물어보려고 했었어.
    B Okay. What is it? 그래. 뭔데?

---

01 You don't need to pay for it. 02 You mean you have a thing for Angie? 03 I need to go get my cell phone fixed. 04 I need you to keep it down a little. 05 I need you to stop by here. 06 I need you to do me a favor. 07 You mean you're older than me? 08 I've been meaning to tell you something. 09 I mean, you look good. 10 You don't need to apologize. 11 You don't need to come tomorrow. 12 I didn't mean to upset you. 13 I need to bother you for a moment. 14 I mean, you're right. 15 I need to go somewhere. 16 I mean, yes. 17 I didn't mean to make fun of your weight. 18 I didn't mean to lie. 19 You mean you can't come today? 20 I've been meaning to ask you something.

261

Unit 21 Like

- **163** **I like...** 난 ~를 좋아해
- **164** **I don't like...** 난 ~를 안 좋아해
- **165** **I like your...** 네 ~가 마음에 들어
- **166** **I'd like to...** ~하고 싶어요
- **167** **Do you like -ing...?** ~하는 거 좋아해?

I like...

난 ~를 좋아해 ▶ I like...로 자신의 취향이나 선호하는 것을 표현해 봅시다. 더 강조하여 말하고자 할 때는 I love...를 쓰면 됩니다. 패턴 뒤에는 'to+동사원형'이나 명사를 써도 되고, 예문처럼 동명사를 써도 돼요.

나 책 읽는 거 좋아해.
I like reading books.

나 야식 먹는 거 좋아해.
I like eating night time snacks.

난 주말엔 집에 있는 게 좋아.
I like spending my weekends at home.

난 친구들이랑 노는 게 좋아.
I like hanging out with my friends. hang out 어울려 놀다

난 운동하는 거 좋아해.
I like working out. work out 운동하다

A **I like reading books.**
B What else do you like?
A I also like cooking.

난 책 읽는 거 좋아해.
다른 건 또 뭐 좋아해?
요리하는 것도 좋아해.

164 I don't like...

난 ~를 안 좋아해 ▶ 싫어하는 것을 말할 때는 보통 hate보다 don't like를 더 많이 씁니다.
hate는 '정말 싫다'라고 강조하는 느낌이어서 어감이 너무 강하거든요.

난 걷는 거 안 좋아해.
I don't like walking.

난 밤에 나가는 거 안 좋아해.
I don't like going out at night.

난 요리하는 걸 정말 싫어해.
I don't like cooking at all.   at all 전혀, 조금도

난 더빙 영화 보는 걸 안 좋아해.
I don't like watching dubbed movies.*

난 비 올 때 운전하는 거 안 좋아해.
I don't like driving when it rains.

실전 대화

A **I don't like going out at night.**
B Why not?
A Because I don't like drinking.
B I see.

난 밤에 나가는 거 안 좋아해.
왜?
술 마시는 걸 안 좋아해서.
그렇구나.

> *더빙 영화를 볼까 자막 영화를 볼까
> 외국어로 된 영화는 보통 성우가 더빙을 하거나 자막이 있습니다. 이런 영화를 각각 dubbed movies(더빙 영화), subtitled movies (자막 영화)라고 합니다. 참고로 시각장애인을 위한 자막은 caption이라고 해요.

165 I like your...

네 ~가 마음에 들어 ▶ 듣는 사람이 기분 좋아지는 마법의 말이니 자주 써 보세요. 과장해서 칭찬하고 싶으면 I love를 써도 됩니다.

버터 발음 [아(이)라이큐얼/알라이큐얼]

네 헤어스타일 괜찮은데.
I like your hair.

네 차 좋다.
I like your car.

나 네 여동생 좋아해.
I like your sister.

나 너희 개 좋더라.
I like your dog.

난 너의 그런 태도가 마음에 들어.
I like your attitude.   attitude 태도, 자세, 사고방식

실전 대화

A **I like your car.** When did you get it?
B Just last month.
A How much did you pay for it?
B Around fifty grand.

grand 1,000 달러

네 차 좋은데. 언제 산 거야?
지난달에.
차 값은 얼마나 줬어?
5만 달러 정도.

166 I'd like to...

~ 하고 싶어요 ▶ 이 패턴은 I want to...보다 정중하게 나의 의사를 표현하는 말이에요. I'd는 I would의 줄임말입니다.

버터 발음 [아이드라이크투](X) [알라익투/알라익투](O)

더 먹고 **싶네요**.
I'd like to eat some more.

좀 물어보고 **싶은 게 있는데요**.
I'd like to ask you some questions.

이거 환불받고 **싶은데요**.
I'd like to get a refund for this item.   get a refund 환불받다

이거 다른 걸로 교환하고 **싶은데요**.
I'd like to exchange this item with something else.   exchange 교환하다

계좌를 새로 하나 만들고 **싶은데요**.
I'd like to open a new bank account.   bank account (예금) 계좌

 실전 대화

A **I'd like to ask you some questions.**
B Sure. Shoot.
A Not now. I meant* later this afternoon.
B Oh, okay.

shoot 질문을 퍼붓다

너한테 몇 가지 물어보고 싶은 게 있어.
그래. 말해.
지금 말고. 이따 오후에.
아, 그래.

* I meant로 정정하기
했던 말을 바로 이어서 정정할 때는 I mean 패턴을 쓰지만, 대화가 오간 상태에서 정정할 때는 I meant로 말을 시작해요.

 # Do you like -ing...?

~하는 거 좋아해? ▶ 상대방의 기호를 알아야 대화가 더 잘 통하겠죠. 이야기를 이어나가고 싶을 때 상대가 뭘 좋아하는지 물어보세요. like 뒤에는 -ing 형태의 동명사가 와야 합니다.

외식하는 거 좋아해?
Do you like eating out?

인터넷 검색하는 거 좋아해?
Do you like surfing the net? surf 인터넷을 서핑[검색]하다

영화 보는 거 좋아해?
Do you like watching movies?

여행 가는 거 좋아해?
Do you like traveling around?

친구들이랑 수다 떠는 거 좋아해?
Do you like chatting with your friends? chat 수다를 떨다

A **Do you like watching movies?**　　영화 보는 거 좋아해?
B Of course I do. Don't you?　　당연하지. 넌 안 좋아해?
A I do, too.　　나도 좋아하지.

연습문제 30   본문에 나온 예문을 모두 암기했나요? 무작위로 예문을 뽑아 대화를 만들었습니다. 외운 예문을 대화에 넣어서 말해 보세요. 효과적인 실전 연습이 됩니다.

01 A   너 영화 보는 거 좋아해?
    B   Of course I do. Who doesn't? 당연하지. 안 좋아하는 사람도 있어?

02 A   난 비 올 때 운전하는 거 안 좋아해.
    B   Me, too. I don't like driving in the snow, too. 나도. 난 눈 올 때 운전하는 것도 싫어해.

03 A   난 주말엔 집에 있는 게 좋아.
    B   Me, too. 나도야.

04 A   너 외식하는 거 좋아해?
    B   You bet I do. 당연하지.

05 A   나 야식 먹는 거 좋아해.
    B   Really? Then how can you stay so thin? 정말? 근데 어떻게 그렇게 날씬한 몸매를 유지하는 거야?

06 A   난 운동하는 거 좋아해.
    B   No wonder you look fit. 그래서 네 몸매가 좋아 보이는 거구나.

07 A   너 인터넷 서핑하는 거 좋아해?
    B   I do. I think I'm addicted to it. 응. 나 중독인 거 같아.

08 A   나 책 읽는 거 좋아해.
    B   Oh. What was the last book you read? 오. 마지막으로 읽은 책이 뭐야?

09 A   저 이 제품 환불받고 싶은데요.
    B   Is there anything wrong with that? 물건에 무슨 문제 있나요?

10 A   난 더빙 영화 보는 걸 안 좋아해.
    B   Same here. All the dubbed movies sound so dumb. 나도. 더빙 영화는 다 너무 이상해.

11 A _____ 너 여행 가는 거 좋아해?
    B Of course. 물론이지.

12 A _____ 네 헤어스타일 괜찮은데.
    B Thanks. 고마워.

13 A _____ 저 은행 계좌를 새로 하나 만들고 싶은데요.
    B Okay. May I see your driver's license? 알겠습니다. 운전면허증 좀 보여주시겠어요?

14 A _____ 나 네 여동생 좋아해.
    B If you ever come near my sister, I'll kick your butt. 내 여동생한테 접근하면 가만 안 둔다.

15 A _____ 난 요리하는 걸 정말 싫어해.
    B Who does? 누군들 좋아하겠어?

16 A _____ 더 먹고 싶네요.
    B Sure. Let me get you some more. 네. 더 갖다 드릴게요.

17 A I'll give it a shot. What have I got to lose? 한번 해보지, 뭐. 밑져야 본전이잖아.
    B _____ 난 너의 그런 태도가 마음에 들어.

18 A _____ 네 차 좋다.
    B It looks cool, huh? I just got it recently. 멋있지? 최근에 새로 뽑았어.

19 A _____ 저 이거 다른 걸로 교환하고 싶은데요.
    B Sure. Could I see your receipt? 네. 영수증 좀 보여 주실래요?

20 A _____ 난 걷는 거 안 좋아해.
    B Me, neither. I like jogging, though. 나도. 근데 난 조깅은 좋아해.

01 Do you like watching movies? 02 I don't like driving when it rains. 03 I like spending my weekends at home. 04 Do you like eating out? 05 I like eating night time snacks. 06 I like working out. 07 Do you like surfing the net? 08 I like reading books. 09 I'd like to get a refund for this item. 10 I don't like watching dubbed movies. 11 Do you like traveling around? 12 I like your hair. 13 I'd like to open a new bank account. 14 I like your sister. 15 I don't like cooking at all. 16 I'd like to eat some more. 17 I like your attitude. 18 I like your car. 19 I'd like to exchange this item with something else. 20 I don't like walking.

269

Unit 22 Look/Sound/feel

168	It looks like...	~처럼 보여
169	You look so...	너 정말 ~해 보여
170	You look like you...	너 ~처럼 보여
171	It sounds like...	~처럼 들려
172	You sound...	~한 목소리네
173	I feel like -ing...	~가 하고 싶어
174	I don't feel like -ing...	~할 기분이 아니야
175	Do you feel like -ing...?	~하고 싶어?

168 It looks like...

~처럼 보여 ▶ 눈으로 상황을 직접 보면서 '~같다'고 말할 때는 look like라고 합니다. like 뒤에는 명사나 절이 옵니다.

금방 비가 올 것 같아.
It looks like it's about to rain soon.
be about to ~할락 말락 하다, 막 ~하려는 참이다

영화가 지루해 보이는데.
It looks like a boring movie.

네 거 같은데.
It looks like yours.

앤지는 늦을 것 같아.
It looks like Angie's going to be late.

밖에 눈 오는 거 같아.
It looks like it's snowing outside.

실전 대화

A Look at the sky.
  It looks like it's about to rain soon.
B I guess we should hurry up.

하늘 좀 봐.
금방 비가 올 것 같아.
서둘러야 할 것 같아.

169 You look so...

너 정말 ~해 보여 ▶ 앞에서는 It looks like...를 배웠죠. You look so...는 주어가 you로 바뀐 만큼 패턴을 활용해 상대방의 얼굴이나 표정을 보고 내가 어떻게 느끼는지를 표현할 수 있어요. so 뒤에 다양한 형용사를 붙여서 보세요.

너 너무 지루해 보인다.
You look so bored.

너 많이 피곤해 보여.
You look so tired.

너 무지 졸려 보여.
You look so sleepy.

너 스트레스 엄청 받은 거 같아.
You look so stressed out.　stressed out 스트레스가 쌓인

너 기분이 엄청 안 좋아 보여.
You look so upset.

실전 대화

A **You look so tired.**
B I pulled an all-nighter.
A Doing what?
B I was catching up with *the Big Bang Theory*.

pull an all-nighter (뭔가 하기 위해) 밤을 새다

너 많이 피곤해 보여.
밤을 샜거든.
뭐 하느라?
〈빅뱅이론〉 못 본 거 다 보느라.

 # You look like you...

너 ~처럼 보여 ▶ You look so...와 유사한 의미로, 상대방의 얼굴이나 표정을 보고 추측하는 패턴이에요.

너 금방이라도 잠들 거 같아.
You look like you're about to fall asleep.

너 할 말이 있는 것처럼 보인다.
You look like you want to say something.

너 오늘 바쁜 것 같네.
You look like you're busy today.

너 아파 보여.
You look like you're sick.

너 열이 있는 것처럼 보여.
You look like you're running a fever. run a fever 열이 나다

A **You look like you're about to fall asleep.**
B I woke up at five in the morning because of my dog.
A Are you okay?
B Not at all.

너 금방이라도 잠들 거 같아.
우리 강아지 때문에 아침 5시에 일어났거든.
괜찮아?
전혀 안 괜찮아.

 # It sounds like...

~처럼 들려 ▶ 소리나 상대방의 말을 듣고 어떤 일을 추측할 때는 sound를 씁니다.

버터 발음 [이싸운즉라잌]

재미있겠다.
It sounds like fun.

그거 좋은 생각 같은데.
It sounds like a good idea.

너 화가 났구나.
It sounds like you're upset.

넌 가고 싶지 않은 것 같구나.
It sounds like you don't want to go.

너 실망했구나.
It sounds like you're disappointed. disappointed 실망한, 낙담한

A I'm going to Italy next week.
B **It sounds like fun.** For how long?
A For about three weeks.
B Cool!

나 다음 주에 이탈리아에 가.
재미있겠다. 얼마 동안이나?
3주 정도.
좋겠네!

172 You sound...

~한 목소리네 ▶ 주어가 You로 바뀌었죠? 상대의 목소리를 듣고 어떤 느낌이 드는지 말할 때 쓰는 패턴이에요.

너 목소리가 아픈 것 같아.
You sound sick.

너 술 취한 것 같은 목소리인데.
You sound drunk.   drunk 술이 취한

기분 좋은 것 같은 목소리네.
You sound happy.

너 졸린 목소리네.
You sound sleepy.

근심에 찬 목소리네.
You sound worried.

실전 대화

A **You sound worried.**
B I have a big* test tomorrow.
A Don't worry. I'm sure you'll do just fine.
B Thanks.

(뭔가) 걱정스러운 목소리네.
내일 중요한 시험이 하나 있거든.
걱정하지 마. 잘할 거야.
고마워.

---

* **big은 크기만 한 게 아니다!**
big은 '큰'뿐 아니라 '중요한'이라는 뜻도 갖고 있어요. important와 같은 뜻이니 바꿔서 써도 됩니다.
I have a big[important] day.
나 내일 아주 중요한 날이야.

173 I feel like -ing...

~가 하고 싶어 ▶ 이 패턴은 I want to...와 비슷한 뜻으로서, 기분을 좀 더 강조하는 뉘앙스를 가지고 있습니다. I feel like 다음에는 동명사가 온다는 거 기억해 두세요.

취하고 싶은 기분이야.
I feel like getting drunk.

커피 마시고 싶다.
I feel like drinking some coffee.

낮잠 자고 싶다.
I feel like taking a nap.

영화 보러 가고 싶다.
I feel like going to a movie.

지금은 아무것도 하고 싶지가 않아.
I feel like doing nothing right now.

A **I feel like going to a movie.**
B Again? We just saw one yesterday.
A What can I say? I love going to the movies.

영화 보러 가고 싶어.
또? 우리 어제 한 편 봤잖아.
그래도 어쩌겠어? 난 영화 보러 가는 게 좋은데.

174 I don't feel like -ing...

~할 기분이 아니야 ▶ 어떤 일을 할 수 있는 상태나 기분이 아니라는 걸 표현하는 말입니다. 같은 의미인 I don't want to...보다 I don't feel like -ing가 기분과 감정을 좀 더 어필하는 패턴이죠.

아무 데도 가고 싶지 않아.
I don't feel like going anywhere.

오늘은 아무것도 하고 싶지 않아.
I don't feel like doing anything today.

기름진 것은 먹고 싶지 않아.
I don't feel like eating anything greasy.   greasy 기름투성이의

너랑 지금 말하고 싶은 기분이 아니야.
I don't feel like talking to you right now.

오늘 밤엔 나가 놀고 싶지 않아.
I don't feel like hanging out tonight.

A I don't feel like talking to you right now.   너랑 지금 말하고 싶은 기분 아니야.
B Why not? Are you still upset?   왜? 아직도 화났어?
A Of course not. I'm just tired. That's all.*   당연히 아니지. 그냥 피곤해서. 그래서 그래.

* '그게 전부야'라는 표현
That's all.은 '다른 이유는 없고 그래서 그런 거야.'라는 뜻입니다. 유사한 표현으로는 That's why.(그래서 그래.)가 있어요. 다만 That's all.이 좀 더 강한 어감의 표현입니다.

 Do you feel like -ing...?

~하고 싶어? ▶ 여기서 like는 전치사로 '(마치) ~와 같이'라는 의미입니다. 전치사 뒤에는 명사나 -ing 형태의 동명사가 나옵니다.

너 영화 보러 갈 생각 있어?
Do you feel like going to a movie?

지금 어딘가 가고 싶어?
Do you feel like going somewhere now?
somewhere 어딘가에

지금 뭔가 하고 싶은 기분이야?
Do you feel like doing something now?

지금 뭐 먹고 싶은 생각 있어?
Do you feel like eating something now?

지금 뭐 보고 싶은 생각 있어?
Do you feel like watching something now?

A **Do you feel like eating something now?** 지금 뭐 먹고 싶은 생각 있어?
B Nah, I'm not really hungry now. 아니, 지금은 별로 배가 안 고파.
   Let's eat at around six. 6시쯤 먹자.
A Sounds good. 그러자.

 **연습문제 31** 본문에 나온 예문을 모두 암기했나요? 무작위로 예문을 뽑아 대화를 만들었습니다. 외운 예문을 대화에 넣어서 말해 보세요. 효과적인 실전 연습이 됩니다.

01 A _____ 영화가 지루해 보이는데.
   B Maybe, maybe not. Let's find that out. 그건 모르는 거지. 일단 보고 판단하자.

02 A _____ 앤지는 늦을 것 같아.
   B Not again! That is so like her. 또야? 정말 앤지답다.

03 A _____ 밖에 눈이 오는 거 같아.
   B Really? I was gonna go out to play tennis. 정말? 나가서 테니스 치려고 했는데.

04 A _____ 너 많이 피곤해 보여.
   B I've been working overtime five days in a row. 5일 연속 야근했거든.

05 A _____ 너 스트레스 엄청 받은 거 같아.
   B It's my boss. 상사 때문에 그래.

06 A _____ 너 기분이 엄청 안 좋아 보여.
   B I got a speeding ticket. 속도위반 딱지 떼였거든.

07 A _____ 너 뭔가 할 말이 있는 것처럼 보인다.
   B Well, I actually have a favor to ask of you. 음, 실은 너한테 부탁이 하나 있어.

08 A _____ 너 오늘 바쁜 것 같네.
   B It may look like I'm busy, but I'm not. 바빠 보일 수도 있지만 안 바빠.

09 A _____ 너 아픈 것처럼 보여.
   B Yeah, I have this splitting headache. 응, 머리가 깨질 듯이 아파. splitting 머리가 깨질 것 같은

10 A Why don't we share it together? 우리 그거 같이 쓰는 건 어때?
   B _____ 그거 좋은 생각 같은데. (It sounds like...)

11 A _____ 너 열이 있는 것처럼 보여.
   B Yeah, I think I have a slight cold. 응. 감기 기운이 있는 것 같아.

279

12 A _____ 너 술 취한 것 같은 목소리인데.
    B No, I'm fine. I'm still sober. 아니, 괜찮아. 아직 멀쩡해. sober 술 취하지 않은

13 A _____ 난 기름진 건 먹고 싶지 않아.
    B How come? Are you on a diet or something? 왜? 다이어트라도 하는 거야?

14 A I'm going to Miami next week. 나 다음 주에 마이애미에 가.
    B _____ 재미있겠다. (It sounds like...)

15 A _____ Are you okay?
    너 금방이라도 잠들 거 같이 보여. 괜찮아?
    B Not at all. 전혀 안 괜찮아.

16 A _____ 너 근심에 찬 목소리네.
    B Well, it's because I screwed up on my test. 그게, 시험을 완전히 망쳤거든.

17 A _____ 너 너무 지루해 보인다.
    B I AM bored. Let's do something fun. 나 정말 지루해. 우리 재미있는 거 하자.

18 A _____ 넌 가고 싶지 않은 것 같네. (It sounds like...)
    B I don't. I'm just beat. 응. 너무 피곤해서. *(dead) beat (구어) 죽을 만큼 피곤한

19 A _____ 너 졸린 목소리네.
    B Because I stayed up all night long talking to you on the phone.
    너랑 밤새도록 통화해서 그런 거잖아.

20 A _____ 금방 비가 올 것 같아.
    B It sure does. Make sure to bring your umbrella. 그러게. 우산 꼭 챙겨.

21 A _____ 나 오늘은 아무것도 하고 싶지 않아.
    B Why not? You're not sick or anything, are you? 왜? 어디 아프기라도 한 건 아니지?

22 A _____ 너 기분 좋은 것 같은 목소리네.
    B Can you tell? I have a date tonight. 티 나? 저녁에 데이트 있거든.

23 A _____ 난 아무 데도 가고 싶지 않아.
    B I was going to let you drive my new Porsche. 새로 산 내 포르셰 운전하게 해 주려고 했는데.

24 A _____ 너랑 지금 말하고 싶은 기분 아니야.
    B Why is that? Up until just a moment ago, you were fine. 왜? 방금 전까지는 괜찮더니.

25 A _____ 너 화가 났구나. (It sounds like…)
    B It's not the first time this has happened. 이게 처음 있는 일이 아니잖아.

26 A _____ 너 무지 졸려 보여.
    B I was tossing and turning all night. 밤새 뒤척여서 그래. toss and turn 뒤척이다

27 A _____ 너 목소리가 아픈 것 같아.
    B I think I'm coming down with something. 뭔가 걸리려나 봐.

28 A _____ 그거 네 거 같은데.
    B But I have mine right here. 근데 내 건 여기 있는데.

29 A Really? Oh man! 진짜? 에휴!
    B _____ 너 실망했구나. (It sounds like…)

30 A _____ 나 오늘 밤엔 나가 놀고 싶지 않아.
    B Why the change of heart? 왜 마음이 바뀐 거야?

31 A _____ 너 영화 보러 갈 생각 있어?
    B It depends on what's playing now. 지금 뭐 하는지 봐서.

32 A _____ 나 낮잠 자고 싶다.
    B You didn't sleep well last night? 어젯밤에 잠 제대로 못 잤어?

01 It looks like a boring movie. 02 It looks like Angie's going to be late. 03 It looks like it's snowing outside. 04 You look so tired. 05 You look so stressed out. 06 You look so upset. 07 You look like you want to say something. 08 You look like you're busy today. 09 You look like you're sick. 10 It sounds like a good idea. 11 You look like you're running a fever. 12 You sound drunk. 13 I don't feel like eating anything greasy. 14 It sounds like fun. 15 You look like you're about to fall asleep. 16 You sound worried. 17 You look so bored. 18 It sounds like you don't want to go. 19 You sound sleepy. 20 It looks like it's about to rain soon. 21 I don't feel like doing anything today. 22 You sound happy. 23 I don't feel like going anywhere. 24 I don't feel like talking to you right now. 25 It sounds like you're upset. 26 You look so sleepy. 27 You sound sick. 28 It looks like yours. 29 It sounds like you're disappointed. 30 I don't feel like hanging out tonight. 31 Do you feel like going to a movie? 32 I feel like taking a nap.

Unit 23 If/Mind

- **176** If I were you, ... 내가 너라면 ~
- **177** Let me know if... ~인지 알려 줘
- **178** Do you mind -ing...? ~하면 안 될까?
- **179** Do you mind if I...? 제가 ~하면 안 될까요?
- **180** I don't mind -ing... 난 ~하는 거 상관없어

176 If I were you, ...

내가 너라면 ~ ▶ 만약 내가 상대방의 입장이라면 어떻게 할지 말하는 가정법 패턴으로서, 이때 I 뒤에는 was가 아니라 were를 쓰는 것이 문법에 맞습니다. 하지만 일상회화에서는 I was를 쓰는 경우도 많아요.

내가 너라면 거절하겠어.
If I were you, I would say no.

내가 너라면 그거 안 산다.
If I were you, I wouldn't buy it.

내가 너라면 그 사람 말 안 듣겠어.
If I were you, I wouldn't listen to him.

내가 너라면 당장 가서 그녀에게 사실대로 말할 거야.
If I were you, I would just go ahead and tell* her the truth.

내가 너라면 사과하겠어.
If I were you, I would apologize.

실전 대화

A These two look great.
B But you gotta choose one.
A Help me choose.
B **If I were you, I would choose this blue one.**

이거 둘 다 정말 괜찮아 보이는데.
그래도 하나만 골라야 해.
고르는 것 좀 도와줘.
내가 너라면 이 파란 걸 고르겠어.

* **동사를 강조하는 go ahead and**
동사 앞에 **go ahead and**를 붙이면 뒤에 나오는 동사의 뜻이 강조됩니다. '당장 가서 ~해라'며 강한 권유의 어감이 있는 말이죠.

283

177 Let me know if...

~인지 알려 줘 ▶ if에는 '만약'이라는 뜻뿐 아니라 '~인지'라는 뜻도 있는데, 이 패턴에서는 '~인지'라는 뜻으로 쓰였습니다.

줄리도 가고 싶어 하는지 (물어보고) 알려 줘.
Let me know if Julie wants to go, too.

뭐든 필요한 거 있으면 말씀하세요.
Let me know if you need anything.

마음이 바뀌면 알려 줘.
Let me know if you change your mind.

궁금한 게 생기면 알려 줘.
Let me know if you have any questions.

그 스웨터 세일하면 알려 줘.
Let me know if that sweater is on sale.*

실전 대화

A Where the heck is Christine?
   Let me know if you can get a hold of her.
B Okay, I'll make sure to do that.

heck 젠장, 제길

도대체 크리스틴은 어디에 있는 거야?
걔랑 연락 닿으면 알려 줘.
응, 꼭 그렇게.

> * **on sale vs. for sale**
> sale 앞에 on이 오면 '할인 중이'라는 뜻이고, for가 오면 '판매 중이'라는 뜻입니다. on에는 on air(방송 중)처럼 진행 중이라는 뜻이 있어요. for는 '~를 위한'이라는 목적을 나타내니 for sale은 '판매를 위한'으로 기억하세요. for sale은 할인을 뜻하는 것이 아닙니다.

284

 Do you mind -ing...?

~하면 안 될까? ▶ Do you mind(~하면 신경에 거슬리나요?)에는 부정적인 어감이 내포되어 있어서 괜찮다고 대답할 때 No.(안 거슬려요.)라고 해야 합니다. mind 뒤에는 동명사가 옵니다.

네가 운전하면 안 될까?
Do you mind driving?

좀 서둘러 주지 않을래?
Do you mind rushing a little?　rush 서두르다

여기서 잠깐 기다려 주지 않을래?
Do you mind waiting here for a minute?

저녁에 우리 애들 좀 봐 주면 안 될까?
Do you mind watching my kids tonight?

이 가방 좀 잠시 들어 주면 안 될까?
Do you mind holding this bag for a sec?
a sec(=a second) 아주 짧은 시간

A I don't think I can drive. **Do you mind driving?**
B Not at all.
A Thanks.
B No problem.

나 운전 못 할 것 같아.
네가 운전하면 안 될까?
그래.
고마워.
천만에.

 # Do you mind if I...?

제가 ~하면 안 될까요? ▶ Do you mind 뒤에 if를 붙여 '제가 ~해도 실례가 안 될까요?'라고 물을 수도 있어요. 그러라고 대답할 때는 Yes.가 아니고 No.라고 해야 합니다. 상대방이 No.라고 해도 놀라지 말고 하려던 행동을 계속하면 됩니다.

창문을 좀 열면 안 될까요?
Do you mind if I open the window?

잠깐 들어가면 안 될까요?
Do you mind if I come in for a sec?

잠깐 시간 좀 내 주시면 안 될까요?
Do you mind if I bother you for a minute?

제가 이 의자 가져가면 안 될까요?
Do you mind if I take this chair?

저 오늘 일찍 좀 가면 안 될까요?
Do you mind if I leave early today?

A **Do you mind if I open the window?**
B Don't open it. It's too cold in here.
A Okay.

창문을 좀 열면 안 될까?
열지 마. 여기 너무 추워.
알았어.

 # I don't mind -ing...

난 ~하는 거 상관없어 ▶ mind 뒤에는 동명사가 옵니다. '네가 ~해도 상관없어'라고 할 때는 I don't mind you 뒤에 동명사를 붙여요.

 [아룐마인드] 뒤에 다른 단어가 오면 '드' 발음은 생략해요.

난 상관없어.
I don't mind.

난 기다려도 상관없어.
I don't mind waiting.

내가 운전해도 상관없어.
I don't mind driving.

저녁으로 피자 먹어도 괜찮아.
I don't mind eating pizza for dinner.

네가 밤늦게 전화해도 난 괜찮아.
I don't mind you calling me late at night.

A **I don't mind eating at Burger Queen.** 난 버거퀸에서 먹어도 상관없어.
B Cool. Then let's go. 좋아. 그럼 가자.

연습문제 32 본문에 나온 예문을 모두 암기했나요? 무작위로 예문을 뽑아 대화를 만들었습니다.
외운 예문을 대화에 넣어서 말해 보세요. 효과적인 실전 연습이 됩니다.

01 A _____ 제가 이 의자 가져가면 안 될까요?
    B Nope. Go ahead. 네, 그렇게 하세요.

02 A _____ 너 좀 서둘러 주지 않을래?
    B Why? Are you in a hurry? 왜? 급한 일 있어?

03 A _____ 뭐든 필요한 거 있으면 말씀하세요.
    B Sure. Thanks a bunch. 네, 고마워요.

04 A _____ 난 기다려도 상관없어.
    B Cool. It shouldn't take too long. 알았어. 오래 걸리진 않을 거야.

05 A _____ 내가 너라면 거절하겠어.
    B I wish it were that easy. 그렇게 간단한 거면 좋으련만.

06 A _____ 저 오늘 일찍 좀 나가면 안 될까요?
    B Not a problem. What time do you want to leave? 그러세요. 몇 시에 가시게요?

07 A I'm thinking about buying this one. What do you think? 이걸 살까 해. 어떤 거 같아?
    B _____ 내가 너라면 안 산다.

08 A _____ 너 여기서 잠깐 기다려 주지 않을래?
    B Not at all. Take your time. 그래. 천천히 일 봐.

09 A What would you say if you were me? 너 같으면 걔한테 뭐라고 말하겠어?
    B _____ 내가 너라면 당장 가서 그녀에게 사실대로 말할 거야.

10 A _____ 네 마음이 바뀌면 나한테 알려 줘.
    B All right, I will. 알았어, 그렇게.

11 A _____ 저녁에 우리 애들 네가 좀 봐주면 안 될까?
    B I can't. I'm having dinner with Phil. 안 돼. 필이랑 저녁 먹기로 했거든.

12 A Can I come along? 나 따라가도 돼? *come along 따라가다
    B _____ 난 상관없어.

13 A What do you think I should do? 내가 어떻게 하는 게 좋을까?
    B _____ 내가 너라면 사과하겠어.

14 A _____ 너 궁금한 게 생기면 나한테 알려 줘.
    B Sure I will. Thanks. 그럴게. 고마워.

15 A _____ 잠깐 시간 좀 내 주시면 안 될까요?
    B Not at all. What's up? 그럼요. 무슨 일인가요?

16 A _____ 저녁으로 피자 먹어도 난 괜찮아.
    B Are you sure? 정말?

17 A _____ 제가 잠깐 들어가면 안 될까요?
    B Come on in. So, what do you need? 들어오세요. 뭐가 필요하신가요?

18 A _____ 그 스웨터 세일하면 나한테 알려 줘.
    B You really like it, huh? 그게 정말 마음에 들었나 보네?

19 A _____ 네가 이 가방 좀 잠시 들어 주면 안 될까?
    B Not a problem. 그래.

20 A _____ 네가 밤늦게 전화해도 난 괜찮아.
    B I got it. But I'll try not to, if possible. 알았어. 그래도 될 수 있으면 안 그러도록 할게.

01 Do you mind if I take this chair? 02 Do you mind rushing a little? 03 Let me know if you need anything. 04 I don't mind waiting. 05 If I were you, I would say no. 06 Do you mind if I leave early today? 07 If I were you, I wouldn't buy it. 08 Do you mind waiting here for a minute? 09 If I were you, I would just go ahead and tell her the truth. 10 Let me know if you change your mind. 11 Do you mind watching my kids tonight? 12 I don't mind. 13 If I were you, I would apologize. 14 Let me know if you have any questions. 15 Do you mind if I bother you for a minute? 16 I don't mind eating pizza for dinner. 17 Do you mind if I come in for a sec? 18 Let me know if that sweater is on sale. 19 Do you mind holding this bag for a sec? 20 I don't mind you calling me late at night.

Unit 24 Additional patterns

181	I swear (that)...	~라고 맹세할게
182	I wish...	~라면 좋겠어
183	I told you not to...	~하지 말라고 했잖아
184	I'll be...	난 ~할게
185	I wouldn't...	난 ~ 안 할 거야
186	I was going to/gonna...	~하려고 했어
187	I was about to...	~하려던 참이었어
188	I used to...	나 예전에 ~했었어
189	I'd better...	나 ~하는 게 좋겠어
190	You don't even...	넌 ~도 아니잖아
191	You're -ing all the time.	넌 늘 ~만 해
192	No wonder...	~하는 건 당연해
193	Promise me (that)...	~하겠다고 나랑 약속해
194	Make sure to...	꼭 ~해
195	I was surprised to...	~해서 놀랐어
196	Stop -ing...	~좀 그만해
197	Why not...?	~는 왜 안 돼?
198	That's because...	그건 ~ 때문이야
199	There must be...	틀림없이 ~가 있을 거야
200	Maybe we should...	우리 ~해야 할 것 같아
201	The thing is...	문제는 ~라는 거야
202	Do I have to...?	내가 ~해야 돼?

181 I swear (that)...

~라고 맹세할게 ▶ 정말 확실하다고 말할 때 영어에서는 흔히 swear(맹세한다)라는 단어를 써요. 신에게 맹세할 정도로 확실하다는 의미로 I swear to god.이라고 하고, 부모님의 무덤 앞에 맹세할 수 있을 정도로 확실하다는 의미로 I swear on my mother's grave.라고 말하죠.

다시는 늦지 않겠다고 맹세할게.
I swear I'll never be late again.

다시는 널 실망시키지 않겠다고 맹세할게.
I swear I'll never disappoint you again.

시드가 어떤 여자랑 손잡고 있는 걸 내가 분명히 봤어.
I swear I saw Sid with a girl holding hands.

제임스가 그랬어. 맹세코 난 아냐.
I swear it was James, not me.

내 핸드폰을 분명히 여기에 놨단 말이야.
I swear I put my phone right here.

A Where the heck is my phone?
B Did you check your bag?
　It's always in the last place you look.
A I already checked it.
　I swear I put my phone right here.
B Then try calling your cell.

heck (속어) 젠장

도대체 내 핸드폰이 어디에 있는 거야?
가방 확인 했어?
등잔 밑이 어둡잖아.
벌써 확인해 봤어.
내 핸드폰을 분명히 여기에 놨단 말이야.
그럼 네 핸드폰으로 전화해 봐.

#

~라면 좋겠어 ▶ 실현 불가능한 상황에 대해 '~했으면 좋겠다'고 가정하는 말이에요. I hope와 I wish를 헷갈리기 쉬운데, I hope는 실현 가능해 보이는 상황에서의 희망이라는 점이 다릅니다.

오늘은 쉬었으면 좋겠는데.
I wish I could take today off. take off ~를 쉬다

오늘은 한가했으면 좋겠는데.
I wish I were free today.

20대였으면 좋겠어.
I wish I were in my 20s.

너도 여기 있었으면 좋겠어.
I wish you were here, too.

오늘이 금요일이면 좋겠다.
I wish it were Friday* today.

A I can't believe today's still Tuesday.   오늘이 아직 화요일이라니 믿기지 않아.
B I know. **I wish it were Friday today.**   그러게. 오늘이 금요일이면 좋을 텐데.
A Tell me about it.   내 말이.

> ★ 불금은 영어로?
> 전 세계 어디에서나 주말을 앞둔 금요일은 환영하고, 일요일은 기피합니다. 불금(불타는 금요일)이라는 말은 영어로 **Happy Friday**나 **TGIF**라고 해요. 후자는 [티지아이에프]라고 읽는데 Thank God it's Friday의 줄임말입니다. 참고로 '월요병'은 **Monday blues**라고 합니다.

292

 I told you not to...

~하지 말라고 했잖아 ▶ 다소 따지는 말투로 소리 내어 말해 보세요. 연기를 하면 문장이 더 잘 외워집니다. 중간의 not을 빼서 I told you to...라고 하면 '내가 ~하라고 했잖아'가 됩니다.

나 좀 귀찮게 하지 말랬잖아.
I told you not to bother me.

회사로 전화하지 말랬잖아.
I told you not to call me at work.

아무한테도 말하지 말라고 했잖아.
I told you not to tell anyone.

담배 피우지 말라고 했잖아.
I told you not to smoke.

7시에 깨워달라고 했잖아.
I told you to wake me up at seven.

A Can I talk to you for a sec?   잠깐 얘기 좀 할 수 있을까?
B **I told you not to call me at work.**   내가 회사로 전화하지 말랬잖아.
A Sorry, but it's urgent.   미안, 근데 급한 일이라서.

urgent 긴급한

184 I'll be...

난 ~할게 ▶ I'll은 I will의 줄임말입니다. I'm going to와 마찬가지로 미래에 어떤 일을 하겠다는 뜻이지만, 계획에 없던 일을 즉흥적으로 말할 때 주로 쓰는 패턴입니다.

버터 발음 [아일비] (X) [알비] (O)

금방 올게.
I'll be right back.

금방 거기로 갈게.
I'll be there in a minute.

기꺼이 도와줄게.
I'll be more than happy to help.

다음에는 더 조심할게.
I'll be more careful next time.

난 내 방에 있을게.
I'll be in my room.

A Where're you going?
B To the post office. I need to go send this package. **I'll be right back.**

어디 가는 길이야?
우체국. 이 소포 좀 보내야 해서. 금방 다녀올게.

185 I wouldn't...

난 ~ 안 할 거야 ▶ I wouldn't은 자신의 의견을 어필할 때 자주 사용하는 패턴이에요. I will not 대신 I wouldn't을 쓰면 단순히 미래에 하지 않을 일을 말하는 것을 넘어서 자신의 생각이나 의지를 나타낼 수 있어요.

 [아이우든트] (X) [아(이)우른/아(이)우든] (O)

난 그거 안 살래.
I wouldn't buy it.

난 걔 얘기는 안 들어.
I wouldn't listen to him.

그 영화는 아무한테도 추천 안 할 거야.
I wouldn't recommend that movie to anyone.

다시는 이 샐러드 안 시킬 것 같아.
I wouldn't order this salad again.

나야 모르지.
I wouldn't know.

실전 대화

A What did you think of the movie?
B It sucked. **I wouldn't recommend that movie to anyone.**

영화 어땠어?
형편 없었어. 그 영화는 아무한테도 추천 안 할 거야.

 **연습문제 33** 본문에 나온 예문을 모두 암기했나요? 무작위로 예문을 뽑아 대화를 만들었습니다.
외운 예문을 대화에 넣어서 말해 보세요. 효과적인 실전 연습이 됩니다.

01 A ▓▓▓▓▓▓▓▓▓▓▓▓▓▓▓▓▓▓▓▓▓▓ 나 오늘은 쉬었으면 좋겠다.
    B Me, too. 나도 그래.

02 A What about this? It's only five hundred dollars. 이건 어때? 500달러밖에 안 하는데.
    B ▓▓▓▓▓▓▓▓▓▓▓▓▓▓▓▓▓▓▓▓▓▓ 난 그거 안 살래.

03 A You're late again. But why am I not surprised? 또 늦었네. 근데 왜 난 놀랍지가 않지?
    B ▓▓▓▓▓▓▓▓▓▓▓▓▓▓▓▓▓▓▓▓▓▓ 다시는 늦지 않겠다고 맹세할게.

04 A Who broke my laptop? Was it you, Julie? 누가 내 노트북 고장냈어? 줄리 너야?
    B ▓▓▓▓▓▓▓▓▓▓▓▓▓▓▓▓▓▓▓▓▓▓ 제임스가 그랬어. 맹세코 난 아냐.

05 A ▓▓▓▓▓▓▓▓▓▓▓▓▓▓▓▓▓▓▓▓▓▓ 내가 너 나 좀 귀찮게 하지 말랬잖아.
    B But I'm bored. 근데 나 심심하단 말이야.

06 A ▓▓▓▓▓▓▓▓▓▓▓▓▓▓▓▓▓▓▓▓▓▓ 너도 여기 있었으면 좋겠어.
    B Sorry I can't be with you today. 오늘 같이 있어 주지 못해서 미안해.

07 A ▓▓▓▓▓▓▓▓▓▓▓▓▓▓▓▓▓▓▓▓▓▓ 다시는 널 실망시키지 않겠다고 맹세할게.
    B Hopefully not! This is your last chance. 그러길 바란다! 이번이 마지막 기회야.

08 A ▓▓▓▓▓▓▓▓▓▓▓▓▓▓▓▓▓▓▓▓▓▓ 내 핸드폰 분명히 여기에 놨단 말이야.
    B Did you check your bag? 가방 확인해 봤어?

09 A ▓▓▓▓▓▓▓▓▓▓▓▓▓▓▓▓▓▓▓▓▓▓ 오늘이 금요일이면 좋겠다.
    B Tell me about it. I already feel like going home. 내 말이. 난 벌써 집에 가고 싶어.

10 A ▓▓▓▓▓▓▓▓▓▓▓▓▓▓▓▓▓▓▓▓▓▓ 내가 너 회사로 나한테 전화하지 말랬잖아.
    B Sorry, but this is important. 미안해, 근데 중요한 일이라서.

11 A Where're you going? 어디 가는 거야?
    B To the bathroom. ▨▨▨▨▨▨▨▨▨▨ 화장실 가. 금방 올게.

12 A If you're not too busy, let's have lunch together. 많이 바쁘지 않으면 점심 같이 먹자.
    B Sure. ▨▨▨▨▨▨▨▨▨▨ 그래. 내가 금방 거기로 갈게.

13 A ▨▨▨▨▨▨▨▨▨▨ 다음엔 내가 더 조심할게.
    B You'd better be or I'll get really mad at you. 안 그러면 내가 정말 화낼 거야.

14 A ▨▨▨▨▨▨▨▨▨▨ 나 아무한테도 말하지 말라고 했잖아.
    B I'm really really sorry. 정말 정말 미안해.

15 A How's your salad? 샐러드 맛이 어때?
    B ▨▨▨▨▨▨▨▨▨▨ 나 다시는 이 샐러드 안 시킬 것 같아.

16 A ▨▨▨▨▨▨▨▨▨▨ 난 내 방에 있을게.
    B Okay, sure. 응, 알았어.

17 A She has terrible mood swings. Don't you think? 그녀는 감정 기복이 너무 심해. 안 그래?
    B ▨▨▨▨▨▨▨▨▨▨ 나야 모르지.

18 A ▨▨▨▨▨▨▨▨▨▨ 나 오늘은 한가했으면 좋겠다.
    B Yeah. 그러게.

19 A ▨▨▨▨▨▨▨▨▨▨ 시드가 어떤 여자랑 손잡고 있는 걸 내가 분명히 봤어.
    B Him with a girl? Yeah, right! 시드가 여자랑? 아이고, 퍽이나!

20 A Mike told me he would help me find a nice used car.
       마이크가 좋은 중고차 찾는 거 도와 준다고 했어.
    B ▨▨▨▨▨▨▨▨▨▨ 난 걔 얘기는 안 들어.

---

01 I wish I could take today off. 02 I wouldn't buy it. 03 I swear I'll never be late again. 04 I swear it was James, not me. 05 I told you not to bother me. 06 I wish you were here, too. 07 I swear I'll never disappoint you again. 08 I swear I put my phone right here. 09 I wish it were Friday today. 10 I told you not to call me at work. 11 I'll be right back. 12 I'll be there in a minute. 13 I'll be more careful next time. 14 I told you not to tell anyone. 15 I wouldn't order this salad again. 16 I'll be in my room. 17 I wouldn't know. 18 I wish I were free today. 19 I swear I saw Sid with a girl holding hands. 20 I wouldn't listen to him.

186 I was going to/gonna...

~하려고 했어 ▶ be going to를 '미래시제'라고만 생각하지 마세요. 과거 상황을 나타낼 때도 많이 쓴답니다. '하려고 했으나 그렇게 하지 못했다'고 할 때 I was going to...로 말하면 됩니다.

전화하려고 했는데 완전히 잊어버렸어.
I was going to call you, but I totally forgot.

뭔가 말하려고 했는데 까먹었어.
I was going to say something, but I forgot.

나도 같은 말 하려고 했는데.
I was going to say the same thing.

나도 너한테 같은 질문 하려고 했는데.
I was going to ask you the same thing.

들르려고 했는데 일이 좀 생겼어.
I was going to stop by, but something came up.

A Look at the time. You're two hours late.
B Sorry.
A You could've at least called me, you know?
B **I was going to call you, but my cell phone battery died on me.**

die on ~의 눈앞에서 죽다

시간 좀 봐. 너 두 시간이나 늦었잖아.
미안해.
적어도 전화는 했어야 하는 거 아니야?
전화하려고 했었는데 핸드폰 배터리가 나갔어.

 I was about to...

~하려던 참이었어 ▶ be about to는 무언가 막 하려는 '찰나'를 나타내는 표현입니다. 일상에서는 현재형 I'm about to...보다 과거형 I was about to...를 훨씬 더 자주 씁니다. I was going to...도 같은 의미인데, 무언가 막 하려고 했다는 뉘앙스는 I was about to...가 더 잘 보여 준다는 차이가 있습니다.

너한테 전화하려던 참이었어.
I was about to call you.

막 자려던 참이었어.
I was about to go to bed*.

나도 같은 질문을 하려던 참이었어.
I was about to ask you the same question.

그렇지 않아도 막 일어나려던 참이었어.
I was about to wake up anyway.

나 이제 나가려는 참이야.
I'm about to go out.

실전 대화

A Hello?
B Hey, Jane. It's me.
A Hey, Phil. **I was about to call you** and ask if you were up for a movie.
B I'm game.

be up for ~할 의향이 있다   game ~할 의지가 있는, ~하기를 원하는

여보세요?
야, 제인. 나야.
안녕, 필. 영화 볼 생각 있는지 물어보려고 너한테 막 전화하려던 참이었어.
난 좋지.

★ '자다'를 표현하는 말
'자다'라고 하면 sleep이 제일 먼저 떠오르죠? go to bed도 이럴 때 많이 쓰는 말입니다. 또 hit the sack, hit the hay, get some Z's와 같은 표현들도 있습니다.

188 I used to...

나 예전에 ~했었어 ▶ I used to...는 '과거에 자주 했던 것'을 나타내는 말로 우리가 흔히 말하는 '내가 옛날에 ~했어'라는 의미로 기억하면 쉽습니다.

버터 발음 [아(이)유ㅅ투] 'ㅅ'와 '투'는 미끄러지듯 살짝 발음해요.

나 예전에 여기 살았었어.
I used to live here.

내가 예전엔 똑똑했었는데.
I used to be smart.

나 옛날에 너 좋아했었어.
I used to like you.

나 예전엔 영어 잘했었는데.
I used to speak good English.

나 예전엔 술 엄청 마셨었지.
I used to drink a lot.

실전 대화

A **I used to like you back in college.**
B Why didn't I know that?
A Because you were busy dating your then-girlfriend.

나 대학 때 널 좋아했었어.
그걸 내가 왜 몰랐지?
네가 그때 사귀던 여자 친구랑 데이트 하느라 바빴었거든.

189 I'd better...

나 ~하는 게 좋겠어 ▶ I'd better은 I had better의 줄임말입니다. had better은 '~가 더 낫다'란 의미로, '~하는 게 좋겠다'라는 뜻입니다.

버터 발음 [아이드베털] (X) [아잇베럴/앗베럴] (O)

나 이제 가야겠어.
I'd better leave now.

나 뭐 좀 먹어야겠어.
I'd better eat something.

노트북 고치러 가야겠어.
I'd better go get my laptop fixed.

난 좀 자는 게 좋겠어.
I'd better catch some Z's*.

다시 일하러 가 봐야겠어.
I'd better get back to work.

실전 대화

A **I'd better go get my laptop fixed.**
B Why? What's wrong?
A It keeps freezing on me.

noreoe freeze (컴퓨터) 먹통이 되다

노트북 고치러 가야겠어.
왜? 뭐가 문제인데?
계속 멈춰.

* **catch some Z's** 잠을 자다
만화에서 자고 있는 사람 위로 ZZZ... 처럼 Z가 떠다니는 장면을 본 적이 있을 거예요. 여러 개의 Z를 잡는다는 건 곧 잠을 잔다는 말입니다.

 **연습문제 34** 본문에 나온 예문을 모두 암기했나요? 무작위로 예문을 뽑아 대화를 만들었습니다. 외운 예문을 대화에 넣어서 말해 보세요. 효과적인 실전 연습이 됩니다.

01　A　I can't walk anymore. Let's just take a cab. 더 이상 못 걷겠어. 우리 그냥 택시 타자.
　　B　　　　　　　　　　　　　　　　　　　　　　　나도 같은 말 하려고 했는데.

02　A　　　　　　　　　　　　　　　　　　　　　　　나 예전엔 영어 잘했었는데.
　　B　How about now? 지금은 어떤데?

03　A　　　　　　　　　　　　　　　　　　　　　　　내가 예전엔 똑똑했었는데.
　　B　You mean when you were a baby? 아기 때 말하는 거야?

04　A　　　　　　　　　　　　　　　　　　　　　　　난 지금 가는 게 좋겠어.
　　B　Already? It's still seven o'clock. 벌써? 아직 7시야.

05　A　　　　　　　　　　　　　　　　　　　　　　　나 예전엔 술 엄청 마셨었지.
　　B　You did? I didn't know that. 그랬어? 그건 몰랐네.

06　A　What? What were you going to say? 뭐? 무슨 말 하려고 한 거야?
　　B　　　　　　　　　　　　　　　　　　　　　　　뭔가 말하려고 했는데 까먹었어.

07　A　　　　　　　　　　　　　　　　　　　　　　　나 이제 나가려는 참이야.
　　B　To where? 어디에?

08　A　　　　　　　　　　　　　　　　　　　　　　　나 뭐 좀 먹어야겠어.
　　B　Here! Why don't you have my bagel? 자! 내 베이글 먹어.

09　A　Have you lost some weight lately? 너 요즘 살 좀 빠진 거야?
　　B　　　　　　　　　　　　　　　　　　　　　　　나도 너한테 같은 걸 물어보려고 했어.

10　A　Why didn't you call me? 너 왜 전화 안 했어?
　　B　　　　　　　　　　　　　　　　　　　　　　　나 너한테 전화하려고 했는데 완전히 잊어버렸어.

11 A I'd better go get my laptop fixed. 나 내 노트북 고치러 가야겠어.
    B Yeah, it's about time. 그러게, 그럴 때도 됐지.

12 A I was about to go to bed. 막 자려던 참이었어.
    B Already? But the night is still young. 벌써? 이제 겨우 초저녁인데.

13 A Christine and James, are they seeing each other? 크리스틴이랑 제임스, 둘이 사귀는 거야?
    B I was about to ask you the same question. 나도 너한테 같은 질문을 하려던 참이었어.

14 A I thought you were gonna stop by yesterday. 너 어제 들를 줄 알았더니.
    B I was going to stop by, but something came up. 나도 들르려고 했는데 일이 좀 생겼어.

15 A I used to live here. 나 예전에 여기 살았어.
    B No way! In this big fancy house? 말도 안 돼! 이렇게 큰 호화 주택에서?

16 A I'd better catch some Zs. 난 좀 자는 게 좋겠어.
    B Yeah, you should. You look dead tired. 그래, 너 좀 자야겠다. 엄청 피곤해 보여.

17 A I used to like you. 나 옛날에 너 좋아했어.
    B Used to? Not anymore? 옛날에? 지금은 아니고?

18 A I was about to call you. 너한테 전화하려던 참이었어.
    B You were supposed to call me two hours ago, you know. 2시간 전에 전화했어야 하는 건데 말이야.

19 A Did I wake you? 내가 너 깨운 거야?
    B Nah, I was about to wake up anyway. 아니야, 그렇지 않아도 막 일어나려던 참이었어.

20 A I'd better get back to work. 나 다시 일하러 가 봐야겠어.
    B Okay. I guess I'll talk to you after work. 알았어. 퇴근 후에 얘기해.

---

01 I was going to say the same thing. 02 I used to speak good English. 03 I used to be smart. 04 I'd better leave now. 05 I used to drink a lot. 06 I was going to say something, but I forgot. 07 I'm about to go out. 08 I'd better eat something. 09 I was going to ask you the same thing. 10 I was going to call you, but I totally forgot. 11 I'd better go get my laptop fixed. 12 I was about to go to bed. 13 I was about to ask you the same question. 14 I was going to stop by, but something came up. 15 I used to live here. 16 I'd better catch some Zs. 17 I used to like you. 18 I was about to call you. 19 I was about to wake up anyway. 20 I'd better get back to work.

 # You don't even...

넌 ~도 아니잖아 ▶ even에는 '심지어'나 '~조차도'의 뉘앙스가 있어서 부정문에 사용하면 부정적인 어감을 더 강조할 수 있어요.

넌 요즘 공부도 안 하잖아.
You don't even study these days.

너 자전거 탈 줄도 모르잖아.
You don't even know how to ride a bike.

너 돈도 별로 없잖아.
You don't even have enough money.

넌 네 남자 친구를 제대로 잘 알지도 못하잖아.
You don't even know your boyfriend well enough.

가끔 나한테 연락할 시간도 없는 거야?
You don't even have time to call me once in a while?   once in a while 가끔

A I'm thinking about buying this car.
B What do you mean? **You don't even have enough money.**
A I'll take out a loan.
　　take out a loan 대출을 받다

나 이 차 사려고 생각 중이야.
그게 무슨 소리야? 너 돈도 별로 없잖아.

대출 받을 거야.

191 You're -ing all the time.

넌 늘 ~만 해 ▶ all the time(내내, 줄곧)이 들어가 상대방의 반복적인 행동이나 말을 지적하는 패턴이 됩니다.

넌 맨날 불평만 하냐.
You're complaining all the time.

넌 매번 말도 안 되는 변명만 늘어놓는구나.
You're making lame excuses all the time.
lame 설득력이 없는   excuse 변명, 이유

넌 맨날 뭘 그렇게 먹고 있냐.
You're eating all the time.

넌 맨날 게임만 하냐.
You're playing games all the time.

넌 항상 그 얘기를 꺼내더라.
You're bringing that up all the time.   bring ~ up (화제를) 꺼내다

실전 대화

A   It's too noisy in here.
    It's too cold in here, too.
B   **You're complaining all the time.**
A   I'm not complaining.
    I'm just stating the facts.
    state 말하다, 진술하다   fact 사실

여기 너무 시끄러워.
너무 춥고.
넌 맨날 불평만 하냐.
불평하는 게 아니야.
있는 사실을 말하는 거라고.

192 No wonder...

~하는 건 당연해 ▶ 영어에서는 No wonder... 패턴 처럼 원활한 대화를 위한 맞장구가 필수 옵션입니다. 원래는 No wonder 앞에 It's가 들어가지만 대화할 때는 생략하는 것이 일반적이에요.

네가 왜 그렇게 피곤해 보이는지 알겠네.
No wonder why you look so tired.

그녀가 까칠할 만하네.
No wonder she's cranky.

이걸 왜 할인하는지 알 만하네.
No wonder it's on sale.

그래서 네 몸이 건강해 보이는구나.
No wonder you look fit.   fit 건강한, 탄탄한

그럴 만하네.
No wonder why.

실전 대화

A I got promoted today.
B Again? How?
A I sold twenty cars this month alone.
B **No wonder why.**

alone 명사, 대명사 뒤에 오면 그것 하나만인 것을 강조

나 오늘 승진했어.
또? 어떻게?
이번 달에만 내가 자동차 스무 대를 팔았거든.
그럴 만하네.

 # Promise me (that)...

~하겠다고 나랑 약속해 ▶ 약속을 받아낼 때 쓰는 패턴으로, 뒤에 따라오는 that은 생략해도 됩니다.

다시는 나한테 거짓말 안 한다고 약속해.
Promise me you won't lie to me again.

점잖게 행동할 거라고 약속해.
Promise me you'll behave yourself.*

노력하겠다고 나랑 약속해.
Promise me you'll try.

아무한테도 말 안 한다고 약속해 줘.
Promise me you won't tell anyone.

다시는 술 안 마신다고 약속해.
Promise me you won't drink again.

A **Promise me you won't lie to me again.**
B I promise.
A Remember that if you ever lie again, I'll break up with you.

ever (if와 함께 써서) 언제든, 한 번이라도

다시는 나한테 거짓말 안 한다고 약속해.
약속할게.
너 또 거짓말하면 너랑 헤어질 테니까 명심해.

* **Behave yourself! 행동 조심해!**
이 표현을 직역하면 '네 자신을 행동하다'입니다. 뭔가 어색하죠. '점잖게 행동하다'라고 생각하면 됩니다. 주로 부모가 아이들에게 사용하는 표현이죠. 말썽을 일으키는 어른에게도 쓸 수 있고요.

307

 **연습문제 35** 본문에 나온 예문을 모두 암기했나요? 무작위로 예문을 뽑아 대화를 만들었습니다. 외운 예문을 대화에 넣어서 말해 보세요. 효과적인 실전 연습이 됩니다.

01 A _____ 너 돈도 별로 없잖아.
　　B You don't have to remind me of that. 그걸 상기시켜 줄 필요는 없다고.

02 A Not again! _____ 또야? 넌 항상 그 얘기를 꺼내더라.
　　B Hello? You brought it up first. 저기요? 네가 먼저 꺼냈거든.

03 A Look at my bike. Doesn't it look nice? 내 자전거 봐. 멋지지 않냐?
　　B _____ 너 자전거 탈 줄도 모르잖아.

04 A _____ 너 다시는 나한테 거짓말 안 한다고 약속해.
　　B I promise. I will never lie again. 약속해. 다시는 거짓말 안 할게.

05 A It's a little damaged right here. 여기 조금 파손됐어.
　　B _____ 이걸 왜 할인하는지 알겠네.

06 A I've been working out like crazy these days. 요즘에 미친 듯이 운동해.
　　B _____ 네 몸이 건강해 보이는 이유를 알겠네.

07 A _____ 너 노력하겠다고 나랑 약속해.
　　B I'll give it a try. 노력해 볼게.

08 A _____ 너 가끔 나한테 연락할 시간도 없는 거야?
　　B Sorry, I've been pretty busy lately. 미안, 내가 요즘 좀 바빠서.

09 A _____ 넌 맨날 뭘 먹고 있네.
　　B Can't help it. I'm hungry all the time. 어쩔 수가 없어. 늘 배고파.

10 A _____ 넌 맨날 게임만 하냐.
　　B Like I said, I'll be a professional gamer. 말했듯이 난 프로게이머가 될 거야.

11 A _____ 다시는 술 안 마신다고 약속해.
　　B I swear that I won't drink again. 다시는 안 마신다고 맹세할게.

12 A _____ 아무한테도 말 안 한다고 약속해.
    B I promise. Don't worry about it. 약속할게. 걱정 마.

13 A She hasn't eaten all day. 걔는 하루 종일 안 먹더라.
    B _____ 그녀가 까칠할 만하네.

14 A _____ 너 점잖게 행동할 거라고 약속해.
    B I said I would. 그러겠다고 말했잖아.

15 A I was up all night reading. 책 읽느라 밤을 샜어.
    B _____ 네가 왜 그렇게 피곤해 보이는지 알겠네.

16 A I wonder why my English isn't improving at all. 영어가 왜 늘지 않는지 모르겠어.
    B Come on, _____ 야. 넌 요즘 공부도 안 하잖아.

17 A It's too hard. I can't do it. It's too tiring. 너무 어려워. 못 하겠어. 너무 피곤해.
    B _____ 넌 만날 불평만 하네.

18 A Sid popped the question and I said yes. 시드가 나한테 청혼해서 좋다고 했어.
    B Are you out of your mind? _____
      너 제정신이야? 넌 네 남자 친구를 제대로 잘 알지도 못하잖아.

19 A It's not my fault. 그건 내 잘못이 아냐.
    B _____ 넌 매번 말도 안 되는 변명만 늘어놓는구나.

20 A Why am I so pissed off? It's because someone dented my car.
      내가 왜 이렇게 화를 내냐고? 누가 내 차를 찌그러뜨렸어.
    B _____ 이유를 알겠네.

---

01 You don't even have enough money. 02 You're bringing that up all the time. 03 You don't even know how to ride a bike. 04 Promise me you won't lie to me again. 05 No wonder it's on sale. 06 No wonder you look fit. 07 Promise me you'll try. 08 You don't even have time to call me once in a while? 09 You're eating all the time. 10 You're playing games all the time. 11 Promise me not to drink again. 12 Promise me not to tell anyone. 13 No wonder she's cranky. 14 Promise me you'll behave yourself. 15 No wonder why you look so tired. 16 you don't even study these days. 17 You're complaining all the time. 18 You don't even know your boyfriend well enough. 19 You're making lame excuses all the time. 20 No wonder why.

Make sure to...

꼭 ~해 ▶ 어떤 일을 맡길 때 Make sure to...를 쓰면 확실히 당부하는 뉘앙스를 전할 수 있어요.

 [메익슈얼투/멕슈어루]

꼭 불을 끄도록 해.
Make sure to turn off the lights.

문을 꼭 잠그도록 해.
Make sure to lock the door.

먼저 꼭 양해를 구해.
Make sure to ask first.

나한테 미리 꼭 알려 줘.
Make sure to let me know ahead of time.
ahead of time (=in advance) 미리

9시 전에 꼭 나한테 전화 줘.
Make sure to call me before nine o'clock.

실전 대화

A **Make sure to lock the door on your way out.**
B Don't worry. I will.

나가면서 문을 꼭 잠가야 해.

걱정 마. 잠글게.

 # I was surprised to...

~해서 놀랐어 ▶ 무언가 때문에 놀랐다고 할 때 쓰는 패턴이에요. really를 surprised 앞에 넣어서 더 강조하기도 해요. to 다음에는 동사원형이 옵니다.

 [아워ㅅ써프라이스투/아워즈써프라이즈투]

거기서 널 봐서 놀랐어.
I was surprised to see you there.

너무 긴장하는 네 모습을 보고 놀랐어.
I was surprised to see you get all nervous.
all (형용사를 꾸며주는 역할) 몹시, 매우

그 얘기 듣고 놀랐어.
I was surprised to hear that.

거기서 줄리랑 마주쳐서 놀랐어.
I was surprised to bump into Julie there.

네가 그렇게 화내는 거 보고 깜짝 놀랐어.
I was really surprised to see you get so pissed off.
pissed off 짜증이 나는, 화가 나는

A **I was surprised to see you get all nervous.**
B It was my first time going out on a blind date.
A Been there.
blind date 소개팅

너무 긴장하는 네 모습을 보고 놀랐어.
그게 내 첫 소개팅이었거든.
나도 겪어 봤어.

196 Stop -ing...

~ 좀 그만해 ▶ Stop 뒤에 동명사를 붙이면 '지금' 하고 있는 일을 그만두라고 하는 말이 됩니다. 그래서 '금연'을 영어로 하면 stop smoking(흡연을 그만둬라)이라고 합니다.

그만 좀 놀려.
Stop calling me names.*

귀찮게 좀 하지 마.
Stop bothering me.

그만 좀 징징대.
Stop whining.   whine 우는 소리를 하다, 징징거리다

말도 안 되는 소리 하지 마.
Stop talking nonsense.

거짓말 좀 그만해, 이 새빨간 거짓말쟁이야.
Stop lying, you big fat liar.
big fat liar 거짓말쟁이:거짓말을 해서 커지고(big) 뚱뚱해진(fat) 거짓말쟁이(liar)

실전 대화

A I didn't know.
B **Stop lying.** I know you knew.
A I don't know what you're talking about.
B Don't play dumb with me.

난 몰랐어.
거짓말 좀 그만해. 네가 알고 있었다는 거 다 알거든.
무슨 소리 하는지 모르겠네.
시치미 좀 떼지 마.

★ **call** 사람 **names** 누구를 놀리다, 욕하다
이 표현은 '이름을 부르다'라는 말처럼 보이지만 '나쁜 별명을 부르며 놀리다, 욕하다'라는 말입니다. 상대가 싫어하는 별명(nickname) 또한 이름(name)의 일부라서 이런 표현이 나왔어요.

197 Why not...?

~는 왜 안 돼? ▶ Why not...?은 상대방이 앞서 부정문으로 말한 내용에 관해 왜 안 되는지 의문을 제시할 때 쓸 수 있습니다.

왜 안 돼?
Why not?

내일은 왜 안 돼?
Why not tomorrow?

지금 거기 가면 왜 안 돼?
Why not go there right now?

부모님 거 몇 개 더 사지그래?
Why not buy a couple more for your parents?

이걸로 하면 어때?
Why not go with this? go with~ ~로 하다, ~로 선택하다

실전 대화

A Let's go play golf.
B Not today.
A Why not?
B I'm kind of sick today.

우리 골프 치러 가자.
오늘은 안 돼.
왜 안 돼?
오늘 몸이 좀 안 좋아서.

 **연습문제 36** 본문에 나온 예문을 모두 암기했나요? 무작위로 예문을 뽑아 대화를 만들었습니다. 외운 예문을 대화에 넣어서 말해 보세요. 효과적인 실전 연습이 됩니다.

01 A _____ 문을 꼭 잠그도록 해.
　　B Don't worry about it. 걱정하지 마.

02 A _____ 이걸로 하면 안 돼?
　　B You think? Let me try it on. 그래? 한번 입어 볼게.

03 A _____ 꼭 불을 끄도록 해.
　　B Okay. I'll make sure to do that. 알았어. 꼭 그렇게 할게.

04 A _____ 그만 좀 징징대.
　　B But I'm still hungry. 근데 나 아직 배고프단 말이야.

05 A Tomorrow is not good. 내일은 안 돼.
　　B _____ 내일은 왜 안 돼?

06 A _____ 네 부모님 거 몇 개 더 사지 그래?
　　B I can't. 안 돼.

07 A _____ 거짓말 좀 그만해. 이 새빨간 거짓말쟁이야.
　　B I'm not lying. I swear. 거짓말 하는 거 아니야. 진짜야.

08 A _____ 나한테 미리 꼭 알려 줘.
　　B Sure, I can do that. 알았어. 그럴게.

09 A _____ 말도 안 되는 소리 하지 마.
　　B What did you just say? 너 방금 뭐라고 했냐?

10 A _____ 난 거기서 널 봐서 놀랐어.
　　B No wonder you ran away like that without even saying hi.
　　　그래서 네가 인사도 안 하고 그렇게 도망갔구나.

11 A _____ 먼저 꼭 양해를 구해.

   B Thanks for your advice. 조언 고마워.

12 A I'm not going. I think it's better not to go. 나 안 갈 거야. 안 가는 게 좋을 것 같아.

   B _____ 왜 안 가? (왜 안 돼?)

13 A _____ 나 그만 좀 놀려.

   B Are you mad? 너 화났어?

14 A _____ 난 그 얘기 듣고 놀랐어.

   B Same here. I just couldn't believe my ears. 나도. 내 귀를 의심했어.

15 A _____ 9시 전에 꼭 나한테 전화 줘.

   B Okay. Don't worry. 응. 걱정하지 마.

16 A _____ 난 거기서 줄리랑 마주쳐서 놀랐어.

   B I wonder what she was doing there. 걔가 거기서 뭘 하고 있었는지 궁금하네.

17 A _____ 나 귀찮게 좀 하지 마.

   B Sorry, but I'm bored to death. 미안, 근데 나 너무 심심해.

18 A _____ 지금 거기 가면 왜 안 돼?

   B It's still too early. 아직 시간이 너무 이르잖아.

19 A _____ 네가 그렇게 화내는 거 보고 깜짝 놀랐어.

   B I was just fed up with her lame excuses for being late.

   걔가 지각하고 이상한 핑계를 대는 것에 질렸어. be fed up with ~에 질리다

20 A _____ 난 너무 긴장하는 네 모습을 보고 놀랐어.

   B It was my first presentation. 내 첫 프레젠테이션이었거든.

---

01 Make sure to lock the door. 02 Why not go with this? 03 Make sure to turn off the lights. 04 Stop whining. 05 Why not tomorrow? 06 Why not buy a couple more for your parents? 07 Stop lying, you big fat liar. 08 Make sure to let me know ahead of time. 09 Stop talking nonsense. 10 I was surprised to see you there. 11 Make sure to ask first. 12 Why not? 13 Stop calling me names. 14 I was surprised to hear that. 15 Make sure to call me before nine o'clock. 16 I was surprised to bump into Julie there. 17 Stop bothering me. 18 Why not go there right now? 19 I was really surprised to see you get so pissed off. 20 I was surprised to see you get all nervous.

315

198 That's because...

그건 ~ 때문이야 ▶ 질문을 받고 구체적인 이유를 말하고 싶을 때 일단 That's because...를 말해 놓고 뒤의 내용을 생각하세요. 자신의 행동에 이유가 있다는 것을 밝힐 수 있으니까요. It's because...라고 말해도 같은 의미입니다.

막 일어나서 그래.
That's because I just woke up.

어젯밤에 11시까지 일해서 그래.
That's because I worked until 11 last night.

몸이 좀 안 좋았거든.
That's because I was under the weather.

그건 아마 네가 하루 종일 콘택트렌즈를 끼고 있어서 그럴 거야.
That's probably because you've been wearing your contacts all day.

네가 지각을 했으니까 그렇지.
That's because you were late.

A Why did you call in sick yesterday?
B **That's because I was under the weather.**
A Really? Are you okay now?

너 어제 왜 병가 냈어?
몸이 좀 안 좋았거든.
정말? 지금은 괜찮고?

 # There must be...

틀림없이 ~가 있을 거야 ▶ must는 확신을 가진 강한 추측을 표현하는 단어입니다. 또 You must hurry up(꼭 서둘러야 해).과 같이 강한 의무에 대해 말할 때도 씁니다.

 [데얼머스트비] (X) [데얼머슷비] (O)

더 싼 게 분명히 있을 거야.
There must be something cheaper.

내가 도와줄 수 있는 게 분명히 있을 거야.
There must be something I can do to help.

오른쪽 눈에 뭔가 들어간 거 같아.
There must be something in my right eye.

그래도 이유가 분명히 있을 거야.
There must be a reason, though.

세상엔 너에게 맞는 일이 분명히 있을 거야.
There must be a job out there for you.

A This is too expensive.
B Yeah, it is. Let's look at other stores and **there must be something cheaper**.
A Okay.

이거 너무 비싸.
그러게. 다른 가게에 가 보면 좀 더 싼 게 분명히 있을 거야.
그래.

 # Maybe we should...

우리 ~해야 할 것 같아 ▶ 어떤 것을 제안할 때 maybe나 perhaps를 붙이면 부드럽고 자연스럽게 들려요.

우리 이제 마무리해야 할 것 같아.
Maybe we should call it a night.

우리 이제 가야 할 것 같은데.
Maybe we should leave now.

줄리 생일 파티를 해 줘야 할 거 같아.
Maybe we should throw Julie a birthday party.
throw 사람 a party 누구를 위해 파티를 열다

우리 오늘 호텔을 예약해야 할 거 같은데.
Maybe we should book a hotel today.   book 예약하다

우리 택시를 잡아야 할 거 같은데.
Maybe we should catch a cab.

A Look at the time. It's almost nine o'clock.
B **Maybe we should catch a cab.**
A Yeah, let's do that.

A 시간 좀 봐. 벌써 9시가 거의 다 됐네.
B 우리 택시를 잡아야 할 거 같은데.
A 응, 그렇게 하자.

201 The thing is...

문제는 ~라는 거야 ▶ 이유를 말하거나 핑계를 대는 말입니다. 원래는 The thing is (that)...인데 강조할 때를 빼고는 일반적으로 that을 생략합니다.

난 사실 책을 빨리 못 읽어.
The thing is I'm not a fast reader.

문제는 그게 내 예산을 넘어간다는 거지.
The thing is it's out of my budget.　out of one's budget 예산 밖인

실은 지금 집에서 꼼짝 못해.
The thing is I'm stuck at home right now.
be stuck at ~에서 꼼짝 못하다

문제는 이 일을 하기엔 내가 너무 늙었어.
The thing is I'm too old for this.

그런 영화는 내 취향이 아니라는 게 문제야.
The thing is I'm not into that kind of movie.
be into ~에 관심이 많다

실전 대화

A: Are you done reading this book?
B: Not really. I'm only halfway done so far.
A: Why? Have you been busy?
B: **The thing is I'm a slow reader.**

너 이 책 다 읽었어?
아니. 지금까지 반밖에 못 읽었어.
왜? 계속 바빴어?
실은 내가 책 읽는 속도가 느리거든.

202 Do I have to...?

내가 ~해야 돼? ▶ have to는 선택의 여지 없이 꼭 해야 한다고 할 때 사용하는 표현이에요. 뒤에는 go나 come과 같은 동사원형이 와야 합니다.

 [두아이해브투] (X)　[두아(이)햅투] (O)

나 이거 지금 해야 돼?
Do I have to do this right now?

나도 여기에 와야 돼?
Do I have to come here, too?

현금으로 내야 돼?
Do I have to pay cash?

나 제임스가 돌아올 때까지 있어야 해?
Do I have to stay until James comes back?

나 이것도 사야 돼?
Do I have to buy this, too?

A **Do I have to do this right now?**
B Yep. Until then, you can't go home.
A Oh man…
B Don't worry. I'll help you.

나 이거 지금 해야 돼?
응. 그 전에는 집에 못 가.
헐…
걱정 마. 내가 도와줄게.

연습문제 37
본문에 나온 예문을 모두 암기했나요? 무작위로 예문을 뽑아 대화를 만들었습니다.
외운 예문을 대화에 넣어서 말해 보세요. 효과적인 실전 연습이 됩니다.

01 A _____ 난 사실 책을 빨리 못 읽어.
    B That makes two of us. I'm a slow reader, too. 나도 그런데. 나도 책 읽는 속도가 느려.

02 A You look dead tired. What's going on? 너 몹시 피곤해 보여. 왜 그래?
    B _____ 나 어젯밤에 11시까지 일해서 그래.

03 A _____ 우리 이제 마무리해야 할 것 같아.
    B Yeah, we should. I have a big day tomorrow. 그래야지. 나 내일 중요한 일이 있어.

04 A _____ 내 오른쪽 눈에 뭔가 들어간 거 같아.
    B Let me see. 어디 한번 보자.

05 A This TV is on sale. You should get it. 이 TV 할인 중이네. 이거 사.
    B I can't. _____ 안 돼. 문제는 그게 내 예산을 넘어간다는 거지.

06 A _____ 문제는 이 일을 하기엔 내가 너무 늙었어.
    B Come on, you haven't even hit 40 yet. 야, 넌 아직 마흔도 안 됐잖아. *hit (장소나 수준에) 이르다, 도달하다

07 A _____ 나도 여기에 와야 돼?
    B Yep. Don't be late. 응. 늦지 말고.

08 A _____ 내가 도와줄 수 있는 게 분명히 있을 거야.
    B Like what? 어떤 거?

09 A _____ 나 제임스가 돌아올 때까지 있어야 해?
    B Yeah, you do. He should be here anytime soon. 응. 걔 금방 올 거야.

10 A Let's go see that new *Star Wars* movie. 새로 나온 스타워즈 영화 보러 가자.
    B Well. _____ 글쎄. 그런 영화는 내 취향이 아니라는게 문제야.

321

11 A Why did you leave early yesterday? 어제 왜 일찍 갔어?
    B _____ 나 몸이 좀 안 좋았거든.

12 A Come on, let's go. 야, 그러지 말고 가자.
    B I can't. _____ 못 가. 실은 지금 집에서 꼼짝 못해.

13 A I wonder why she doesn't like me. 걔가 날 왜 싫어하는지 모르겠어.
    B _____ 네가 지각을 했으니까 그렇지.

14 A You sound so sleepy. 너 목소리가 졸린 것 같아.
    B _____ 나 막 일어나서 그래.

15 A _____ 내가 이걸 지금 해야 돼?
    B Nah, it can wait. You can take your time. 아니, 급하지 않아. 천천히 해도 돼.

16 A _____ 우리 택시 타야 할 거 같은데.
    B We still have plenty of time. Let's just walk. 우리 아직 시간 많아. 그냥 걸어 가자.

17 A _____ 나 현금으로 내야 돼?
    B No, you can pay with your credit card. 아니, 신용카드로 지불해도 돼.

18 A My eyes are sore and teary. 눈이 따갑고 눈물 나. *teary 눈물이 나는
    B _____
       그건 아마 네가 하루 종일 콘택트렌즈를 끼고 있어서 그럴 거야.

19 A _____ 나 이것도 사야 돼?
    B No, it's not necessary. I'll give you one of mine. 아니, 그럴 필요 없어. 내 거 하나 줄게.

20 A _____ 우리가 줄리 생일 파티를 해 줘야 할 거 같아.
    B That's a good idea. Let's make it a surprise party. 그거 좋은 생각이네. 깜짝 파티로 열어 주자.

21 A I wonder why she cried this morning. 오늘 아침에 걔 왜 운 거야?
    B I don't know. _____
       모르겠어. 그래도 이유가 분명히 있을 거야.

22 A This is too pricey. 이거 너무 비싸. *pricey 비싼
　　B ▭ 더 싼 게 분명히 있을 거야.

23 A ▭ 우리 오늘 호텔을 예약해야 할 거 같은데.
　　B Don't worry. I'll take care of it. 걱정 마. 내가 알아서 할게.

24 A ▭ 세상엔 너에게 맞는 일이 분명히 있을 거야.
　　B I hope so. Thanks for cheering me up. 나도 그랬으면 좋겠어. 위로해 줘서 고마워.

25 A ▭ 우리 이제 가야 할 것 같은데.
　　B Already? Let's stick around here some more. 벌써? 여기 좀 더 있자.

---

01 The thing is I'm not a fast reader. 02 That's because I worked until 11 last night. 03 Maybe we should call it a night. 04 There must be something in my right eye. 05 The thing is it's out of my budget. 06 The thing is I'm too old for this. 07 Do I have to come here, too? 08 There must be something I can do to help. 09 Do I have to stay until James comes back? 10 The thing is I'm not into that kind of movie. 11 That's because I was under the weather. 12 The thing is I'm stuck at home right now. 13 That's because you were late. 14 That's because I just woke up. 15 Do I have to do this right now? 16 Maybe we should catch a cab. 17 Do I have to pay cash? 18 That's probably because you've been wearing your contacts all day. 19 Do I have to buy this, too? 20 Maybe we should throw Julie a birthday party. 21 There must be a reason, though. 22 There must be something cheaper. 23 Maybe we should book a hotel today. 24 There must be a job out there for you. 25 Maybe we should leave now.

Test Your English

얼마나 열심히 공부했는지 확인해 볼까요? 영어 예문에 맞는 가장 적절한 한국어 해석을 고르세요. 현재 나의 영어 실력을 테스트해 볼 수 있습니다.

1 I'm not good at mental math.
ⓐ 난 숫자에 약해.   ⓑ 난 암산이 안 돼.   ⓒ 난 유리 멘탈이야.

2 You're the one to talk.
ⓐ 사돈 남 말 하시네.   ⓑ 네가 대표로 말해.   ⓒ 그 말한 게 너였구나.

3 You're cheap all right.
ⓐ 너 짠돌이 맞아.   ⓑ 넌 그렇게 심한 짠돌이는 아니야.   ⓒ 돈을 내다니 웬일이야.

4 Fat chance.
ⓐ 정말 좋은 기회야.   ⓑ 잘 될 거야.   ⓒ 턱없는 소리야.

5 I'm game.
ⓐ 난 게임은 다 좋아해.   ⓑ 좋지.   ⓒ 난 위험을 즐겨.

6 A little bird told me.
ⓐ 자세한 건 몰라.   ⓑ 소문 참 빨리 돈다.   ⓒ 누가 그러더라고.

7 Don't kill the messenger.
ⓐ 날 모함하지 마.   ⓑ 모르는 사람한테 시비 걸지 마.   ⓒ 엄한 사람 잡지 마.

8 Don't play dumb with me.
ⓐ 시치미 떼지 마.   ⓑ 너 바보냐.   ⓒ 유치한 장난 좀 치지 마.

9 Your guess is as good as mine.

ⓐ 추리력이 대단하네.　　　ⓑ 전혀 모르겠어.　　　ⓒ 너도 나랑 같은 생각이구나.

10 Let's play it by ear.

ⓐ 다른 사람들 의견도 들어보자.　ⓑ 귀 간지럽게 실컷 욕 좀 해주자.　ⓒ 그때 봐서 정하자.

What's your score?

0-4개 왕초보 레벨

무슨 말이 필요하겠습니까? 당장 '특급패턴'으로 공부하세요!
책을 다 읽었는데도 헷갈리는 분들은 다시 처음으로 돌아가서 두 번째 공부를 시작하세요.

5-8개 중급 레벨

미드도 좀 봤고, 단어도 꽤 많이 알지만 딱 2% 부족하네요. 이런 분들에게도 '특급패턴'이 필요합니다!
JD 선생님의 '특급패턴'으로 실력을 한 단계 더 끌어올리세요!

9-10개 중·상급 레벨

영어 좀 하시는군요! 이 정도 레벨이면 책을 꼼꼼하게 잘 읽으셨네요.
아는 표현이라도 실전에서 바로 써먹을 수 있게 소리 내어 말하는 연습하는 거 잊지 마세요.

----

1 ⓑ 난 암산이 안 돼. **2** ⓐ 사돈 남 말 하시네. **3** ⓐ 너 짠돌이 맞아. **4** ⓒ 턱없는 소리야. **5** ⓑ 좋지. **6** ⓒ 누가 그러더라고. **7** ⓒ 엄한 사람 잡지 마. **8** ⓐ 시치미 떼지 마. **9** ⓑ 전혀 모르겠어. **10** ⓒ 그때 봐서 정하자.

MEMO

MEMO